GRAMMATIK DER MONGOLISCHEN SPRACHE

GRAMMATIK DER MONGOLISCHEN SPRACHE

VERFASST

VON

I. J. SCHMIDT

DOCTOR DER PHILOSOPHIE, MITGLIEDE DER KAISERLICHEN ACADEMIE DER WISSENSCHAFTEN, AUSWARTIGEM MITGLIEDE DER ASIATISCHEN GESELLSCHAFTEN IN PARIS UND LONDON
U.S.W.

MIT KINER TAFEL IN STEINDRUCK

GYAN

Published by

Gyan Publishing House
5, Ansari Road
Daryaganj, New Delhi-110002
Phone: 011-47034999, 9811692060
E-mail: books@gyanbooks.com

Distribution Network
gyanbooks.com
India, USA, Canada, UK, Australia, France

ISBN : 978-81-212-4405-3 (PB)
First Published, 1831

2nd Impression 2020

Printed at: Gyan Press, Delhi.

Grammatik Der Mongolischen Sprache
Author: I. J. Schmidt

GRAMMATIK

DER

MONGOLISCHEN SPRACHE;

VERFASST

VON

J. J. SCHMIDT.

DOCTOR DER PHILOSOPHIE, MITGLIEDE DER KAISERLICHEN ACADEMIE DER WISSENSCHAFTEN, AUSWÄRTIGEM MITGLIEDE DER ASIATISCHEN GESELLSCHAFTEN IN PARIS UND LONDON U. S. W.

MIT EINER TAFEL IN STEINDRUCK.

ST. - PETERSBURG, 1831.

GEDRUCKT IN DER BUCHDRUCKEREI DER KAISERLICHEN AKADEMIE DER WISSENSCHAFTEN.

ZU HABEN BEI W. GRAEFF, COMMISSAIR DER KAISERL. ACAD. DER WISSENSCH. ADMIRALITATS-PLATZ N. 91 UND IN LEIPZIG BEI C. CNOBLOCH.

SEINER MAJESTAT

DEM KAISER UND HERRN

NICOLAUS DEM ERSTEN.

SELBSTHERRSCHER VON GANZ RUSSLAND

U. S. W. U. S. W. U. S. W.

IN TIEFSTER EHRFURCHT UND UNTERTHÄNIGKEIT GEWIDMET

VOM VERFASSER.

VORREDE.

Ob durch die Erscheinung dieser Grammatik einem Bedürfnisse abgeholfen werde, getraue ich mir deswegen nicht zu behaupten, weil das öffentliche Verlangen nach Befriedigung eines solchen Bedürfnisses mir wenigstens nie bekannt geworden ist; daher meinem Entschlusse zur Abfassung und Herausgabe dieses Werkes nicht sowohl die Absicht zum Grunde lag, mit etwas Neuem aufzutreten und es dem Publikum zu Dank oder Undank aufzudringen, sondern vielmehr dem Wunsche naher Freunde und solcher Männer zu genügen, welche, selbst Heroen in der Orientalischen Literatur, die allseitige Ausforschung und Bearbeitung derselben mit Eifer wünschen und dazu aufmuntern.

Indess kann — bei dem täglichen Umsichgreifen des Studiums der literärischen Schätze des Orients, wo sich nur Gelegenheit und Hülfsmittel dazu darbieten — wohl mit Sicherheit angenommen werden, dass die bis jetzt in Europa herrschende Gleichgültigkeit gegen die Literatur Mittel-Asiens nur scheinbar, und dass nichts als der gänzliche Mangel an jedem Hülfsmittel zur nähern Erkenntniss dieser Literatur die einzige Ursache ist, warum sie noch ausser aller Beachtung liegt. Würde z. B. das Sanskrit wohl so reissende Fortschritte machen und so schöne Früchte tragen, wenn nicht die Hülfsmittel dazu sich unter den Augen mehrten? Wie finster sah es in diesem Studium noch vor nicht gar langer Zeit aus?

Bei der Geltendmachung einer solchen Frage bin ich selbst wohl am weitesten davon entfernt, einen Vergleich zwischen dem Sanskrit und dem Mongolischen anstellen zu wollen, — zwischen einer Literatur, die durchaus originell ist, in der sich die schönsten Blüthen des menschlichen Geistes entfaltet haben und deren Alter man mit keiner chronologischen Genauigkeit zu ermitteln vermag, und einer solchen, die fast nur Nachahmung darbietet und deren Alter kaum sechshundert Jahre zählt. Aber gerade deswegen, weil ich den herrlichen Vorzügen und den anziehenden Schönheiten der einen Sprache und ihrer Literatur nicht ganz fremd, und mit der andern Sprache und ihren geistigen Erzeugnissen vertraut bin, glaube ich die Meinung behaupten zu dürfen, das auch die Mongolische Sprache und ihre Literatur es keinesweges verdienen, länger ohne Berücksichtigung zu bleiben, sondern dass es vielmehr wohl an der Zeit seyn möchte, auch diese Sprache zum Nutzen und Frommen der Orientalischen Studien zu cultiviren. Denn abgesehen von dem wohl von Niemand mehr geleugneten Nutzen, der für die Erforschung der Länder- und Völkergeschichte Asiens aus der gründlichen Kenntniss der Sprachen aller derjenigen Völker dieses Erdtheils entspringen muss, in denen sich geschriebene Urkunden des Denkens, Wirkens und der Geistescultur dieser Völker finden, knüpft sich die Hauptliteratur der Mongolen sowohl als der Tibeter an das alte Hindustan und an eine, in der Gegenwart daselbst nicht mehr vorhandene, alte Glaubenslehre, die aber in der Vorzeit auf einer ausgebreiteten Sanskritliteratur begründet war, von deren Ueberbleibseln die Mittelasiatischen Völker die treuen Verwahrer wurden, während sie im eigenen Lande unterging. Welche weite, zum Theil nur durch Brahmanische Conjecturen und Europäische Hypothesen kümmerlich ausgefüllte, Lücke durch dieses Verschwinden der buddhaistischen Sanskritliteratur vom heimathlichen Boden für die Erforschung so mancher wissenswerthen Gegenstände des Indischen Alterthums entstanden ist, brauche ich keinem, im geheiligten Sanskrita etwas mehr als Poesie suchenden, Freunde desselben bemerklich zu machen.

Es gibt aber noch andere Seiten, die das Studium der Mongolischen Sprache so nützlich als empfehlenswerth darstellen. Ich lasse hier den praktischen Nutzen für Russlands Handel und dessen Industrie, wie für dessen politische Berührungen und Interessen, den die so viel möglich erweiterte Kenntniss der Sprachen der verschiedenen Asiatischen Nachbarvölker nothwendig mit sich bringen müsste, ganz unberührt, und betrachte die Sache blos von der Seite des gelehrten Wissens und des Nutzens für verschiedene Zweige desselben. Welcher Sprachforscher würde wohl die Mongolische Sprache vom Kreise seiner Untersuchungen ausschliessen wollen? eine Sprache, die, originell wie das Volk dem sie angehört, für sich dasteht und deren Wurzeln einen besondern Stamm bilden, und die, ungeachtet auch sie sich keinesweges von fremdem Einflusse hat frei erhalten können, dadurch doch nichts von ihrer Eigenthümlichkeit eingebüsst hat; — eine Sprache, die, sobald sie aus der Barbarei auftauchte, sich sogleich eine besondere, merkwürdige, ihrem Charakter angemessene und ihn schützende, Schrift erwarb; — eine Sprache, die vermittelst dieser Schrift bald eine reiche Literatur entfaltete, welche zwar, dem grössten Theile nach von einer fremden Religion ausgehend, nicht aus dem eigenen Geiste der Nation ihre Nahrung fand, diesem Geiste aber eine wohlthätige Richtung gab, und ihn nicht nur für die tiefsinnigen religiösen und philosophischen Denkweisen Indiens, sondern auch für die Schönheiten der Indischen Schriftsprache und Poesie empfänglich machte. — Und dürfen wir, die wir bis jetzt nur in der Vorhalle der intellektuellen Erzeugnisse Mittel-Asiens weilen, die wir davon, so wie von ganz Mittel-Asien und dessen Bewohnern überhaupt, nur höchst unvollständige Nachrichten und mangelhafte Kenntnisse haben, auf diese hin so geradezu schliessen, dass es unter diesen Völkern nur wenige unbedeutende, eigene literärische Geisteserzeugnisse gebe? oder gar, wie schon geschehen ist, behaupten, dass man ihrer entbehren und sich mit dem begnügen könne was Chinesen und Perser über Mittel-Asien geschrieben haben? Solche barbarische Meinungen, deren Ungrund sich schon mehrfach erwiesen hat, finden zum Glück jetzt keinen Eingang mehr.

Bei der Abfassung dieser Mongolischen Sprachlehre hatte ich mit manchen Schwierigkeiten zu kämpfen: ich musste ein Feld betreten, auf welchem sich nicht nur niemals Jemand befunden, sondern zu welchem noch Niemand die Bahn gebrochen hatte. Denn dasjenige, was vor hundert Jahren von Bayer über diesen Gegenstand gesagt, und was seitdem darüber während der langen Zwischenzeit in andern Schriften erschienen ist, erweist sich als dermassen unbedeutend, unrichtig und mangelhaft, dass es als Material durchaus nicht in Betracht kommen darf, wenn man nicht Gefahr laufen will, durch eine solche unzeitige Pietät gegen berühmte Namen dem Ganzen eine verkehrte Richtung zu geben. Es gereicht allen den verdienten Männern, die diesen Gegenstand nur auf der äussersten Oberfläche berühren konnten, in keiner Weise zum Vorwurf, wenn man sich gleich Anfangs gänzlich von ihnen trennen muss: sie haben für ihre Zeit und für den Kreis ihrer Kenntnisse alles mögliche gethan; und schon das ist höchst schätzbar und dankenswerth, dass gerade ihr überfliessender Geistesreichthum sie auch zu ähnlichen Versuchen vermochte, wodurch sie denselben gewissermassen den Stempel der Würdigkeit aufdrückten und zu deren fernerer Ausführung aufmunterten.

Indess wäre meine Arbeit auch dadurch sehr erleichtert worden, wenn die Mongolen selbst ihre Sprache systematisch geordnet und auf grammatische Regeln zurückgeführt hätten; aber von so etwas, in dem Sinne wie wir es verstehen, haben sie keine Idee. Zwar besitzen sie Schriften über ihre Sprache und den Gebrauch derselben, die darin aufgestellten Regeln betreffen jedoch wenig mehr als die Orthographie oder die richtige Stellung der Schriftzeichen; es sind also solche Schriften blos von dieser Seite brauchbar und belehrend. Ausser der Anweisung, sich bei schriftlichen Arbeiten an gute Muster zu halten, um aus ihnen die Schönheiten der Sprache zu lernen, und der Warnung, sich dabei keiner gemeinen, für die Schriftsprache nicht schicklichen oder nicht allgemein verständlichen, Wörter zu bedienen, enthalten diese Lehrbücher sonst nichts, was einer Grammatik nach unsern Begriffen ähnlich sähe. Obgleich in ihnen eine schwache Idee von den grammatischen Formen bemerkbar ist, indem sie mehrere Partikeln, besonders die Casusflexionen, hervorheben, so ist diese Idee dermassen dunkel, dass nicht einmal der Begriff der Declination daraus hervorgeht; denn diese Partikeln werden für nichts anders als Zierathen und Verschöneruug der Sprache angesehen: von den Redetheilen selbst und einer systematischen Classification und Behandlung derselben findet sich in diesen Büchern keine Spur.

Ich war also genöthigt, das Ganze dieser Grammatik aus dem Sprachschatze selbst zu schöpfen, und in derselben nichts als das eigene Ergebniss vieljähriger Studien und des durch Selbstforschen angeeigneten Geistes der Sprache niederzulegen. Ich habe mit der Herausgabe lange gezögert, theils um nicht durch Uebereilung der Gründlichkeit zu schaden, theils auch, ich gestehe es, weil andere, mehr gemüthliche Arbeiten mir dazu nicht die erforderliche Musse und Lust liessen. Ich gewann erst rechte Neigung und Liebe zu der Sache, als sie, bei Vorlegung der gefertigten Arbeit, sich des ungetheilten Beifalls der Academie erfreute, und von dem hochverehrten Präsidenten derselben, dem Herrn Geheimenrath und Ritter *VON UWAROV*, mit dem Demselben eigenen Hochsinne für nützliche Bestrebungen im Fache der Wissenschaften, in Schutz genommen wurde. Von ihm ging zu gleicher Zeit der einstimmig genehmigte Antrag aus, diese Grammatik auch in Russischer Sprache herauszugeben, wozu bereits die Anstalten getroffen sind. Durch solche schmeichelhafte Anerkennung fand ich mich aufgefordert, der Arbeit den regsten Fleiss zu widmen, um ihren Werth nach Vermögen zu steigern: in Folge dessen ist das Volumen derselben — durch nöthige Zusätze, vorzüglich durch die seitdem hinzugekommene Syntax nebst den Leseübungen — um das Doppelte des anfänglich der Academie überreichten Manuscriptes angewachsen.

Dessen ungeachtet kann diese Grammatik als erster Versuch in einer bisher ganz unbeachteten Sprache, und in Ermangelung aller Hülfsmittel ausserhalb des Sprachschatzes selbst, unmöglich ein vollendetes Werk seyn: vielmehr mag dasselbe noch manche Erweiterung und Verbesserung zulassen; genug fürs erste, dass es in seiner gegenwärtigen Gestalt einem Jeden, der sich die Kenntniss der Mongolischen Sprache erwerben will, eine sichere Anleitung gibt, den Bau und die Eigenheiten derselben kennen zu lernen, und ihn in den Stand setzt, sich nach und nach mit Erfolg an Mongolische Schriften zu wagen. Dazu gehört aber freilich noch Kenntniss der Wörter, die man, fern vom Umgange mit Nationalen, nur aus Wörtersammlungen ziehen kann, welche aber — mit Ausnahme der nur den Kennern der Chinesischen und Mandschuischen Sprache zugänglichen, in Peking gedruckten Wörterspiegel — noch nicht vorhanden sind. Ich bin daher gesonnen, wenn Musse und Gesundheit mir verbleiben, diesem Mangel einigermassen abzuhelfen, und eine alphabetisch-geordnete, und für den ersten Bedarf hinreichende, Sammlung der nöthigsten und gebräuchlichsten Mongolischen Wörter mit ihrer Erklärung herauszugeben. Diesem zukünftigen Werke soll zugleich eine grammatische Uebersicht der Kalmükischen Sprache, insofern selbige nämlich von den Regeln der Mongolischen Grammatik abweicht, vorangehen; indem dieser vornehmste Nebendialekt der Mongolischen Sprache, ausser mehreren andern Eigenheiten, mit einer besondern, von der Gestalt der Mongolischen Buchstaben etwas verschiedenen, Schrift geschrieben wird, in welcher derselbe gleichfalls eine bedeutende Literatur aufweiset.

Ich finde noch nöthig zu bemerken, dass dieser Grammatik ganz vorzüglich die Schriftsprache zum Grunde liegt, wie sie sich durchgängig in den besten Schriften findet und von *allen* Mongolischen Stämmen angenommen ist; auf die vielfachen grössern und kleinern Verschiedenheiten in der Aussprache einzelner Wörter und Buchstaben bei den verschiedenen Stämmen und Völkerschaften selbst, und auf abweichende Wörter und Redensarten der Volkssprache bei dem einen oder andern derselben, habe ich mich nicht einlassen können. Es ist für Jeden, der vorher in der Grammatik und den Schriften der Mongolen sich einige Uebung erworben hat, ein Leichtes, alles dieses dann selbst zu beobachten und zu lernen, wenn sein Beruf oder seine Neigung ihn mit dem Volke in unmittelbare Berührung bringt; wo diess aber nicht der Fall wird, hat es für ihn fast gar keinen Nutzen. Auch gehören Provinzialismen uud Dialektverschiedenheiten wohl nirgends weniger hin, als in die Grammatik einer Sprache, wo sie eher verkehrend als belehrend wirken würden. Wie ganz anders würde es mit den Fähigkeiten und den Leistungen der Mehrzahl unserer Orientalischen Translateure aussehen, wenn sie, nebst besserer intellektueller Bildung überhaupt, auch Kenntniss der Grammatik und der Literatur derjenigen Sprache auf ihren Posten mitbrächten, in der ihre Dienste verlangt werden; statt dass die meisten von ihnen, obgleich vertraut mit dem Volksjargon und jeder Consequenz und Gemeinheit desselben, einen Abscheu gegen die Literatur ihrer Berufssprache an den Tag legen, weil sie nichts davon verstehen, ja sogar nicht selten die Jämmerlichkeit so weit treiben, ihre Unwissenheit und Indolenz mit Gewissensskrupeln bemänteln zu wollen.

Indem ich hiemit diese Arbeit dem Publikum überliefere, kann ich ihr nur den Wunsch mitgeben, dass sie nicht ohne Gebrauch und Nutzen bleiben möchte.

INHALT.

ANFANGSGRÜNDE
DER
MONGOLISCHEN SPRACHE.

ERSTES CAPITEL.

Von der Schrift und Aussprache.

§. 1. Die Mongolische Schrift wird in perpendikulären Linien von der Linken zur Rechten geschrieben und gelesen.

§. 2. Das Alphabet derselben, insofern eigene Wörter der Sprache dadurch ausgedrückt werden sollen, besteht aus sieben Vocalen, nebst den daraus abgeleiteten Diphthongen, und siebzehn Consonanten, welche, je nachdem sie am Anfang, in der Mitte oder am Ende eines Wortes stehen, oder auch in Folge orthographischer Gesetze, zum Theil von ihrer ursprünglichen Gestalt abweichen oder eine andere annehmen.

§. 4. Folgendes ist die Gestalt der Mongolischen Buchstaben in ihren verschiedenen Ordnungen:

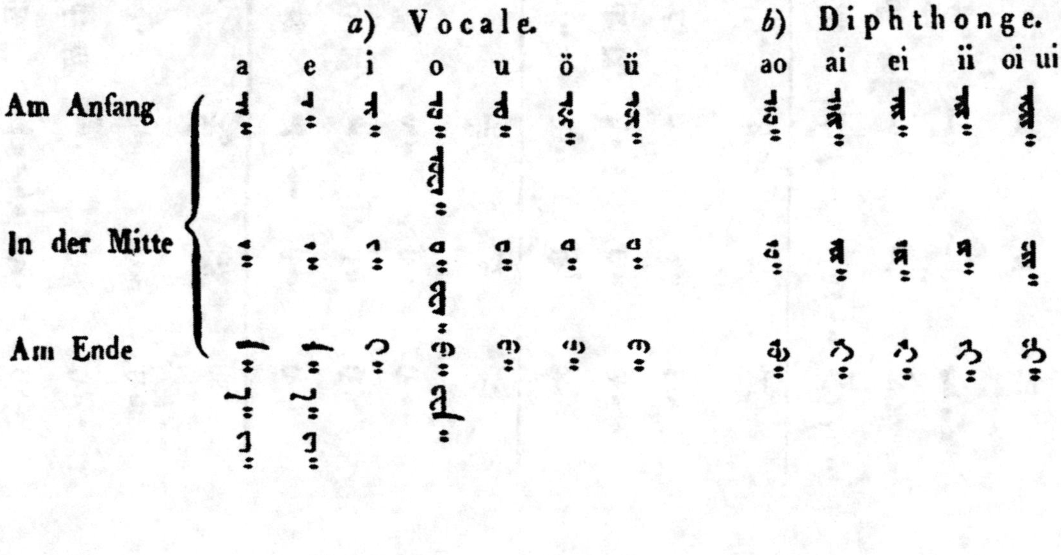

c) Consonanten.

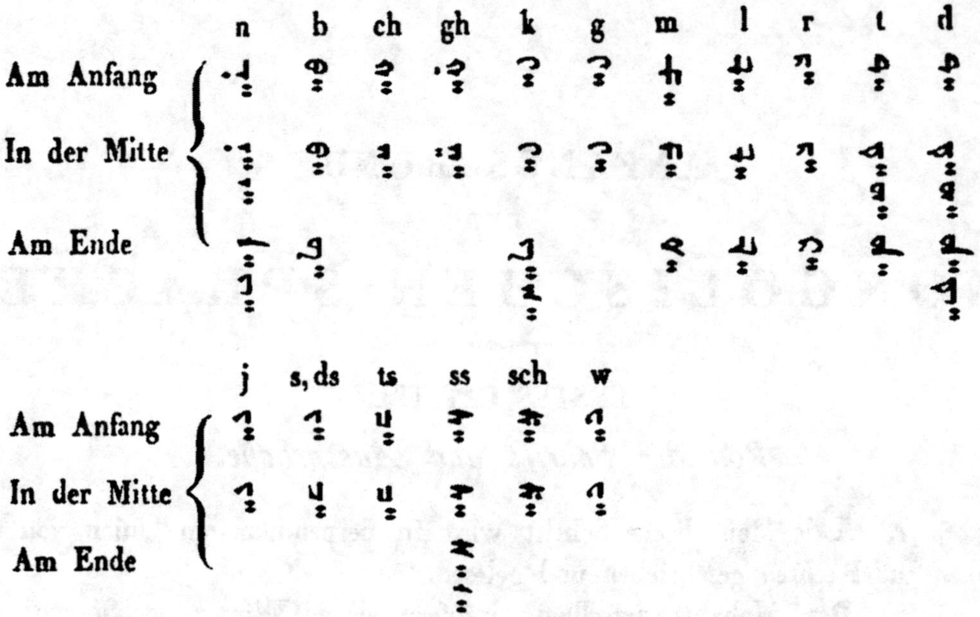

§. 4. Es ist bei den Mongolen nicht gebräuchlich, die Consonanten als abgesonderte Schriftzeichen zu behandeln: sie werden immer mit einem der Vocale verbunden, und als einfache Sylben dargestellt und ausgesprochen, wie aus folgender Tabelle zu ersehen:

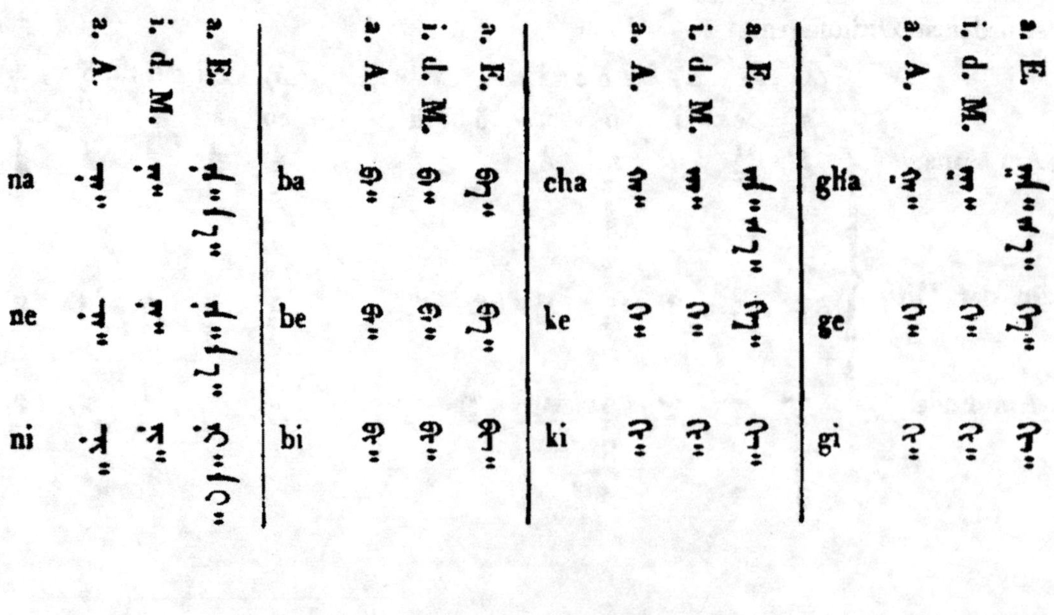

	a. A.	i. d. M.	a. E.		a. A.	i. d. M.	a. E.		a. A.	i. d.	a. E.		a. A.	i. d. M.	a. E.
no	ᠨᠣ	ᠨᠣ	ᠨᠣ	bo	ᠪᠣ	ᠪᠣ	ᠪᠣ	cho	ᠬᠣ	ᠬᠣ	ᠬᠣ	gho	ᠭᠣ	ᠭᠣ	ᠭᠣ
nu	ᠨᠤ	ᠨᠤ	ᠨᠤ	bu	ᠪᠤ	ᠪᠤ	ᠪᠤ	chu	ᠬᠤ	ᠬᠤ	ᠬᠤ	ghu	ᠭᠤ	ᠭᠤ	ᠭᠤ
nö	ᠨᠥ	ᠨᠥ	ᠨᠥ	bö	ᠪᠥ	ᠪᠥ	ᠪᠥ	kö	ᠬᠥ	ᠬᠥ	ᠬᠥ	gö	ᠭᠥ	ᠭᠥ	ᠭᠥ
nü	ᠨᠦ	ᠨᠦ	ᠨᠦ	bü	ᠪᠦ	ᠪᠦ	ᠪᠦ	kü	ᠬᠦ	ᠬᠦ	ᠬᠦ	gü	ᠭᠦ	ᠭᠦ	ᠭᠦ

	a. A.	i. d. M.	a. E.		a. A.	i. d. M.	a. E.		a. A.	i. d.	a. E.		a. A.	i. d. M.	a. E.
ma	ᠮᠠ	ᠮᠠ	ᠮᠠ	la	ᠯᠠ	ᠯᠠ	ᠯᠠ	ra	ᠷᠠ	ᠷᠠ	ᠷᠠ	ta	ᠲᠠ	ᠲᠠ	ᠲᠠ
me	ᠮᠡ	ᠮᠡ	ᠮᠡ	le	ᠯᠡ	ᠯᠡ	ᠯᠡ	re	ᠷᠡ	ᠷᠡ	ᠷᠡ	te	ᠲᠡ	ᠲᠡ	ᠲᠡ
mi	ᠮᠢ	ᠮᠢ	ᠮᠢ	li	ᠯᠢ	ᠯᠢ	ᠯᠢ	ri	ᠷᠢ	ᠷᠢ	ᠷᠢ	ti	ᠲᠢ	ᠲᠢ	ᠲᠢ
mo	ᠮᠣ	ᠮᠣ	ᠮᠣ	lo	ᠯᠣ	ᠯᠣ	ᠯᠣ	ro	ᠷᠣ	ᠷᠣ	ᠷᠣ	to	ᠲᠣ	ᠲᠣ	ᠲᠣ
mu	ᠮᠤ	ᠮᠤ	ᠮᠤ	lu	ᠯᠤ	ᠯᠤ	ᠯᠤ	ru	ᠷᠤ	ᠷᠤ	ᠷᠤ	tu	ᠲᠤ	ᠲᠤ	ᠲᠤ
mö	ᠮᠥ	ᠮᠥ	ᠮᠥ	lö	ᠯᠥ	ᠯᠥ	ᠯᠥ	rö	ᠷᠥ	ᠷᠥ	ᠷᠥ	tö	ᠲᠥ	ᠲᠥ	ᠲᠥ
mü	ᠮᠦ	ᠮᠦ	ᠮᠦ	lü	ᠯᠦ	ᠯᠦ	ᠯᠦ	rü	ᠷᠦ	ᠷᠦ	ᠷᠦ	tü	ᠲᠦ	ᠲᠦ	ᠲᠦ

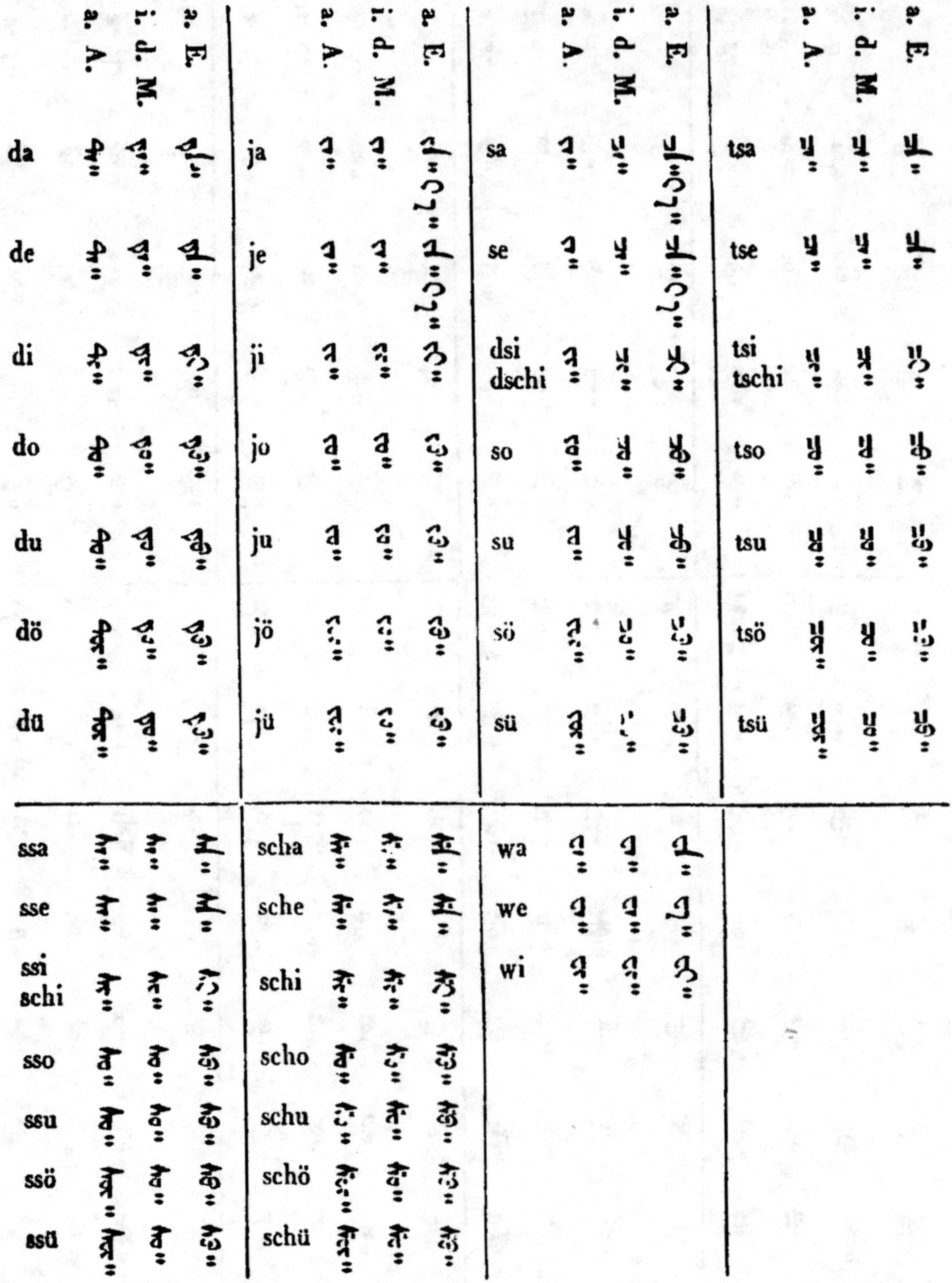
a. A.
i. d. M.
a. E.
da
de
di
do
du
dö
dü
ja
je
ji
jo
ju
jö
jü
sa
se
dsi dschi
so
su
sö
sü
tsa
tse
tsi tschi
tso
tsu
tsö
tsü
ssa
sse
ssi schi
sso
ssu
ssö
ssü
scha
sche
schi
scho
schu
schö
schü
wa
we
wi

Zu Seite 5.

MONGOLISCHES GALIK-ALPHABET.

Vocale.

a, â, i, î, u, û, e, ai, o, au, um, uh.

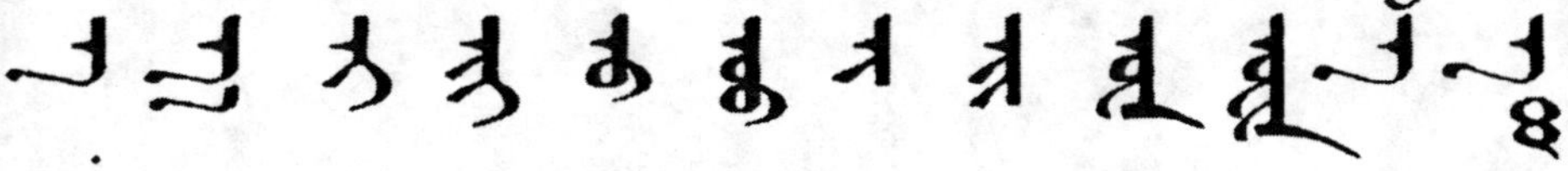

Consonanten.

ka, k'a, ga, gha, nga, tscha, tsch'a, dscha, dscha, nja, ta, t'a,

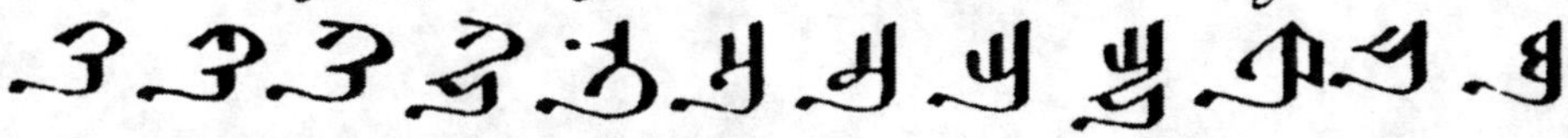

d'a, dh'a, na, tā, t'a, da, dha, na, pa, p'a, ba, bha,

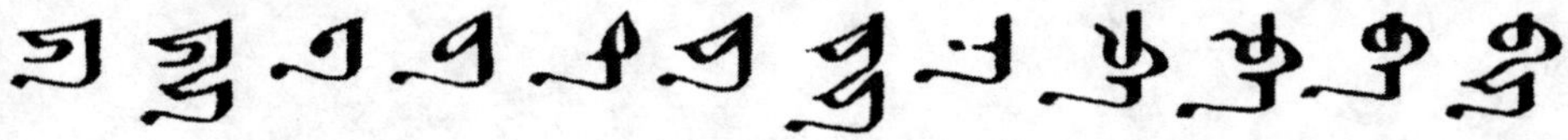

ma, ja, ra, la, wa, s'a, scha, ssa, ha, kscha,

rza, a, sha.

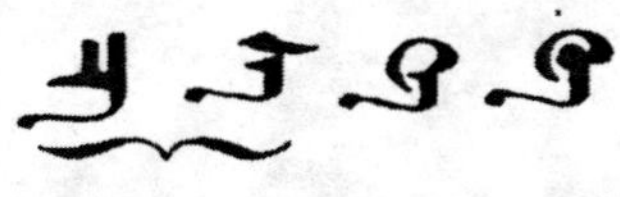

DIE ZAHLZEICHEN.

1	2	3	4	5	6	7	8	9	0.
᠑	᠒	᠓	᠔	᠕	᠖	᠗	᠘	᠙	᠐

bar nur mit den, die zweite Vocalclasse beherrschenden Gutturalen, oder dem *k* und *g* verbinden, z. B. *kilintse* „Sünde", *gindschi* „Fessel" u. s. w.

2) Der Vocal der ersten Sylbe eines Wortes bestimmt die Classe, zu welcher die zweifelhaften Vocale der folgenden Sylben gehören. So kann z. B. *ebdebe* „er hat zerstört" nicht *ebdaba*, *abtaba* „er wurde genommen oder entführt" nicht *abtebe*, ferner oder *eme* „Weib" nicht *ema*, oder *üre* Frucht" nicht *üra*, *uran* „der Künstler" nicht *uren*, *ülü* „nicht" nicht *ülo* oder *ülu*, und *ebüssün* „Gras, Kraut" nicht *ebosson ebusson* oder *ebossun* gelesen werden. Erscheint in einem mehrsylbigen Worte irgend ein Guttural, so ist, nach der vorstehenden Regel, jeder Zweifel gehoben, und es ist klar, dass z. B. *tarchaghacho* „zerstreuen" nicht *terchaghacho*, und *tedschigekü* „ernähren, erziehen" nicht *tadschigeku* gelesen werden kann.

3) Ueber den Unterschied der Aussprache der sich völlig gleichen Vocale *o* und *u* lassen sich keine Regeln geben, und es muss gänzlich der fortgesetzten Uebung und dem Gehör überlassen bleiben, beide Vocale unterscheiden zu lernen, und z. B. *onocho* „fassen, begreifen" und *unucho* „reiten" oder *urtu* „lang" und *ordu* „Hoflager" nicht zu verwechseln; oder auch *oron* „Reich, Region" nicht *urun*, dagegen *uran* „der Künstler" nicht *oran* zu lesen. Beinahe dieselben Schwierigkeiten bieten die sich gleichen Vo-

cale *ö* und *ü* dar, z. B. *ssüke* „das Beil", und *ssöni* „die Nacht": ferner *üge* „das Wort" und *ögede* „aufwärts".

§. 9. Von den Diphthongen und den Regeln ihrer Aussprache gilt das nämliche, was von den Vocalen gesagt ist, so dass *ao*, *ai*, *oi* und *ui* in die erste, *ei* und *öi* oder *üi* in die zweite, und *ii* in die dritte Classe gehören. Obgleich *oi*, *ui*, *öi* und *üi* durchgängig nur unter einer und derselben Gestalt vorkommen, dürfen sie in der Aussprache nicht verwechselt werden, z. B. *oira* „nahe" *uilacho* „weinen", *tedöi* „so viel", *üile* „die That, Verrichtung".

§. 10. Von den Consonanten hat das *n* die gewöhnliche Aussprache, und wird durch einen, der Figur eines *a* oder *e* vorgesetzten, Punct gebildet. Diess ist indess nur dann gebräuchlich, wenn das *n* der Anfangsbuchstab des Wortes oder der Sylbe ist: als Endbuchstab bedarf das *n* dieses Punctes nicht, weshalb derselbe in der Regel weggelassen wird, z. B. *naran* „die Sonne", *andaghar* „der Schwur", *Ananda* „ein Mannsname". In sehr vielen Schriften trifft man diese und andere diakritische Puncte gar nicht an, wodurch das Lesen solcher Schriften zwar für Anfänger sehr erschwert wird, für den Kenner der Sprache jedoch keine Schwierigkeit entsteht.

§. 11. Das *b* unterscheidet sich von der allgewöhnlichen Aussprache nur dadurch, dass es, zwischen zwei Vocalen stehend, sehr weich und fast wie *w* ausgesprochen wird, z. B. *eber* „Horn", lies *ewer*. Als Schlussbuchstab ist die Gestalt dieses Consonanten und dessen Aussprache hart, z. B. *ab* „nimm"! lies *ap*.

§. 12. Das *ch* hat die Deutsche Aussprache des *ch* in den Wörtern *machen*, *Sache*, *Pracht*. Es kann nur den Vocalen der ersten Classe (siehe §. 8) vor- oder nachstehen, und auf das *i* folgen. Als Endbuchstab wird es nie gebraucht.

§. 13. Das *gh*, vom *ch* durch zwei vorstehende Puncte unterschieden, hat in den meisten Fällen die Aussprache eines aspirirten *g*, und kann, wie das *ch*, nur den Vocalen der ersten Classe vor- oder nachstehen, und auf das *i* folgen. Jene zwei Puncte werden in den meisten Schriften wenig berücksichtigt und in sehr vielen fehlen sie ganz. Als Endbuchstab geht das *gh* unter der Gestalt und in *k* über, uud erhält nur dann seine ursprüngliche Aussprache wieder, wenn unmittelbar ein Vocal darauf folgt.

§. 14. Die Consonanten *k* und *g*, welche nur den Vocalen der zweiten und dritten Classe (siehe §. 8) vor- und nachstehen können, unterscheiden ihre Gestalt in nichts von einander, daher es schwer ist, sie nicht mit einander zu verwechseln, wie aus folgenden Beispielen zu ersehen: *ger* „das Haus“ und *ker* „wie“, *gem* „das Uebel“ und *kem* „das Maass“, *kända* „leicht“ und *gindan* „das Gefängniss“, *kümün* „der Mensch“ und *gün* „tief“, *kegür* „der Leichnam“ und *gegün* „die Stute“, *gegegen* „das Licht“ und *kegeli* „trächtig, Trächtigkeit (vom Vieh)“. Als Schlussbuchstab nimmt das *k* zwei Gestalten an, nämlich am Ende eines Wortes und , und am Ende einer Sylbe und , die sich nach den drei verschiedenen Vocalclassen richten. So schreibt man z. B. *tajak* „der Stock, Rohrstab“ *akta* „Wallache, Remontepferde“, *kerektei* „nöthig“, *uruk* „Familie, Geschlecht“, *belek* „Geschenk“, *bilik* „Verstand, Weisheit“, *baltschik* „Koth“, *bölök* „Abtheilung“, *aschik* „der Gewinn, Vortheil“, *tangharik* „der Eid, das Gelübde“, *aklak* „einsam, die Einsamkeit", *tsetseklik* „der Blumengarten", *sar-lik* „Wort, Befehl" und *serlik* „wild". Folgt auf das *k* als Endbuchstab ein Vocal oder eine mit einem Vocal anfangende Casusflexion, so verwandelt es sich (vergl. §. 13) in *g* oder *gh*, wie z. B. *tajag-un* „des Stockes" (von *tajak* „der Stock"), *beleg-un* „des Geschenkes", *aschig-i* „den Vortheil", *bilig-i* „die Weisheit (Acc.)" u. s. w.

§. 15. Bei den Consonanten *m*, *l*, und *r* (am Ende eines Wortes *m*, *l* und *r*) ist nichts zu erinnern, als dass die Mongolische Sprache kein einziges mit einem *r* anfangendes Wort hat; findet sich also in Schriften ein solches Wort, so gehört es einer andern Sprache an, und zwar meistens der Tibetischen oder dem Sanskrit.

§. 16. *t* und *d* haben am Anfang und in der Mitte eines Wortes eine und dieselbe Gestalt, obgleich der erste Buchstab für *t* und der andere für *d* gilt. Am Anfange wird für beide Buchstaben , und in der Mitte gleichfalls für beide Buchstaben gebraucht, z. B. *tatacho* „ziehen", *tede* „sie", *degedu* „der Höchste, erhaben", *dabtacho* „flach hämmern" auch „anhalten im Fragen und Bitten", *debtekü* „erweichen", *tende* „dort". Da sich keine Regeln angeben lassen, in welchen Fällen der eine oder der andere dieser Consonanten ausgesprochen werden muss, so kann die Schwierigkeit, die richtige Aussprache zu finden, nur durch fortgesetzte Uebung überwunden werden. Am Ende einer Sylbe ist die Gestalt dieser Buchstaben und , und am Ende eines Wortes und .

§. 17. hat am Anfang und in der Mitte des Wortes die Aussprache des Deutschen *j*; indess ist das weiche *s*, dessen Aussprache vor allen Vocalen der ersten Classe, und auch meistens vor denen der zweiten Classe, die des Russischen з ist — bisweilen aber auch als *ds* lautet — am Anfang eines Wortes in der Gestalt vom *j* in nichts verschieden, so dass z. B. die Wörter *jaghon* „was, welches" und *saghon* „hundert" ganz einerlei geschrieben werden. In der Mitte eines Wortes hat jedoch das weiche *s* die Gestalt u, wodurch es sich vom *j*, das seine ursprüngliche Gestalt überall beibehält, unterscheidet. Uebrigens scheint es, dass vor Alters bei mehreren Wörtern, die jetzt das weiche *s* haben, ein *j* ausgesprochen wurde; so weiss man z. B. dass die Aussprache von *sarlik* „fürstlicher Befehl, Wort eines Höhern" früher *jarlik*, und von *sut* „Viehsterben aus Mangel an Nahrung" vorzeiten *jut* war. Vor einem *i* wird das weiche *s* in der Regel wie *dsch* ausgesprochen, bisweilen auch vor *u* und *ü* oder vor Diphthongen mit einem *i*, z. B. *dschida* „der Spiess", *eldschigen* „der Esel", *ötschidschu* „vortragend", *öldschei* „Glück, Segen". Letzteres wird indess auch häufig *ölsei* ausgesprochen. Das weiche *s* kommt nie als Endbuchstab vor, es erscheint aber, wie das *j*, in der Gestalt eines End-*i*, wenn am Ende eines Wortes noch ein Vocal darauf folgt, z. B. *üje* „Glied", *buisa* „vielleicht", *kerije* „die Krähe", *amuisa* „es möchte seyn".

§. 18. u *ts* hat die Aussprache des Deutschen *z* ausgenommen vor *i* und bisweilen vor *u* und *ü*, wo es wie *tsch* ausgesprochen wird. In alten Schriften steht es häufig statt des weichen *s* in der Mitte der Wörter. Es verändert seine Gestalt nicht und kommt nie als Endbuchstab vor.

§. 19. *ss* ist das harte Deutsche *s* oder Doppel-*s*, wie in *Wasser*, *Messer*, *hassen* u. s. w. Vor *i* wird es in den meisten Fällen wie *sch* ausgesprochen, z. B. *schine* „neu", *schibege* „ein Wall". Als Endbuchstab kommt das harte *s*, besonders als Pluralbildung, häufig vor, und hat dann die Gestalt oder

§. 20. *sch* unterscheidet sich vom harten *s* nur durch zwei hintenstehende Puncte, erscheint aber, ausser in fremden Wörtern, selten unter dieser Gestalt, weil das harte *s* vor *i* schon die Aussprache *sch* mit sich führt, weshalb nicht selten das *i* statt eines andern Vocals gebraucht wird, ohne (wenigstens in der Umgangssprache) dessen Aussprache zu verdrängen. So wird z. B. *schiwaghon* „Vogel" *schowaghon*, und *schibturacho* „rutschen" *schubturacho* ausgesprochen. *schira* „gelb" kann sowohl *schara* als *schira*, niemals aber *ssira* ausgesprochen werden. Auch hiebei hat die im Worte herrschende Vocalclasse, wenn auch keinen entscheidenden doch bedeutenden, Einfluss. Das *sch* wird im Mongolischen nicht als Endbuchstab gebraucht.

§. 21. *w* ist ein beinahe überflüssiger Buchstab für die Mongolische Sprache, die nur äusserst wenig Wörter hat, in welchen derselbe vorkommt. Uebrigens wird dieser Halbvocal, wie §. 7 bemerkt, als Verstärkung oder Verdeutlichung des *o*, vorzüglich in fremden, aber auch bisweilen in einheimischen Wörtern gebraucht, z. B. *tschino* „der Wolf", welches Wort jedoch besser geschrieben wird.

§. 22. An zusammengesetzten, oder vielmehr ohne Zwischenvocal unmittelbar auf einander folgenden, Consonanten haben die Mongolischen Wörter keinen Mangel, z. B. *amlan*, „der Geschmack", *dumda* „die Mitte", *öklige* „die Gabe, das Almosen", *erte* „früh", *ebde* „zerstöre!" *degekschi* „hinan, aufwärts"; da dergleichen Consonanten aber ihre ursprüngliche Gestalt unverändert beibehalten, und also sogleich zu erkennen sind, so ist nichts von ihnen zu sagen, als dass, mit alleiniger Ausnahme des oder *ng* (auch im Mongolischen aus *n* und *g* bestehend und zusammengesetzt) kein einziger zusammengesetzter Consonant als Schlussbuchstab eines Wortes dienen kann. Dafür ist die Anzahl der auf *ng* ausgehenden Mongolischen Wörter um so beträchtlicher; folgende mögen als Beispiel hier stehen; *sang* „Art, Charakter“, *dschirghalang* „Freude, Wonne“, *ang* „Wild, Wildpret“, *neng* „sehr“, *düngüreng* ‚voll“. Das *ng* hat überdiess noch das Eigene, dass es ohne Zwischenvocal noch einen dritten Consonanten zulässt, z. B. *angchan* „der erste“, *manglai* „die Stirne“, *möngke* „ewig“, *mönggun* „Silber“, *tangssuk* „Lust, Annehmlichkeit“, *chongcha* „die Glocke“.

§. 23. Die Verdoppelung eines Consonanten ist im Mongolischen ungebräuchlich, und findet, ausser in fremden Wörtern, die solches erheischen, nur dann statt, wenn durch den einzelnen Consonanten ein Missverstand entstehen könnte, z. B. bei *ökkü* „geben“, um es von *ükü* „stirb!“, ferner bei *öggüksen* „gegeben“, um es von *üküksen* „gestorben“, oder bei *chudduk* „der Brunnen“, um es von *chutuk* „Ehrwürdigkeit, Heiligkeit“ zu unterscheiden. In dem einzigen Worte *kir* „Schmutz, Befleckung“ findet sich in den meisten und besten Schriften das doppelte *k* als Anfangsbuchstab, ohne dass eine Ursache oder ein Zweck davon anzugeben wäre.

§. 24. Interpunctionszeichen gibt es im Mongolischen zwei, nämlich : und -:- Ersteres wird zur Abtheilung der grössern und kleinern Sätze und Letzteres dann gebraucht, wenn der Sinn eines oder mehrerer Sätze oder eine Periode zu Ende ist und diese geschlossen wird. In der Poesie, die sich nach den Gesetzen der Indischen Metrik richtet, steht das : am Ende eines Verses oder Distichons, und das -:- am Ende einer Strophe. Am Schlusse eines Capitels, Abschnittes oder Werkes wird das -:- verdoppelt oder verdreifacht. Die Frage wird durch besondere Partikeln am Ende eines Satzes bezeichnet, die entweder für sich stehen oder dem letzten Worte angehängt werden, wovon an seinem Orte ein Mehreres.

§. 25. Die Mongolen richten sich, wie die Tibeter, in der äussern Form ihrer literarischen Werke am liebsten nach der Altindischen, und schreiben zwar nicht auf Palmblättern, wohl aber in Nachahmung ihrer Gestalt auf losen langen Papierstreifen. Diese müssen für ein und dasselbe Werk von gleicher Länge und Breite seyn; im übrigen aber ist die Wahl des Formats der Willkühr des Abschreibers überlassen. Da nicht die Seiten, sondern die Blätter gezählt und numerirt werden, so ist es üblich, den Anfang eines Blattes durch das Zeichen oder ein demselben ähnliches kenntlich zu machen.

Schliesslich stehe hier die Bemerkung, dass die älteste Mongolische Schrift nur aus vierzehn Consonanten bestanden hat, indem das *sch* und die Unterscheidungszeichen der beiden Gutturallaute *gh* und *g* (sie hatte für alle Gutturale nur *ch* und *k*) derselben fehlten und erst später hinzugethan wurden. Hieraus erhellet, was von der Weisheit derjenigen zu halten sey, die nach der Autorität des sehr spätzeitigen Arabers *Ahmed-ibn-Arabschah* und nach dessen sogenannt Uigurischem Elementar-Alphabete gleichfalls nur vierzehn Consonanten aufstellen, und unter denselben auch das *sch*, welches im ältesten Mongolischen Alphabete gar nicht vorhanden war, figuriren lassen.

Betonung der Wörter

§. 26. Bei weitem die meisten zwei- und dreisylbigen Mongolischen Wörter haben den Accent auf der *ersten* Sylbe, als z. B. *ēnde* „hier“,

Mongghol, *üssük* „Buchstab. Schreibfeder“, *nōmlacho* „lehren“, *nāran* „die Sonne“. *ssara* „der Mond“.

§. 27. Eine Ausnahme machen in der Regel diejenigen Wörter, in welchen die zweite oder dritte Sylbe durch einen weichen Guttural gebildet, oder durch einen Diphthong oder verlängert wird, als z. B. *degö* „der jüngere Bruder“, *dschigē* „der Schwiegersohn“, *daghōn* „die Stimme“, *naghōr* „der See. Teich“, *aghōla* „der Berg“, *abchoghōlcho* „nehmen lassen“, *takjā* „die Henne“, *kerjē* „die Krähe“, *ukjāl* „das Bad“, *ügēi* „nicht. nein“, *ugjū* der Edelstein *Ju*, orientalische Jade, auch „Türkis“.

§. 28. Zur bessern Verdeutlichung der Aussprache und Betonung der Mongolischen Wörter diene folgende Schriftprobe (siehe die umstehende Seite):

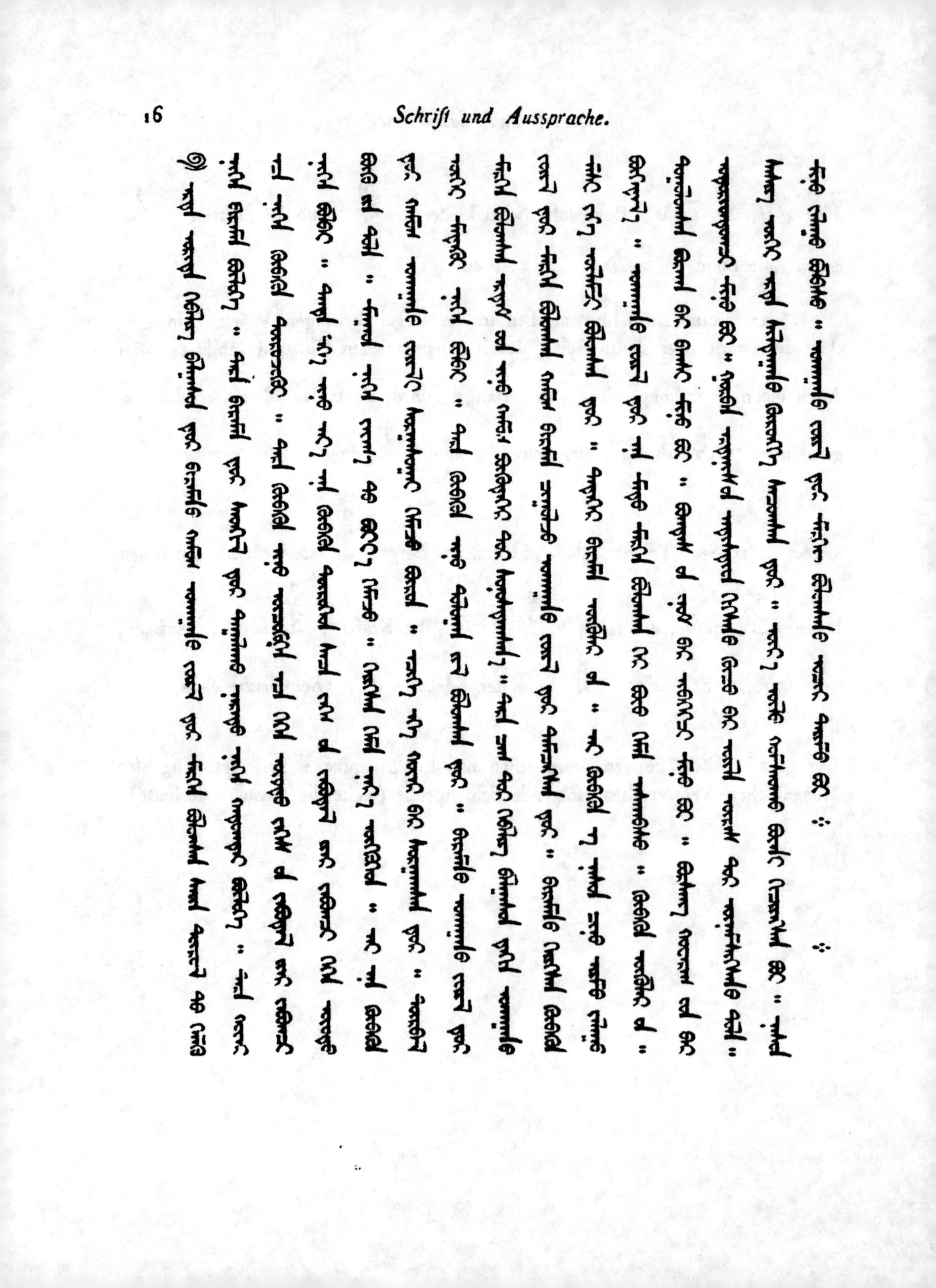

Aussprache.

Ērte ūrida Kābalik bālghassun dur Bīramanu chamuk uchaghānu süil dur mērgen bōluksan ssain töröltu kemekü nīgen Bīraman böluge. Tēre Bīraman dur ssedkil dur taghālacho neretu nīgen chātuktai bölüge. Tēre chōjar ētse nīgen köbegūn törösököi. Tēre köbegūn inū ütsügüken etse gegēn ojōtu jēkessün jābudal jēr jābuktschi nīgen bōlbai. Tende ēke inū ajā ēne köbegūn törögēd ssatsa jēkessun jābudal jēr jābuktschi gegēn ojōtu bököin tūla, maghad nīgen sajaghātu būisa kemēdschu, Geīksen kemēn nēre ögguged, ai ēne köbegūn dur chāmuk uchaghānu süili ssūrghassughāi kemēdschu bürün, ētsege ēke chōjar bēr ssūrghaksan dur, tūrbel ügēi mēdeköi nīgen bōlbāi. Tēre köbegūn inū dologhān dschil bōluksan dur, Bīramanu uchaghānu süil dur mērgen bōluksan erdem-od inū chāmuk bügüdegēr tur ssōnostaksanā, tēre tsāk tūr Kābalik bālghassun dākin uchaghānu süil dur mērgen bōluksan chāmuk Bīraman tschighūldschu, uchaghānu süil dur ēmetseksen dur, Bīramanu Geīksen köbegūn maschi jēke ülemdschi bōluksan dur, tēdegēr Bīraman ögölerun: ajā köbegūn ā! nassun tschīnu ēimu salaghō bögētele, uchaghānu süil dur ēne metu mērgen bōluksan kēr bujū? kemēn āssakbāssu köbegūn ögölerun: toghōluksan būrchan bēr bākschi mīnu būi, bōkdassun nōm bēr ibegēktschi mīnu būi; būrssang chūwarag-od bēr ūduriddūktschi mīnu būi; ghurban erdenissun adistid kīksenu kütschüber üilein ūres tur ūnemschiksenu tūla, ssēschig-ügēi ērte schiltaghānu kürüngge ssatsuksan dur, ūre ülü chōmsatcho būjani kitschjēksen būi: nassun mīnu salaghō bōlbāssu, uchaghānu süil dur mērgen bōluksan ūtschir tēimu būi.

Uebersetzung.

Früh vorzeiten war (lebte) in der Stadt *Kabalik* ein Brahmane, Namens *Ssain-Töröltu* (Edelgeboren, von edler Geburt), der ein Meister in allen Fächern der Brahmanen-Weisheit geworden war. Dieser Brahmane hatte eine Gattinn, Namens *Ssedkil dur taghalacho* (dem Gemüthe wohlgefällig). Von diesen beiden wurde ein Sohn geboren. Dieser Knabe war von klein auf ein Solcher, der mit hellem Bewusstseyn den Wandel der Grossen (Erhabenen) wandelte. Da sagte (dachte) die Mutter: Weil dieser Knabe gleich nach der Geburt mit hellem Bewusstseyn den Wandel der Grossen wandelt, so ist er gewiss Einer von besonderer Natur (von göttlicher Eigenschaft oder Bestimmung); und gab ihm den Namen *Geiksen* (der Erleuchtete). „Diesen Sohn wollen wir in allen Fächern der Weisheit unterrichten", also gesagt, ertheilten Vater und Mutter beide ihm Unterricht, so dass er in kurzer Zeit ein Wissender wurde (alle nöthige Kenntniss erlangte). Als dieser Knabe sieben Jahr alt geworden, und seine Trefflichkeit und Meisterschaft in den Fächern der Brahmanen-Weisheit bei Allen und Jedermann ruchtbar geworden war, da versammelten sich alle Brahmanen der Stadt *Kabalik*, die Meister in der Brahmanen-Gelehrsamkeit waren, um sich in den Fächern der Weisheit gegenseitig zu versuchen: und als der Brahmanensohn *Geiksen* diese Brahmanen sehr weit übertraf, sprachen sie: „Woher kommt es, o Knabe! dass du bei so jugendlichem Alter ein „solcher Meister in den Fächern der Weisheit geworden bist?" Auf diese Frage antwortete der Knabe: „Der vollendete Buddha ist mein Lehrer; die Lehre „der Göttlichen ist meine Beschützerinn; der Priesterverein ist mein Führer. Weil „ich durch die Segenskraft der drei Kleinodien wegen der Früchte (Folgen) der „Thaten Gewissheit erlangt, und, frei von Zweifeln, das Samenkorn der frühen „bedingenden Ursache ausgestreut habe, so habe ich mir als Frucht unverminderliche Verdienste erworben. Diess ist der Grund, warum ich, obgleich jung, „bereits Meister in den Fächern der Weisheit geworden bin".

ZWEITES CAPITEL.

Von den Redetheilen.

§. 29. Die Redetheile bestehen im Mongolischen aus dem *Haupt*- oder *Nennworte* (Substantivum) ohne bestimmten Artikel, dem *Eigenschaftsworte* (Adjectivum), dem *Fürworte* (Pronomen), dem *Zahlworte* (Numerale), dem *Zeitworte* (Verbum), dem *Nachworte* (Postpositio), dem *Beschaffenheits*- oder *Umstandsworte* (Adverbium) und dem *Bindeworte* (Conjunctio). Das Vorwort (Präpositio) fehlt und wird durch das Nachwort vertreten.

Erster Redetheil.

Das Hauptwort. (Substantivum).

§. 30. Die gewöhnliche Eintheilung der Hauptwörter in *Concreta* und *Abstracta* und ihre Unterabtheilungen hat die Mongolische Sprache mit den andern gemein. Ihrer Bildung nach sind sie theils eigene Wurzelwörter, theils aus andern Wörtern abgeleitete.

§. 31. Substantiva der ersten Gattung. oder reine Wurzelwörter, sind unter andern die Concreta *der Baum*, *das Wasser*, *der Fluss*, *der Mensch*, *der Stein*, *die Blume*, *der Berg*, *der Wald* u.s.w. Ferner rechne ich zu den Wurzelwörtern mehrere Abstracta, weil sie in Betracht ihrer einfachen Form nicht aus Verben gebildet zu seyn scheinen, sondern die Verba vielmehr aus ihnen gebildet sind. Dazu gehören *die Wahr-*

heit, *der Hass*, *die Lüge*, *die Verläumdung*, *der Betrug*, *der Anfang*, *das Ende*, *die That* u. a. m.

§. 32. Die Substantiva der zweiten Gattung, oder die abgeleiteten, sind an den Partikeln erkennbar, die als Nachsylben den Wurzeln anderer Wörter, es mögen Hauptwörter oder Zeitwörter seyn, angehängt werden. Die von Zeitwörtern abgeleiteten haben entweder ein oder die Sylben , , oder als den Verbwurzeln oder auch Verbformationen angehängte Partikeln, z. B. *der Glaube*, *das Ueberbleibsel*, *das Verderben*, *die Ansicht*, *der Genuss*, *die Lehre*, *Lehrart*, *das Bedürfniss*, *die Nothdurft*, *der Gang*, *Wandel*, *der Zug* (einer Volksabtheilung, der Vögel, Heuschrecken u. s. w.), *die Naht*, *die Freude*, *die Qual*, *der Jammer*, *die Glückseligkeit* und viele andere, die theils aus reinen Verbwurzeln, theils aus solchen Verben gebildet sind, die ihren Ursprung einem andern Wurzel-Substantivum verdanken. Die aus Participien gebildeten Hauptwörter werden an der Nachsylbe oder erkannt, z. B. *der Nehmer*, *Empfänger*, *der Geber*, *der Esser*; und die aus Infinitiven gebildeten an der Endpartikel , als *das Sterben*, *der Tod*, *das Nehmen*. Von andern Hauptwörtern unmittelbar abgeleitete Substantiva sind alle Amts- und Gewerbsnamen, nebst denjenigen Namen, die Personen oder Gegenständen wegen besonderer Eigenschaften, Laster oder Tugenden und in Beziehung auf dieselben beigelegt werden; sie werden sämmtlich durch die Nachsylbe gebildet, als *der Pferdeaufseher*, *der Schäfer*, *der Holzarbeiter*, *der Theekoch*, *der Steinmetz*, ferner *der Tugendbeflissene*, *der Lügner*, *der Verläumder*, *der Betrüger*, *der Wahrheitliebende*, *der Schriftkundige* u. s. w. Einige von Hauptwörtern abgeleitete Substantiva werden mittelst der Nachsylbe oder gebildet, als *der Garten*, von *die Blume*, *der Himmelssohn* oder *Himmelsbewohner* von oder *der Himmel, die Gottheit*, *der Starke, Kräftige*, von *Kraft, Stärke*, *das Wort* von *der Befehl* u. a. m.

§. 33. Zusammengesetzte Substantiva, deren andere Sprachen, wie die Griechische, Persische, Deutsche und das Sanskrit, so viele aufzuweisen haben, gibt es im Mongolischen nicht. Wenn solche, im Deutschen als zusammengesetzt erscheinende, Wörter nicht schon durch die Endsylben oder (siehe §. 32) in einfache Wörter umgebildet oder auch keiner solchen Umbildung fähig sind, so werden die getheilten Begriffe theils durch den Genitiv, theils durch den Accusativ verbunden, ohne dass sie zu einem Worte zusammenfliessen,

z. B. *des Tisches Decke* für *Tischtuch*, *der Fleischesser*, u. s. w. Andere, im Deutschen zusammengesetzte, Hauptwörter haben eigene Gattungsnamen, als *die Baumwolle*, *das Schulterblatt*, *die Handfläche*, *der Feuerschwamm*, *der Feuerstein*, *der Feuerstahl*, *die Muskatnuss* und viele andere.

§. 34. Alle aus Substantiven vermittelst der Nachsylbe oder gebildeten Adjectiva können in dieser Form wieder als Substantiva gebraucht werden z. B. *sündig*, *der Sünder* von *die Sünde*, *verdienstlich*, *der Verdienstvolle* von *Verdienst*, *verständig*, *weise*, *der Weise* von *der Verstand*, *die Weisheit*, *krank*, *der Kranke*, von *die Krankheit*.

§. 35. Die Mongolische Sprache hat keinen bestimmten Artikel; als unbestimmter Artikel wird das Zahlwort oder *ein* eben so häufig gebraucht, als in andern Sprachen, z. B. *ein Mann*, *eine Zeit* u. s. w.

§. 36. Obgleich der Begriff der Geschlechter, *männlich*, *weiblich* und *geschlechtslos*, bei den Mongolen so deutlich ist, wie bei irgend einem andern Volke, so leidet er, ausser bei lebenden Wesen, durchaus keine Anwendung in der Sprache, so dass man, mit Ausnahme der belebten Gegenstände, sonst bei keinem einzigen Worte den geringsten Geschlechtsunterschied entdeckt.

§. 37. Bei den belebten Wesen äussert sich der Geschlechtsunterschied theils, wie in andern Sprachen, durch besondere Geschlechtsnamen, als *der Hengst*, *der Kameelhengst*, *die Stute*, *die Kameelstute*, theils unterscheiden sich die weiblichen von den männlichen — und diess zwar vorzüglich bei den sogenannten reissenden Thieren — durch das vorstehende Wort , als *der Hund*, *die Hündinn*, *der Löwe*, *die Löwinn*; und theils geschieht diess durch die vorstehenden Geschlechtswörter und , als *der Eber*, *die Sau, Bache*, *der Hahn*, *die Henne*. Wenn die Farbe irgend eines lebenden Gegenstandes genannt wird, so fällt die Bezeichnung des Geschlechtsunterschiedes auf die Farbe, als *schwarz* (masc.), *schwarz* (fem.), *weiss* (masc.), *weiss* (fem.). So sagt man z. B. *der schwarze Kameelhengst* und *die schwarze Kameelstute*, *der braune Hengst* und *die braune Stute*. Auch werden in diesem Falle die Geschlechtsunterscheidungswörter , und weggelassen, indem z. B. durch *der bunte Hund*, hinlänglich dargethan ist, dass der Hund ein männlicher seyn müsse, weil eine *bunte Hündinn* nicht anders als genannt werden kann.

§. 38. Die meisten Hauptwörter haben zwei Zahlen, den Singular und Plural; einen Dual kennt die Mongolische Sprache nicht.

Declination.

§. 39. Die Declination der Hauptwörter zeigt zehn Fälle (Casus), nämlich:

den *Nominativ*,

den *Genitiv*,

zwei Dative und *Locative*, und zwar

a) die gewöhnlichen,

b) solche, die sich auf Eigenthum oder Besitzthum beziehen (possessiva),

zwei Accusative in derselben Art wie die Dative und Locative

den *Vocativ*,

zwei Instrumentale, einen mit der Postposition ᠪᠡᠷ *durch*, und den andern mit der Postposition ᠯᠤᠭ᠎ᠠ *mit*,

den *Ablativ*, mit der Postposition ᠡᠴᠡ *von*.

§. 40. Die Nomina richten sich in der Declination ihres Singulars nach der Endung ihres Nominativs, der überall die Grundform bildet; diese Endung, je nachdem sie aus irgend einem der Vocale oder Diphthongen, oder aus einem ᠨ *n*, oder aus irgend einem der übrigen, zu Schlussbuchstaben dienlichen, Consonanten besteht (siehe §. 5), verändern die Gestalt einiger Casusbeugungen, wodurch dreierlei Declinationen entstehen. Demnach gehören die auf Vocale und Diphthonge endenden Nominativa sing. zur *ersten*, die auf *n* ausgehenden zur *zweiten*, und die mit andern Consonanten endenden zur *dritten* Declination, wie aus folgender Tabelle zu ersehen:

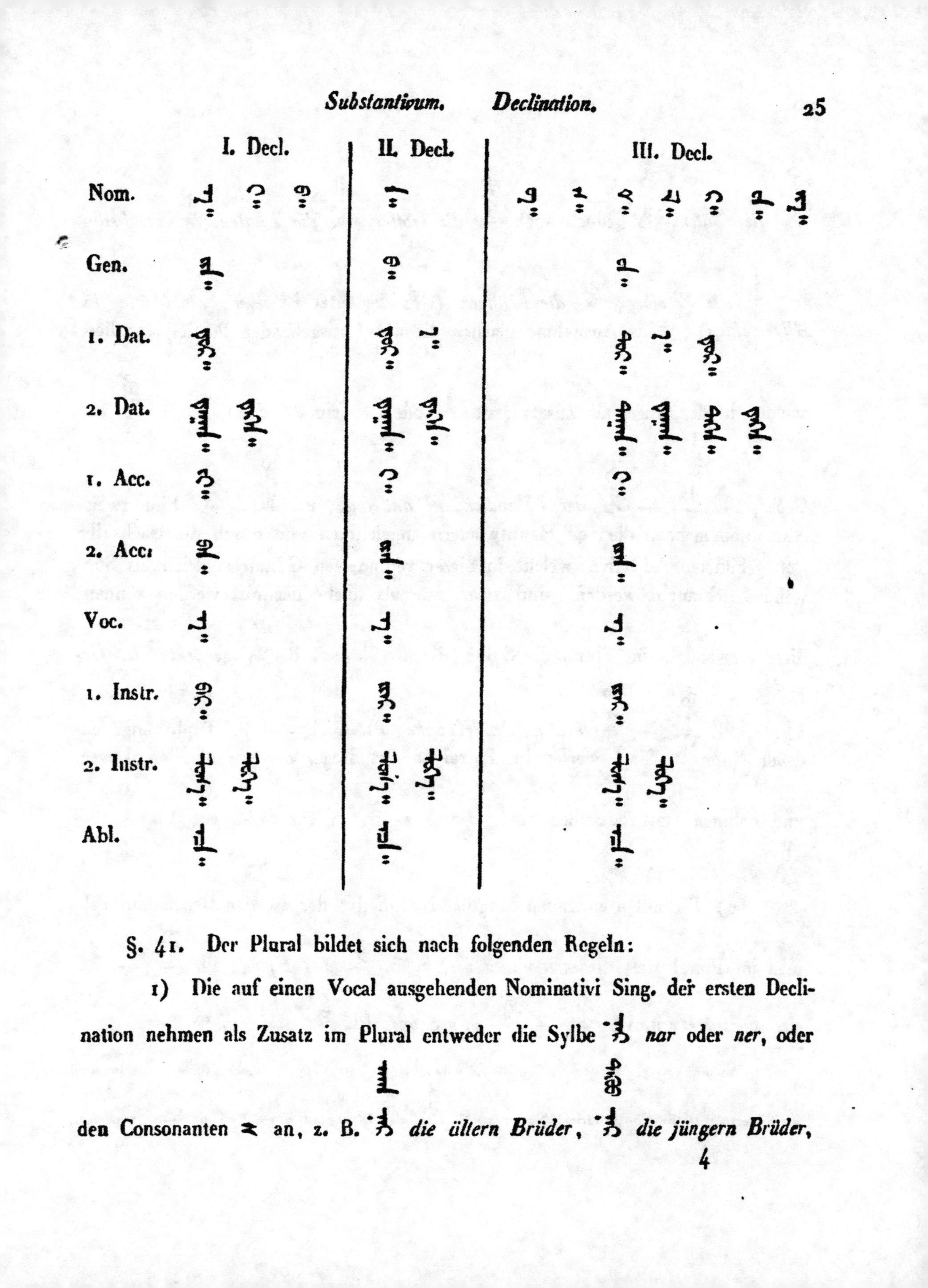

	I. Decl.	II. Decl.	III. Decl.
Nom.	[illegible] [illegible] [illegible]	[illegible]	[illegible] [illegible] [illegible] [illegible] [illegible] [illegible] [illegible]
Gen.	[illegible]	[illegible]	[illegible]
1. Dat.	[illegible]	[illegible] [illegible]	[illegible] [illegible] [illegible]
2. Dat.	[illegible] [illegible]	[illegible] [illegible]	[illegible] [illegible] [illegible] [illegible]
1. Acc.	[illegible]	[illegible]	[illegible]
2. Acc.	[illegible]	[illegible]	[illegible]
Voc.	[illegible]	[illegible]	[illegible]
1. Instr.	[illegible]	[illegible]	[illegible]
2. Instr.	[illegible] [illegible]	[illegible] [illegible]	[illegible] [illegible]
Abl.	[illegible]	[illegible]	[illegible]

§. 41. Der Plural bildet sich nach folgenden Regeln:

1) Die auf einen Vocal ausgehenden Nominativi Sing. der ersten Declination nehmen als Zusatz im Plural entweder die Sylbe [illegible] *nar* oder *ner*, oder den Consonanten [illegible] an, z. B. [illegible] *die ältern Brüder*, [illegible] *die jüngern Brüder*,

die Väter, jedoch auch *die Götter*, *die Thaten*. *die Männer*, *die Weiber*, *die Mütter*; (bedeutet *Weiber*, *als Mütter im Allgemeinen*). Eine Ausnahme machen die auf *i* ausgehenden Participia: diese nehmen in der Regel als Zusatz statt oder ein *d* an, z. B. *der Geber*, Pl. , — *der Wandler*, *Wandelnde*, Pl. . — Eine zweite Ausnahme machen die von Hauptwörtern abgeleiteten und durch die Nachsylbe gebildeten Adjectiva, welche in dieser veränderten Gestalt zugleich als Substantiva gebraucht werden, und zwar nur als solche declinirt werden können; diese verwandeln im Plural die Sylbe in , z. B. *gehörnt*, *der Gehörnte*, Pl. ; — *krank*, *der Kranke*, Pl. . — Auf Diphthonge endende Nominat. Sing. werfen im Plural in der Regel den zweiten Vocal weg, und nehmen statt desselben ein an, z. B. *die Schlange*, Pl. ; — *der Wolf*, Pl.

2) Die mit *n* endenden Singular-Nominative der zweiten Declination nehmen im Plural statt dieses *n* ein *d* an, z. B. *das Pferd*. Pl. ; — *der Fürst*, *Herr*, Pl. ; — *das Schaf*, Pl. u. s. w. *)

*) Anmerkung, In neuern Schriften, vorzüglich in den Wörterspiegeln, findet man hie und da zur ersten Declination gehörige Wörter, z. B. *das Wort*, mit einem End-*n* geschrieben,

3) Die mit *k*, *ng*, *b*, *l* und *m* endenden Nominativi Sing. der dritten Declination erhalten im Plural noch die Zusatzsylbe *od*, z. B. *das Geschenk*, Pl. ; — *die Qual*, Pl. ; — *eine Weltperiode*, Pl. ; — *die Insel*, Pl. ; — *das Verdienst*, Pl. u. s. w. Auch die Endung nimmt bei einsylbigen Wörtern im Plural die Zusatzsylbe an, z. B. *das Haus*, Pl. ; bei zweisylbigen wird aber das *r* bisweilen abgeworfen, und statt desselben, wie bei der zweiten Declination mit der Endung *n*, ein *d* gesetzt, z. B. *das Rind*, Pl. ; — *der Freund*, *Gefährte*, Pl. . Da die Endconsonanten *d* und *s* jedesmal den Plural anzeigen, so kommen sie in der Regel nicht als Singularendung vor. Einzelne Ausnahmen macht das *s* in den Wörtern *das Ende* (welches aber keinen Plural hat), *das Volk*, *der Tiger*, *der Panther* oder *Leopard*, nebst wenigen andern, welche im Plural haben.

4) Ausser den erwähnten verschiedenartigen Pluralbildungen gibt es noch einen besonderen Plural in dem Wörtlein oder , das den Singularen aller

---

wodurch solche Wörter der zweiten Declination anheimfallen, und auch wirklich in den genannten Schriften die Casusbeugungen dieser Declination erhalten. Wie unrichtig dieses ist, erhellet aus der Partikel des Plurals, welche gegen alle Regel die der ersten Declination oder bleibt, da sie doch folgerecht die der zweiten Declination oder *d* seyn müsste. So heisst z. B. der Plural des genannten Wortes nirgends *üged*, sondern überall *üges*.

Nennwörter ohne Ausnahme angehängt werden kann. Es wird gebraucht: *a*) als verstärkter Plural, z. B. *Buddha*, *die Buddhas*, *alle Buddhas*; ferner *viel*, *sehr viele*, *alle*; — *b*) bei solchen Wörtern, die keine der gewöhnlichen Pluralbildungen annehmen, oder bei denen sie ungebräuchlich sind; so kann man z. B. von *der Mensch* im Plural nicht gut sagen , sondern es muss heissen .

§. 42. Da alle Pluralendungen Consonanten sind, so gehen auch sämmtliche Plurale nach der *dritten* Declination des Singulars; nur die mit *n* endenden Plurale der zur ersten Declination gehörigen adjectivischen Substantiva (siehe §. 41, Regel 1) werden nach der *zweiten* Declination declinirt.

§. 43. Endlich ist zu bemerken, dass wenn ein Zahlwort, wodurch ohnediess schon eine Mehrheit angedeutet wird, dem Hauptworte vorsteht, das letztere seinen Singular behält. So sagt man z. B. *drei Pferde* statt , man sagt *viele Wölfe* statt , man sagt *zehn Häuser* statt u. s. w.

Gebrauch der Casus.

§. 44. Der *Nominativ* wird eben so gebraucht, wie in den übrigen Sprachen, z. B. *die Blume ist aufgeblüht*, *das Werk* oder *die That ist vollendet*. — Obgleich der Nominativ immer die reine Grundform des Substantivs zeigt, so lässt er, als Casus des Subjects und um dieses hervorzuheben, gewöhnlich die Partikeln oder und (welches letztere aber mit der gleichlautenden Postposition des ersten Instrumentals ja nicht verwechselt werden darf) auf sich folgen, z. B. *die Blume ist aufgeblüht* *die That ist vollendet*; ferner *Buddha ist mein Lehrer* (vergl. die Schriftprobe S. 16). Die genannten Partikeln haben durchaus keine eigene Bedeutung, auch ändern sie nicht im Geringsten die Bedeutung des Wortes, welchem sie zugegeben werden; sie sind weder als Casusflexion, noch als Postposition anzusehen, sondern sie dienen blos zur Bezeichnung des Subjectes und stehen daher gemeiniglich mit dem Nominativ. Nur dann findet eine Ausnahme Statt, wenn das Subject, vom Nominativ abweichend, auch in einem andern Casus seine Eigenthümlichkeit behält, z. B. *der Befehl des Kaisers* (lautet u. s. w.), *auf den Befehl des Kaisers* (wurde u. s. w.). Auch substantivische Adjectiva, Zahlwörter und persönliche Pronomina können, wenn sie das Subject bilden, diese Partikeln auf sich folgen lassen.

§. 45. Der *Genitiv* steht immer vor dem Worte, auf welches er sich bezieht, niemals nach demselben, z. B. *des Pferdes Herr* oder *Eigenthümer* *des Fürsten Pferd*, *des Hauses Thüre*, *der Thüre Schloss*. Die Flexionspartikel des Genitivs für die erste Declination ist , für die zweite , und für die dritte .

§. 46. Der *Dativ* hat im Mongolischen zugleich die ganze Form des Locativs. Der erste oder gewöhnliche Dativ und Locativ ist an der Partikel ,

ᠲᠤᠷ oder ᠠ erkennbar, die beim Dativ nur als Casusflexion ohne eigene Bedeutung erscheint, beim Locativ aber als Postposition die Bedeutung *in*, *an*, *auf*, *bei* mit sich führt, und diese Deutschen Präpositionen vorstellt. Es gilt dabei die Regel, dass alle Endungen des Nom. Sing. auf Vocale und auf die Consonanten *n*, *ng*, *m* und *l* als Dativ- und Locativbezeichnung die Partikel ᠳᠤᠷ erhalten, da hingegen die auf *b*. *k*, *r*, *d* und *s* ausgehenden, und folglich auch die Pluralendungen des Nominativs auf *r*, *d* und *s* durch ᠲᠤᠷ bezeichnet werden. Die dritte Art, den gewöhnlichen Dativ und Locativ vermittelst der Partikel ᠠ zu bilden, wird vorzüglich nur dann angewendet, wenn mehrere Dative und Locative auf einander folgen, um die öftere Wiederkehr und Anhäufung einer und derselben Partikel zu vermeiden: z. B. [illegible] *dem Kaiser berichtet habend*, [illegible] *nachdem er ins Haus gegangen und sich auf den Sitz gesetzt hatte.* Uebrigens haben die genannten drei Dativ- und Locativbezeichnungen, von welchen ᠠ nur auf Consonantenendungen folgen kann, gleichen Werth und gleiche Bedeutung, und ihre Verschiedenheit hat lediglich in Wohllautsregeln ihren Grund. Dasselbe gilt auch von ᠳᠤ oder ᠲᠤ, welches man in guten Schriften nicht selten, vorzüglich als Locativ, statt der obengenannten drei Partikeln findet.

§. 47. Der zweite *Dativ* und *Locativ* mit der Postposition [illegible], [illegible] oder [illegible], [illegible] hat das Besondere, dass er nur da gebraucht wird, wo das Eigenthümliche oder Persönliche, oder ein Besitzthum bezeichnet werden soll, so dass er also die Pronomina possessiva ersetzt. Es geschieht diess, um die Anhäufung der Pronomina zu vermeiden, deren Gebrauch im Mongolischen möglichst beschrankt ist, z. B. [illegible] *er gab es seinem Sohne* oder [illegible] *ich gab es meiner Tochter,* *er kehrte in seine Wohnung zurück,* *er liess das in seiner* (in der eigenen) *Hand Gehaltene fahren,* *er zog den Harnisch an,* oder wörtlich: *den Harnisch seinem Körper er anlegte.*

§. 48. Der *erste* oder gewöhnliche *Accusativ* ist an der Flexionspartikel oder erkennbar, und wird wie in andern Sprachen gebraucht, z. B. *er hat das Pferd gesattelt,* *das Gute thun,* *er verjagte den Wolf,* *er hat das Schlechte verlassen.* Als Object findet man ihn bei Substantiven der ersten und dritten Declination nicht selten ohne alle Casusbeugung in der Form des Nominativs, und bei Hauptwörtern der zweiten Declination sogar ohne das charakteristische End-*n* des Nominativs, z. B. statt .

§. 49. Der *zweite Accusativ*, mit der Partikel für die erste und für die zweite und dritte Declination, bezieht sich, wie der zweite Dativ und Locativ, auf das Persönliche und Eigenthümliche, es betreffe die eigene oder eine fremde Person, oder irgend einen beziehungsfähigen Gegenstand, und hat denselben Zweck, nämlich den, das Possessivum zu ersetzen und die Anhäufung der Pronomina zu vermeiden, z. B. *ich habe meine schlechte Gewohnheit abgelegt,* *hast du deinen Sclaven freigelassen?* *er hat sein Kleid ausgezogen,* [illegible] *die Flüsse geben ihr Wasser zur Tränkung der Geschöpfe her,* [illegible] *das Gold kennt seinen eigenen Werth nicht.* Bisweilen wird diese Form des Accusativs mit dem Dativ zur Verstärkung desselben statt der Postposition [illegible] oder [illegible] verbunden, z. B. [illegible] *er unterwarf das Chinesische Reich seiner Macht.*

§. 50 Der *Vocativ* wird durch ein auf das Hauptwort folgendes langes [illegible] gebildet, z. B. [illegible] *Lehrer!* bisweilen wird auch noch die Interjection [illegible] oder [illegible] vorgesetzt, z. B. [illegible] *o mein Lehrer!*

§. 51. Der *erste Instrumental*, mit der Postposition [illegible] für die erste und [illegible] für die zweite und dritte Declination, wird da gebraucht, wo im Deutschen die Präposition *mit* oder *durch* steht, z. B. [illegible] *mit dem Säbel hauen,* [illegible] *mit den Füssen gehen,* [illegible] *mit den Händen greifen,* [illegible] *durch die Thüre eingehen.* — Bezieht sich der Instrumental auf etwas Persönliches oder Eigenthümliches, so wird das Pronomen possessivum gern vermieden, und die den zweiten Accusativ bildende Partikel [illegible] (siehe §. 49) der Instrumentalform zugegeben, z. B. *er sah es mit seinen eigenen Augen,* *ich habe es durch meinen jüngern Bruder gesandt.*

§. 52. Der *zweite Instrumental* wird durch die Postposition oder gebildet, welche der Deutschen Präposition *mit* entspricht, in sofern diese letztere den Begriff der Verbindung, der Begleitung oder des Zusammenwirkens darstellt, z. B. *mit Wasser vermischt,* *der Lehrer und der Schüler sassen beisammen,* *das Schaf kann nicht des Wolfes Gefährte seyn*, oder wörtlicher: *das Schaf mit dem Wolfe gesellig zu seyn, ist nicht Sitte.* Auch bei diesem Casus ist die Verbindung mit dem zweiten Accusativ zulässig, um das Pronomen possessivum zu vermeiden, z. B. *er zog mit seinen Geschwistern in ein anderes Land.*

§. 53. Der *Ablativ*, mit der Postposition , die den Deutschen Präpositionen *von, aus* entspricht, führt immer den Begriff der Trennung, Absonderung oder Ableitung mit sich, z. B. *aus dem Wasser ziehen,* *vom Baume fallen,* *aus dem Hause gehen,* *von der Sünde entsteht*

Jammer. Auch dieser Casus kann sich zur Vermeidung des Pronomen possessivum mit der Flexionspartikel des zweiten Accusativs verbinden, z. B. 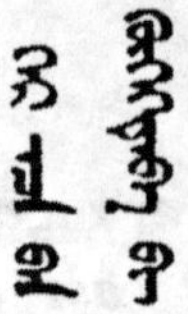 *ich wurde aus meinem eigenen Hause verjagt.*

§. 54. Folgende Declinationsproben mögen das Gesagte besser ins Licht stellen:

A. *Erste Declination.*

1)  der Lehrer.

Singular.

Nom. Gen. 1. Dat. 2. Dat. 1. Acc. 2. Acc. Voc. 1. Instr. 2. Instr. Abl.

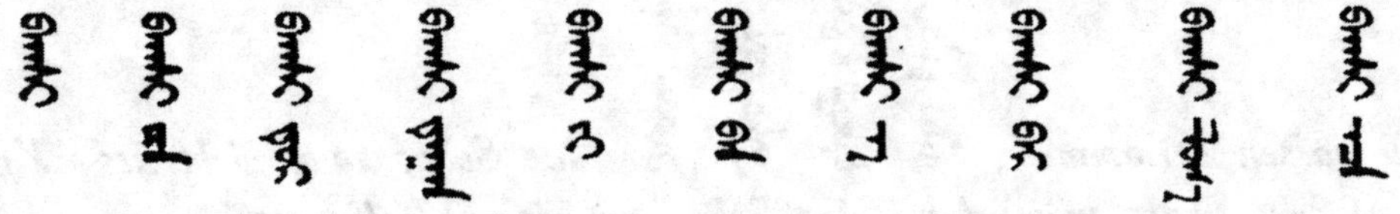

Plural.

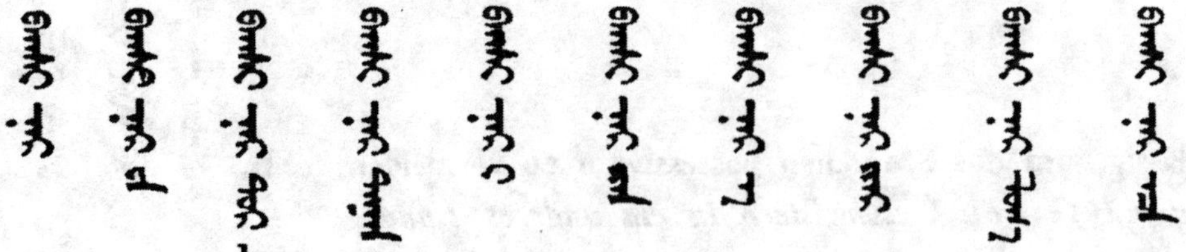

oder

2) 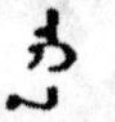 der Mann.

Singular.

Nom. Gen. 1. Dat. 2. Dat. 1. Acc. 2. Acc. Voc. 1. Instr. 2. Instr. Abl.

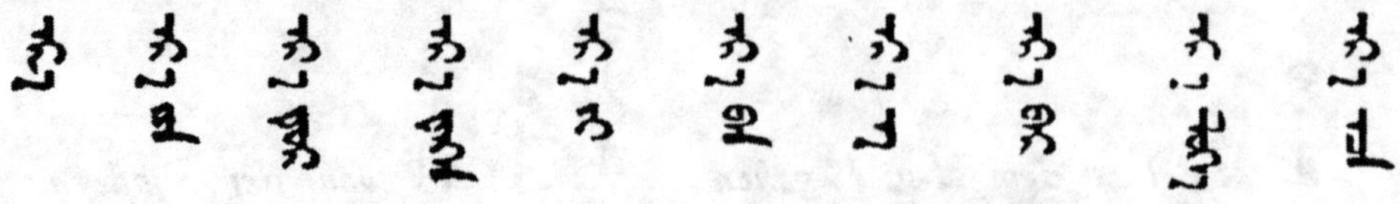

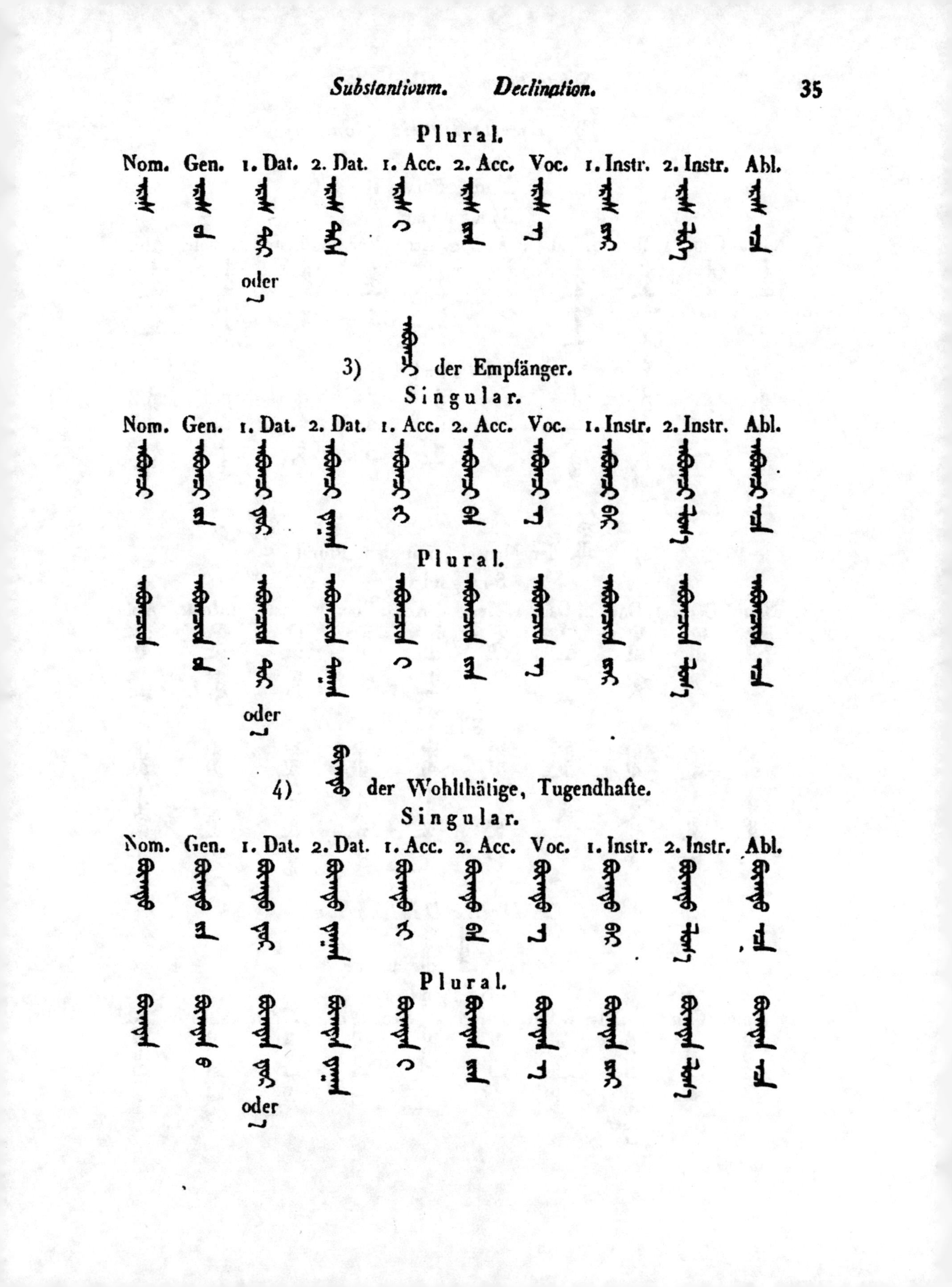

Plural.

Nom.	Gen.	1. Dat.	2. Dat.	1. Acc.	2. Acc.	Voc.	1. Instr.	2. Instr.	Abl.
[illegible]	[illegible]	[illegible]	[illegible]	[illegible]	[illegible]	[illegible]	[illegible]	[illegible]	[illegible]
	[illegible]	[illegible] oder [illegible]	[illegible]	[illegible]	[illegible]	[illegible]	[illegible]	[illegible]	[illegible]

3) [illegible] der Empfänger.

Singular.

Nom.	Gen.	1. Dat.	2. Dat.	1. Acc.	2. Acc.	Voc.	1. Instr.	2. Instr.	Abl.
[illegible]	[illegible]	[illegible]	[illegible]	[illegible]	[illegible]	[illegible]	[illegible]	[illegible]	[illegible]
	[illegible]	[illegible]	[illegible]	[illegible]	[illegible]	[illegible]	[illegible]	[illegible]	[illegible]

Plural.

Nom.	Gen.	1. Dat.	2. Dat.	1. Acc.	2. Acc.	Voc.	1. Instr.	2. Instr.	Abl.
[illegible]	[illegible]	[illegible]	[illegible]	[illegible]	[illegible]	[illegible]	[illegible]	[illegible]	[illegible]
	[illegible]	[illegible] oder [illegible]	[illegible]	[illegible]	[illegible]	[illegible]	[illegible]	[illegible]	[illegible]

4) [illegible] der Wohlthätige, Tugendhafte.

Singular.

Nom.	Gen.	1. Dat.	2. Dat.	1. Acc.	2. Acc.	Voc.	1. Instr.	2. Instr.	Abl.
[illegible]	[illegible]	[illegible]	[illegible]	[illegible]	[illegible]	[illegible]	[illegible]	[illegible]	[illegible]
	[illegible]	[illegible]	[illegible]	[illegible]	[illegible]	[illegible]	[illegible]	[illegible]	[illegible]

Plural.

Nom.	Gen.	1. Dat.	2. Dat.	1. Acc.	2. Acc.	Voc.	1. Instr.	2. Instr.	Abl.
[illegible]	[illegible]	[illegible]	[illegible]	[illegible]	[illegible]	[illegible]	[illegible]	[illegible]	[illegible]
	[illegible]	[illegible] oder [illegible]	[illegible]	[illegible]	[illegible]	[illegible]	[illegible]	[illegible]	[illegible]

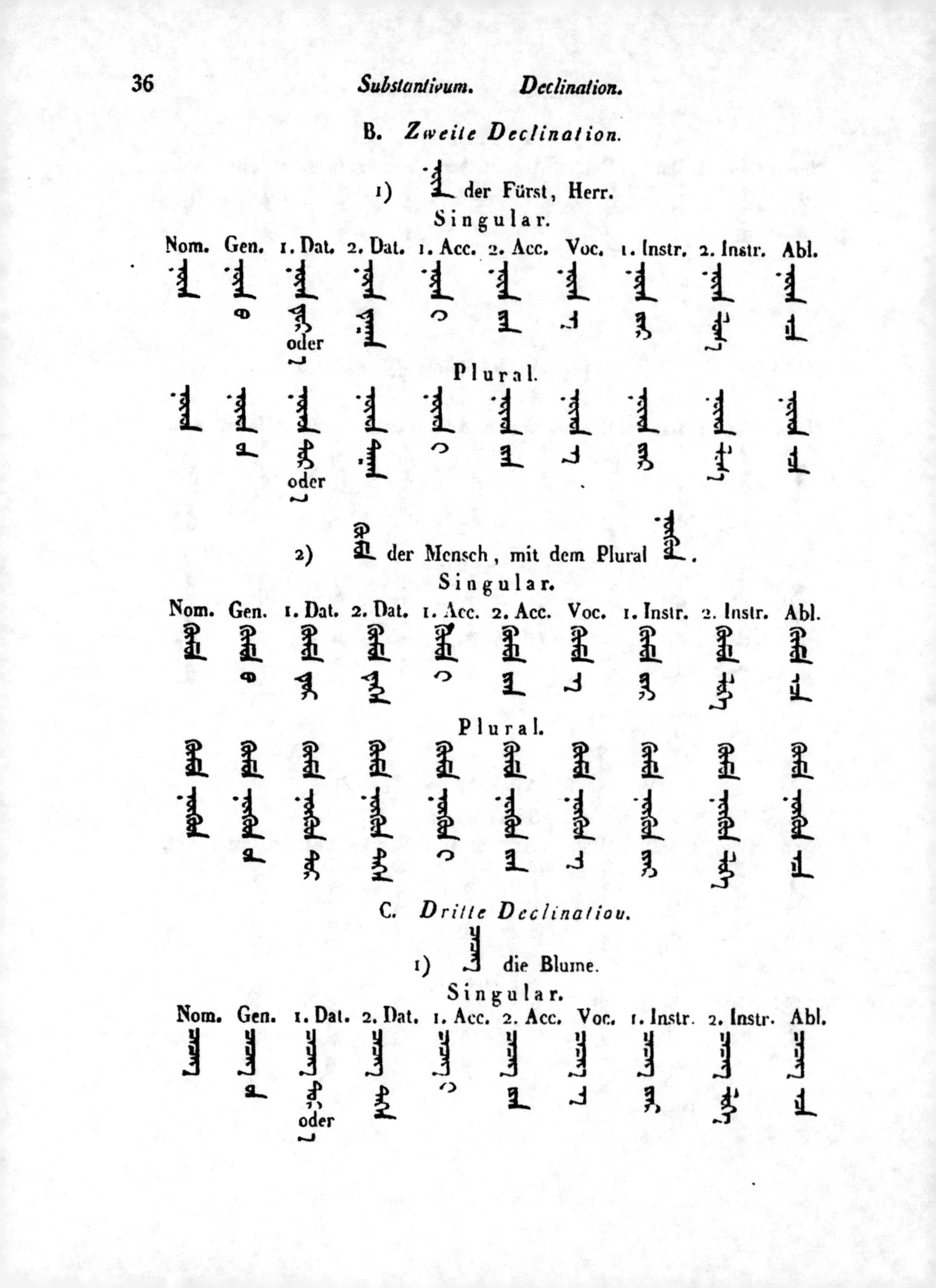

B. *Zweite Declination.*

1) [illegible] der Fürst, Herr.

Singular.

Nom.	Gen.	1. Dat.	2. Dat.	1. Acc.	2. Acc.	Voc.	1. Instr.	2. Instr.	Abl.
[illegible]	[illegible]	[illegible]	[illegible]	[illegible]	[illegible]	[illegible]	[illegible]	[illegible]	[illegible]
	[illegible]	[illegible] oder [illegible]	[illegible]	[illegible]	[illegible]	[illegible]	[illegible]	[illegible]	[illegible]

Plural.

Nom.	Gen.	1. Dat.	2. Dat.	1. Acc.	2. Acc.	Voc.	1. Instr.	2. Instr.	Abl.
[illegible]	[illegible]	[illegible]	[illegible]	[illegible]	[illegible]	[illegible]	[illegible]	[illegible]	[illegible]
	[illegible]	[illegible] oder [illegible]	[illegible]	[illegible]	[illegible]	[illegible]	[illegible]	[illegible]	[illegible]

2) [illegible] der Mensch, mit dem Plural [illegible].

Singular.

Nom.	Gen.	1. Dat.	2. Dat.	1. Acc.	2. Acc.	Voc.	1. Instr.	2. Instr.	Abl.
[illegible]	[illegible]	[illegible]	[illegible]	[illegible]	[illegible]	[illegible]	[illegible]	[illegible]	[illegible]
	[illegible]	[illegible]	[illegible]	[illegible]	[illegible]	[illegible]	[illegible]	[illegible]	[illegible]

Plural.

Nom.	Gen.	1. Dat.	2. Dat.	1. Acc.	2. Acc.	Voc.	1. Instr.	2. Instr.	Abl.
[illegible]	[illegible]	[illegible]	[illegible]	[illegible]	[illegible]	[illegible]	[illegible]	[illegible]	[illegible]
[illegible]	[illegible]	[illegible]	[illegible]	[illegible]	[illegible]	[illegible]	[illegible]	[illegible]	[illegible]
	[illegible]	[illegible]	[illegible]	[illegible]	[illegible]	[illegible]	[illegible]	[illegible]	[illegible]

C. *Dritte Declination.*

1) [illegible] die Blume.

Singular.

Nom.	Gen.	1. Dat.	2. Dat.	1. Acc.	2. Acc.	Voc.	1. Instr.	2. Instr.	Abl.
[illegible]	[illegible]	[illegible]	[illegible]	[illegible]	[illegible]	[illegible]	[illegible]	[illegible]	[illegible]
	[illegible]	[illegible] oder [illegible]	[illegible]	[illegible]	[illegible]	[illegible]	[illegible]	[illegible]	[illegible]

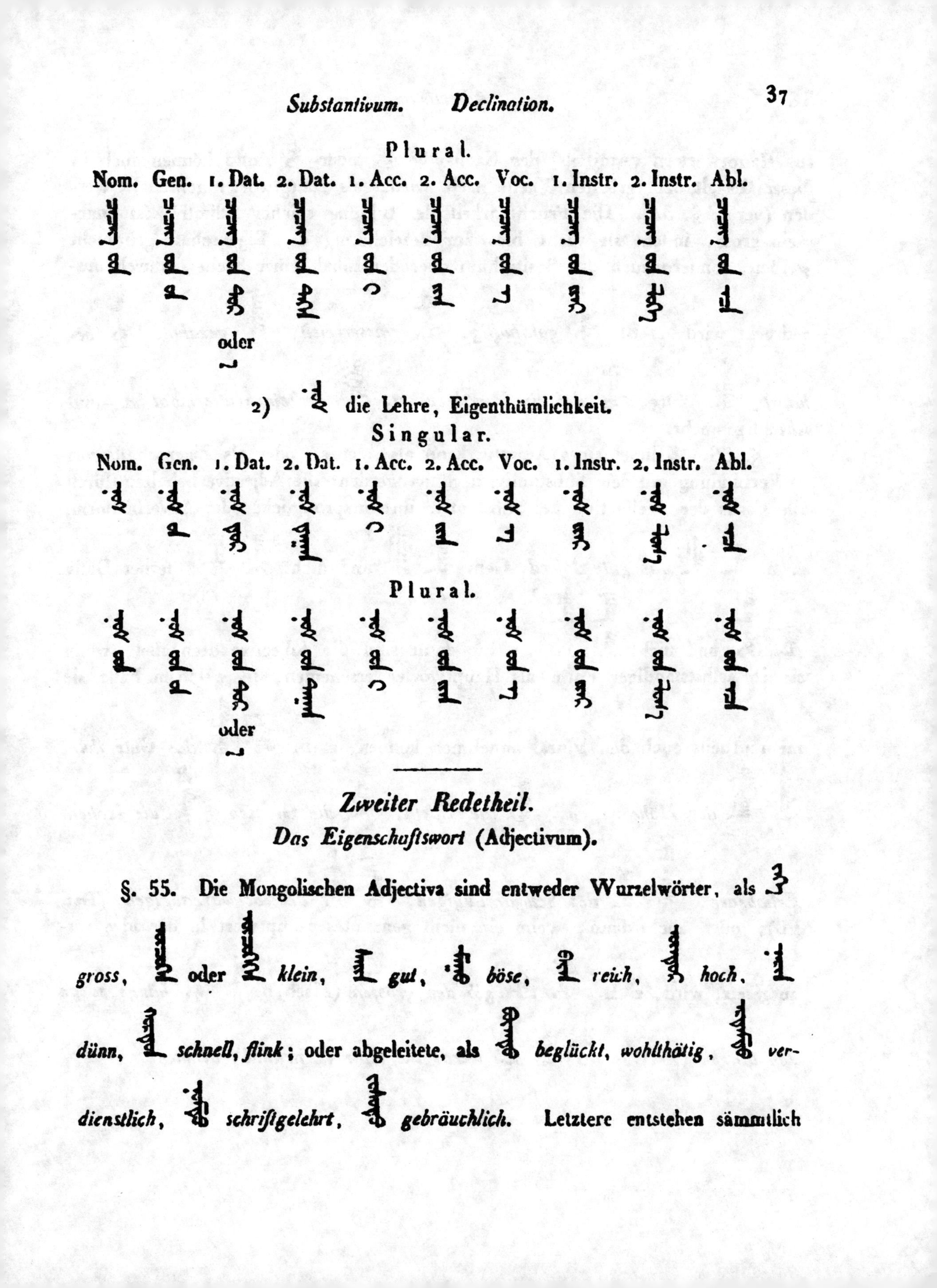

Plural.

Nom.	Gen.	1. Dat.	2. Dat.	1. Acc.	2. Acc.	Voc.	1. Instr.	2. Instr.	Abl.
		oder							

2) die Lehre, Eigenthümlichkeit.

Singular.

Nom.	Gen.	1. Dat.	2. Dat.	1. Acc.	2. Acc.	Voc.	1. Instr.	2. Instr.	Abl.

Plural.

Nom.	Gen.	1. Dat.	2. Dat.	1. Acc.	2. Acc.	Voc.	1. Instr.	2. Instr.	Abl.
		oder							

Zweiter Redetheil.

Das Eigenschaftswort (Adjectivum).

§. 55. Die Mongolischen Adjectiva sind entweder Wurzelwörter, als *gross*, oder *klein*, *gut*, *böse*, *reich*, *hoch*, *dünn*, *schnell, flink*; oder abgeleitete, als *beglückt*, *wohlthätig*, *verdienstlich*, *schriftgelehrt*, *gebräuchlich*. Letztere entstehen sämmtlich aus Hauptwörtern vermittelst der Nachsylbe oder , und können auch in dieser Gestalt dem grössten Theile nach wieder als Hauptwörter gebraucht werden (vergl. §. 34). Die Fruchtbarkeit der Bildung solcher Adjectiva ist ungemein gross, indem sie nicht blos zur Bezeichnung der Eigenschaft gebraucht werden, sondern auch das Besitzthum oder der Inhalt einer Sache dadurch ausgedrückt wird. z. B. *goldhaltig*, *wasserreich*, *gezahnt*, *behaart*, *bärtig*, *der ein Pferd besitzt*, *der ein Muttermaal hat*, und unzählige mehr.

§. 56. Kein einziges Adjectiv kann als solches, oder als Eigenschaftswort in Verbindung mit dem Substantiv, declinirt werden: die Adjectiva behalten durch alle Casus der Declination des Substantivs ihre ursprüngliche oder Adverbialform, z. B. *das gute Pferd*, Gen. und nicht ; ferner Dativ und nicht . Nur dann sind die Adjectiva declinabel, wenn sie in selbstständiger Form als Hauptwörter erscheinen, in welchem Falle sie mehrentheils auch den Plural annehmen können, z. B. *das Gute thun*, *der Höhe wegen*, *die Edeln*, *die Grossen*, *die Hohen, Erhabenen*, *des Schwarzaugigen*, *den Schwarzaugigen*, (Dat. Pl.); oder auch dann, wenn ein nicht genanntes Hauptwort in der Idee vorausgesetzt wird, z. B. *gib den grossen* (Fisch)! *hänge es an den langen* (Ast)! *ich werde die feine* (Leinwand) *nehmen.*

§. 57. Die Adjectiva können im Mongolischen, wie in andern Sprachen, vermittelst des Comparativs und Superlativs gesteigert werden, und zwar im vergrössernden und verkleinernden Sinne.

§. 58. Der vergrössernde Comparativ wird theils durch Vorsetzung des Adverbiums *mehr* gebildet, z. B. *mehr gross* (grösser), *mehr reich* (reicher), theils durch den Ablativ des zum Vergleich gewählten Hauptwortes und dessen Postposition *von, aus*, welche im Comparationsfalle den Sinn des Deutschen *als* annimmt, z. B. *das Pferd ist grösser als das Schaf*, *höher als der Himmel*, *süsser als Honig*. Beide Arten des Comparativs können durch die Adverbia *sehr*, *sehr*, *gar sehr*, *ausserordentlich*, *vorzüglich*, *vornehmlich*, noch beträchtlich gesteigert werden, z. B. *um Vieles grösser*, *viel grösser als ein Schaf*, *das Meer ist ausserordentlich viel grösser als der Teich*, *der viel höhere Berg*.

§. 59. Die verkleinernden Comparativa unterscheiden sich in ihrer Bildung durch nichts von den vergrössernden: die nämlichen Adverbia, so wie der Ablativ des zum Vergleich gewählten Hauptwortes werden auch bei ihnen gebraucht, nur wird das Adverbium vermieden, welchem gemeiniglich der Begriff des Grossen beiwohnt.

§. 60. Der Superlativ wird entweder durch den Ablativ der Adjectiva oder *alle* gebildet, z. B. *der Stärkste von Allen*, oder durch deren Genitiv, z. B. *der Beste* (Höchste, Vorzüglichste) *von Allen*. Die erstere Form ist indess die gebräuchlichste.

§. 61. Einige, auf eine Oertlichkeit hinweisende Adjectiva, die aus Adverbien vermittelst der Nachsylbe *ki* gebildet werden, können grösstentheils nur den Superlativ annehmen, und entbehren des Comparativs. Dazu gehören *der obere*, *der untere*, *der mittlere*, *der innere*, *der zwischenliegende* u. a. m., nicht aber die auf gleiche Weise gebildeten *der hiesige*, *der dortige*. Dieselbe Nachsylbe bildet auch einige wenige substantivische Comparativa, als *grösstentheils*, *der grössere Theil*, *die Mehrzahl* (Vielzahl), als Adverbium *mehrentheils*.

§. 62. Diejenigen Diminutiva, die man im Deutschen durch *etwas*, *ziemlich* oder *ein wenig* ausdrückt, werden im Mongolischen bisweilen durch die Nachsylbe oder gebildet, z. B. *weit*, *etwas* oder *ziemlich weit*, *nahe*, *ziemlich nahe*, *warm*, *etwas warm*, *dick*, *etwas dick*, *weich*, *etwas weich*. Diese Nachsylbe wird auch bei einigen Zahlwörtern gebraucht, wo das Deutsche *nur* oder *nicht mehr als* ausgedrückt werden soll, z. B. *nur eins* oder *nur einer*, *nur zwei*.

§. 63. Als Verstärkung der Eigenschaft eines Adjectivs wird die erste Sylbe desselben häufig verdoppelt, mit Einschiebung eines *b* zwischen beide verdoppelte Sylben, z. B. *ganz ähnlich* oder *ganz gleich*, *ganz neu, nagelneu*, *ganz schwarz, kohlschwarz*, *ganz roth, blutroth*, *ganz weiss, schneeweiss*, *ganz gut, vortrefflich*, *gleich darauf, unmittelbar*. Es ist diess aber nicht in allen Fällen zulässig; so kann man z. B. nicht füglich sagen für *ganz gross*, sondern es muss heissen . Ueberhaupt muss man mit dieser Verstärkungsweise des Adjectivs behutsam verfahren, besonders in Schriften.

Dritter Redetheil.

Das Fürwort. (Pronomen).

§. 64. In der Mongolischen Sprache werden dreierlei Arten Pronomina bemerkt, nämlich a) *persönliche Substantiva* (Personalia), b) *zueignende* (Possessiva) und c) *anzeigende* (Demonstrativa).

a) *Persönliche Substantiva* (Personalia).

§. 65. Die Mongolische Sprache hat drei Personen, von welchen aber im Nomin. Sing. nur zwei, nämlich *ich* und *du*, bezeichnet werden; die dritte Person *er* fehlt gänzlich. Zwar könnte dafür *dieser* und *dieser, jener* gelten, diese Pronomina werden im Nominativ aber blos als Demonstrativa gebraucht. in den übrigen Casus jedoch auch als Personalia. Der Plural hat

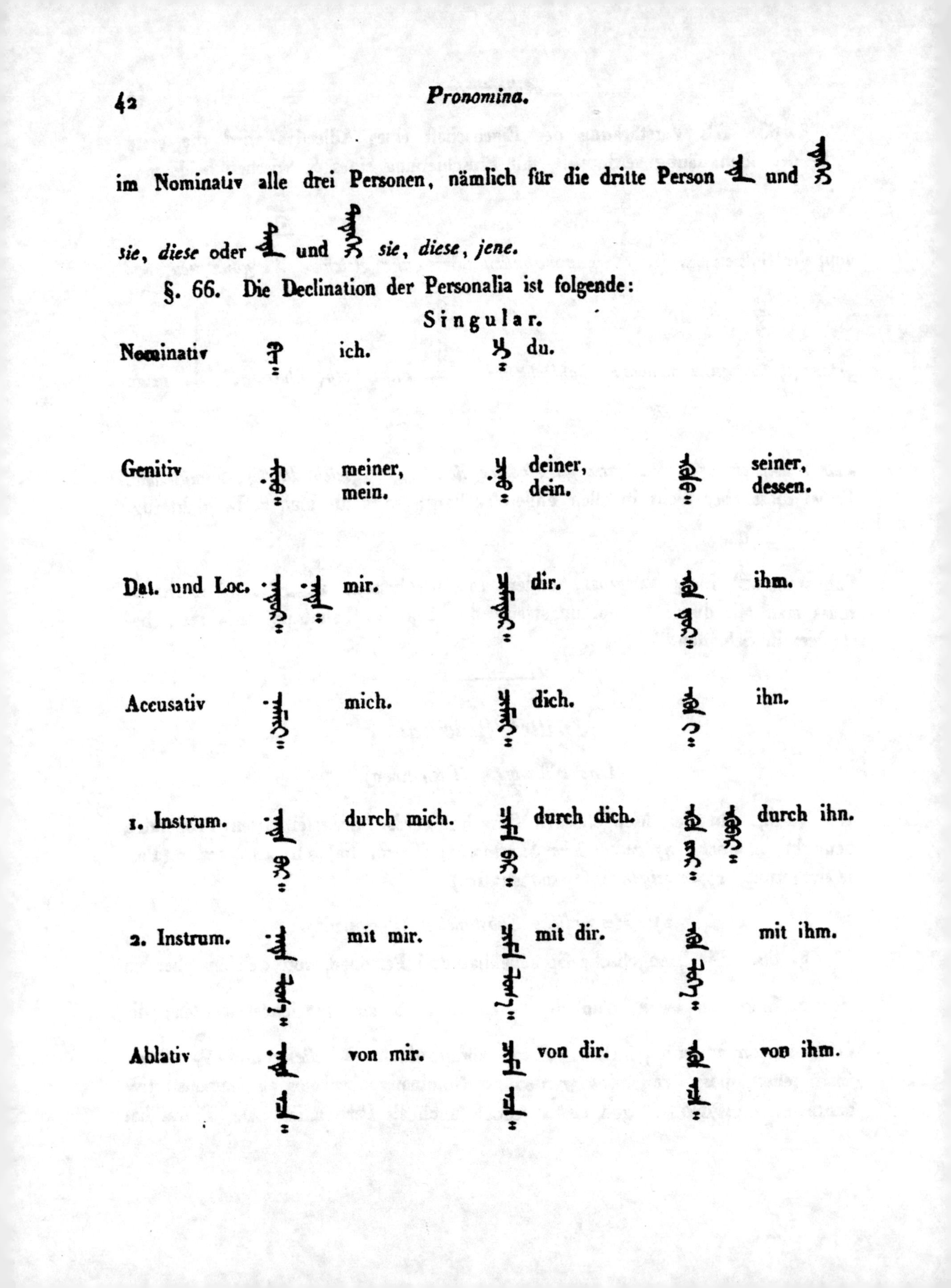

im Nominativ alle drei Personen, nämlich für die dritte Person … und … *sie*, *diese* oder … und … *sie*, *diese*, *jene*.

§. 66. Die Declination der Personalia ist folgende:

Singular.

Nominativ		ich.		du.		
Genitiv		meiner, mein.		deiner, dein.		seiner, dessen.
Dat. und Loc.		mir.		dir.		ihm.
Accusativ		mich.		dich.		ihn.
1. Instrum.		durch mich.		durch dich.		durch ihn.
2. Instrum.		mit mir.		mit dir.		mit ihm.
Ablativ		von mir.		von dir.		von ihm.

Plural.

Nominativ	ᠪᠢᠳᠡ	wir.	ᠲᠠ	ihr.	ᠡᠳᠡ ᠲᠡᠳᠡ	sie, diese.
Genitiv	ᠪᠢᠳᠡᠨ᠎ᠦ ᠮᠠᠨ᠎ᠤ	unser.	ᠲᠠᠨ᠎ᠤ	euer.	ᠡᠳᠡᠨ᠎ᠦ ᠲᠡᠳᠡᠨ᠎ᠦ	ihr, ihrer.
Dat. und Loc.	ᠪᠢᠳᠡᠨ᠎ᠳᠦᠷ ᠮᠠᠨ᠎ᠳᠤᠷ	uns.	ᠲᠠᠨ᠎ᠳᠤᠷ	euch.	ᠡᠳᠡᠨ᠎ᠳᠦᠷ ᠲᠡᠳᠡᠨ᠎ᠳᠦᠷ	ihnen.
Accusativ	ᠪᠢᠳᠡᠨ᠎ᠢ ᠮᠠᠨ᠎ᠢ	uns.	ᠲᠠᠨ᠎ᠢ	euch.	ᠡᠳᠡᠨ᠎ᠢ ᠲᠡᠳᠡᠨ᠎ᠢ	sie.
1. Instrum.	ᠪᠢᠳᠡ᠎ᠪᠡᠷ	durch uns.	ᠲᠠ᠎ᠪᠠᠷ	durch euch.	ᠡᠳᠡ᠎ᠪᠡᠷ ᠲᠡᠳᠡ᠎ᠪᠡᠷ	durch sie.
2. Instrum.	ᠪᠢᠳᠡᠨ᠎ᠯᠦᠭᠡ	mit uns.	ᠲᠠᠨ᠎ᠯᠤᠭ᠎ᠠ	mit euch.	ᠡᠳᠡᠨ᠎ᠯᠦᠭᠡ ᠲᠡᠳᠡᠨ᠎ᠯᠦᠭᠡ	mit ihnen.
Ablativ	ᠪᠢᠳᠡᠨ᠎ᠡᠴᠡ	von uns.	ᠲᠠᠨ᠎ᠠᠴᠠ	von euch.	ᠡᠳᠡᠨ᠎ᠡᠴᠡ ᠲᠡᠳᠡᠨ᠎ᠡᠴᠡ	von ihnen.

§. 67. Der Genitiv kommt — ausgenommen in Verbindung mit der Postposition ᠲᠥᠯᠥᠭᠡ *um-willen*, als ᠮᠢᠨᠦ ᠲᠥᠯᠥᠭᠡ *um meinetwillen*, ᠴᠢᠨᠦ ᠲᠥᠯᠥᠭᠡ *um deinetwillen* — als persönliches Fürwort selten vor, indem Verba mit dem Genitiv, wie *deiner gedenken* oder *sich seiner unnehmen*, im Mongolischen immer den Accusativ regieren; es ist aber der Genitiv deswegen wichtig, weil durch ihn die Possessiva *mein*, *dein*, *sein* und ihre Plurale gebildet werden (siehe §. 70); bei den übrigen Casus ist nichts besonders zu bemerken, als dass der zweite Dativ und zweite Accusativ fehlen und ihrer Natur nach bei den Pronominibus fehlen müssen, indem diese Fälle bestimmt sind, die Possessiva zu vertreten.

§. 68. Die persönlichen Fürwörter *sich* und *selbst* werden im Mongolischen durch und ausgedrückt. von welchen ersteres als Substantivum eigentlich *Körper*, *Persönlichkeit*, *Ichheit* — daher *ein lediger* (unverheiratheter) *Mann* — und letzteres *Selbstheit*, auch *Busen* bedeutet. Beide werden häufig, auch nicht selten mit einander verbunden, als Pronomina für alle drei Personen gebraucht, und durch alle Casus declinirt, wie aus folgenden Beispielen zu ersehen: *zu sich nehmen*, *von sich entfernen*, *sich opfern* (hingeben), *sich selbst lieben*, *mein eigenes* (mir selbst zugehöriges), *ich selbst*, *es ist mir* (meinem Ich) *gut*.

§. 69. Zu dem Personal-Pronomen gehören auch die fragenden Fürwörter oder *wer? welcher?* und *was?* entweder mit der Fragpartikel oder unmittelbar verbunden, oder ohne dieselbe, oder selbige auch dem Verbum angehängt. Sie gehen beide regelmässig nach der zweiten Declination, z. B. *wer ist dieser Mensch?* *wessen Pferd?* *wem hast du (es) gegeben?* *von wem hast du (es) genommen?* *wen hast du gesehen?* oder mit dem Präsens *wen siehst du?* *was ist das?* *warum? weswegen?* *wodurch? womit? durch welches Mittel?* u. s. w. Das Erstere *wer? welcher?* welches nur auf wirkliche Personen bezogen werden kann, wird auch häufig im Plural gebraucht, als *welche,* *welcher* (Gen.), *welche es auch seyn mögen;* das Letztere *was* duldet keinen Plural. Aus demselben ist das Substantivum *Etwas, eine Sache, ein Ding* abgeleitet. Liegt die Frage in dem Begriffe einer Zeit oder eines Zeitraumes, so kann gar nicht und nicht füglich gebraucht werden, sondern das Adverbium oder *wo* tritt an ihre Stelle, z. B. *zu welcher Zeit* oder *Stunde?* *in welchem Jahre?*

b) *Zueignende Pronomina* (Possessiva).

§. 70. Die Concreta *mein,* *dein,* *sein,* und ihre Plurale oder *unser,* *euer* und *ihr* sind aus dem Genitiv des persönlichen Fürwortes entstanden, und haben dessen Casusbeugung als stehende Form angenommen. Da nun die concreten Possessiva ihrem Charakter nach zugleich Adjectiva sind, so unterliegen sie auch den §. 56 erörterten Regeln dieses Re detheils und sind indeclinabel, z. B. *mein Vater*, *meines Vaters*, *meinem Vater* u. s. w.

§. 71. Wenn mehrere Pronomina sich begegnen, so sucht man den Gebrauch der Possessiva zu vermeiden, und wendet statt derselben, nach §§. 47, 49, 51, 52 und 53, den zweiten Dativ oder zweiten Accusativ oder bei den anderen Fällen die Postposition des Letztern an. So kann an z. B. nicht sagen, , sondern es muss heissen: *ich habe es meinem Vater abgegeben*; man sagt nicht sondern *ich habe meinen Sohn gesandt*; auch sagt man nicht sondern *ich habe es durch meinen Sohn gesandt.*

§. 72. Die abstracten Possessiva *(der, die, das) Meinige* und *der - - Deinige* sind zwar im Mongolischen gebräuchlich, kommen aber nicht sehr häufig vor.

c) *Anzeigende Pronomina* (Demonstrativa).

§. 73. Dazu gehören *dieser* und *dieser, jener* durch alle Geschlechter. Ersteres heisst im Genitiv und Letzteres . Beide werden in dieser veränderten Gestalt durch alle Casus wie die dritte Person des persönlichen Fürwortes (siehe §. 66) declinirt. Der Plural ist im Nominativ und , oder und . Diese Pronomina kommen überaus häufig vor; nur muss man sich hüten, bei ihrem und dem Gebrauche der Pronomina überhaupt den Begriff verschiedener Personen und Sachen zu vermengen, und dadurch undeutlich zu werden. Wo diess, bei dem Mangel an Conjunctionen und den daraus entstehenden langen Perioden, zu befürchten ist, wird das Nomen lieber wiederholt.

§. 74. Zu dieser Gattung Pronomina rechne ich noch und *ein solcher*, von dem Adverbium und *also* entstanden. Sie sind declinabel, kommen aber, ausser im Nominative, meist im Genitive, und nur selten in den übrigen Fällen vor, z. B. oder *deswegen, solcher Ursache halber.* Sie haben keinen Plural. Mit dem Substantive verbunden, verlieren sie als Adjectiva ihre Casusflexionen, z. B. *eines solchen Menschen,* *einem solchen Menschen.* Statt und wird auch häufig und gebraucht, besonders in vergleichenden Beziehungen, z. B. *ein solcher Mensch* (der nämlich solche und solche Eigenschaften besitzt). Ohne Substantiv für sich stehend und als Vertreter des Substantivs können sie den Plural annehmen, z. B. *Solche* (mit solchen Eigenschaften) *hat er mir geschickt.*

§. 75. Eigentliche beziehende Pronomina (Relativa) gibt es im Mongolischen nicht. Wenn ich z. B. im Deutschen sage: *Die Frau, deren Augen glänzen wie die Sonne*, so kann diess nicht anders übersetzt werden als , wörtlich: *die Sonnenglanz-ähnlich-augige Frau.* Oder wenn ich sage *das Buch, welches du mir gegeben*, so heisst diess im Mongolischen *dein mir gegebenes Buch.* Wenn ich ferner sage: *Alles was du sagst*, so muss diess übersetzt werden *alles dein Gesagtes.*

Vierter Redetheil.

Das Zahlwort. (Numerale).

a) *Bestimmende Zahlwörter.*

§. 76. Die Mongolischen Grundzahlen (Cardinalia) heissen: *ein*, *zwei*, *drei*, *vier*, *fünf*, *sechs*, *sieben*, *acht*, *neun*, *zehn*, *elf*, *zwölf*, *zwanzig*, *ein und zwanzig*, *dreissig*, *vierzig*, *funfzig*, *sechzig*, *siebzig*, *achtzig*, *neunzig*, *hundert*, *zweihundert*, *tausend*, *zehntausend*, *hunderttausend*, *eine Million*, *zehn Millionen*, *hundert Millionen*, *tausend Millionen*, *zehntausend Millionen*, *hunderttausend Millionen*, *eine Billion*, *zehn Billionen*, *hundert Billionen*, *tausend Billionen*, *zehntausend Billionen*, *hunderttausend Billionen* u. s. w.

§. 77. Sie können alle für sich declinirt werden, z. B. *ich habe zwei genommen*, *von dreien eins*; als Adjective in Verbindung mit Substantiven verlieren sie aber nach §. 56 ihre Casusflexion.

§. 78. Wenn von einem einzelnen Gegenstande die Rede ist, so pflegt man statt *ein*, welches leicht als unbestimmter Artikel (siehe §. 35) angesehen werden könnte, das Zahlwort oder *einfach, einzeln, nur eins* zu gebrauchen, z. B. *der nur Eine Frau hat*. *der nur ein Pferd besitzt*, *nicht nur jetzt*.

§. 79. Die Grundzahlen nehmen besondere Formen an, wenn sie gleiche Eintheilungen der Zahl irgend eines Gegenstandes bezeichnen sollen, als *zu ein, einem*, *zu zwei, zweien*, *zu drei*, *zu vier*, *zu fünf*.

zu sechs, *zu hundert*, *zu tausend*. Folgende Beispiele zur Erklärung: *er gab einem Jeden ein* (zu einem) *Schaf*; *er schickte links und rechts* (zu) *hundert Mann*; *zu drei Malen*.

§. 80. Noch andere Formen nehmen die Grundzahlen an, wenn sie eine gewisse, jedoch nicht grosse, Zahl zusammengehöriger oder zusammenwirkender Gegenstände ausdrücken sollen, nämlich *alle zwei*, *beide*, *alle drei*, *alle vier*, *alle fünf*; z. B. *die vier Geschwister*, oder wörtlich: *die ältern und jüngern Geschwister*, *ihrer vier*, *er hat beide*, *den Hengst und die Stute verkauft*, *sie gingen ihrer fünfe aus*, *und kehrten zu Einem und zu Zweien wieder heim*. Das letztere Beispiel zeigt auch zugleich den Gebrauch der §. 79 erwähnten Form.

§. 81. Endlich nehmen die Grundzahlen, wie bereits §. 62 bemerkt, eine Diminutiv-Form an, die meistens den Charakter der Geringschätzung oder des Bedauerns mit sich führt, und die durch die Nachsylben oder gebildet wird, als *nur einer* oder *eins*, *nur drei*, *nur neun*, *nur ein einziges.*

§. 82. Zur Bezeichnung des einfach oder mehrfach Geschehenen wird der Grundzahl die Sylbe angehängt, als *einmal*, *zweimal*, *dreimal*, *viermal*, *fünfmal* u. s. w. Statt wird auch häufig (siehe §. 78) gebraucht, z. B. *ich bin nur einmal* (einfach) *hingegangen.* Man muss dieses Wort aber wohl von dem, mittelst der Endung des ersten Instrumentals daraus entstandenen *allein* unterscheiden; denn wenn man sagt , so würde diess heissen: *ich bin allein* (ohne Begleitung) *hingegangen.*

§. 83. Die Mongolischen Ordnungszahlen (Ordinalia) sind folgende: *der erste*, wofür auch *der Anfang*, *der anfängliche*, oder *der vor-* oder *obenstehende* gebraucht wird, *der zweite*, welches auch durch *der folgende* oder *der zweite*, *andere* ausgedrückt wird, *der dritte*, *der vierte*, der *fünfte*, der *sechste*, der *siebente*, der *achte*, der *neunte*, der *zehnte*, der *zwanzigste*, der *hundertste* u. s. w. Sie werden als Ordnungszahlen adjectivisch und substantivisch gebraucht, dienen aber auch, die Zahladverbia *erstens*, *zweitens*, *drittens* u. s. w. auszudrücken. Als Adjectiva vor einem Substantivum verlieren sie nach §. 56 ihre Casusflexion.

b) *Nichtbestimmende Zahlwörter.*

§. 84. Die nichtbestimmenden Zahlwörter sind *viel*, *vielfach*, *oft*, oder *wenig*, *nicht viel*, *nicht gross*, *verschiedene*, *mehrere* (Theile oder Stücke), oder im Plural *manche*, *einige*, *etliche*, oder *jeder*, *alles*, *alle*, oder *sämmtliche*, *alle zusammen*, *sammt und sonders*. Das nichtbestimmende Zahlwort *kein* wird im Mongolischen durch die Negation *nein*, *nicht*, *ohne* ausgedrückt, z. B. *du hast kein Geld*, oder wörtlich: *bei dir Geld nicht* (ist).

Fünfter Redetheil.

Das Zeitwort (Verbum).

§. 85. Es gibt im Mongolischen, wie in andern Sprachen, zwei Arten (Genera) von Verben, nämlich *Transitiva* und *Intransitiva* oder *Neutra*.

§. 86. Diese beiden Arten theilen sich ihrer Natur nach in zwei Classen, nämlich in *Primitiva* und *Derivativa*.

§. 87. Zur ersten Classe beider Arten gehören alle diejenigen Verba, die den einfachen Begriff ausdrücken, und die Grundform sind, aus welcher alle Derivativa sich bilden; in ihnen ist zugleich die Wurzel des Wortes enthalten, an welche die verschiedenen bezeichnenden Nachsylben der Derivativa so wie diejenigen der Tempora und Modi angehängt werden.

§. 88. Die reine Wurzel eines jeden primitiven Verbi erscheint ohne Ausnahme im Imperativ, z. B. *nimm!* *gib!* *schlafe!* *gehe* (hin!) *gehe! wandle!* *iss!*

§. 89. Die aus den primitiven entstandenen derivativen Verba bilden drei besondere Formen, in welchen diese Verba als *Passiva*, *Causalia* und *Cooperativa* erscheinen. Bei den Derivativen erhält der Imperativ oder die Wurzel des primitiven Verbi besondere bezeichnende Nachsylben für jede Form, welche sie durch alle Tempora und Modi behalten, und wodurch sie sich leicht kenntlich machen, z. B. primitive Wurzel oder Imper. act. *nimm!* Imper. pass. *werde genommen!* Imper. caus. *lass nehmen!* Imper. coop. *nimm!* (mit Andern).

§. 90. Da nur die transitiven Verba des Activs und Passivs durch alle Personen beider Zahlen fähig sind, die Neutra aber nicht, so nehme ich die beiden genannten Formen zusammen. Ich finde dazu um so mehr Grund, da auch die Causalia von Intransitiven häufig transitiv werden, und dann nebst dem Activum auch das Passivum erhalten, z. B. *schlafen*, *schlafen lassen, einschläfern*, *eingeschläfert werden;* ferner *liegen*, *hinlegen, hinstrecken*, *hingestreckt werden*.

§. 91. Zu den Intransitiven gehören auch die Hülfsverba (Auxiliaria) *seyn*, *seyn*, *seyn*, *bleiben*, und *werden*, welche zur Bildung mehrerer Tempora und Modi dienen, und also in der Conjugation sämmtlicher Verba unentbehrlich sind. Die eigene Conjugation der zwei erstgenannten Hülfsverba ist unvollständig, die der zwei letztgenannten aber vollständig, und der Causalform sowohl als der Cooperativform fähig.

Personen.

§. 92. Die zwei Personalwörter des Singulars und die drei des Plurals stehen zwar gewöhnlich vor dem Verbum, können aber demselben auch nachgesetzt werden; so ist es z. B. ziemlich gleichgültig, ob man sage oder *ich nahm*. Das dritte Personalwort des Singulars fehlt im Mongolischen (s. §. 65).

Tempora und Modi.

§. 93. Die Mongolischen Verba haben, mit Hinzuziehung des *Gerundii*, des *Participii* und des *Infinitivs*, acht Modi, nämlich ausser den genannten den *Indicativ*, den *Conditionalis*, den *Potentialis* oder *Optativ*, den *Precativ* und den *Imperativ*.

§. 94. Der Indicativ hat sieben Tempora, nämlich zwei Formen des *Präsens*, vier des *Präteriti* und ein *Futurum*. Der Conditionalis hat vier Tempora, nämlich zwei *Präterita* und zwei *Futura*. Der Potentionalis hat vier Tempora, nämlich ein *Präsens*, zwei *Präterita* und ein *Futurum*. Der Precativ ist einfach. ebenso der Insinitiv, der jedoch auch eine Substantiv-Form annimmt und declinabel wird. Das Gerundium hat zwei gleichbedeutende Formen des *Präsens*, ein *Präteritum*. und eine besondere. die Präpositionen *bis* und *während* ersetzende Form, wozu noch zwei *Supina* kommen, von welchen das eine negativ ist. Das Participium hat ein *Präsens* und ein *Präteritum*, die beide declinabel sind.

§. 95. Die Tempora und Modi werden durch besondere Nachsylben oder Partikeln, die der Wurzel angehängt werden, gebildet; die Wurzel des Verbi ist bei den Primitiven jederzeit in der ersten oder in den zwei ersten, seltener in den drei ersten, Sylben enthalten. und bildet zugleich, wie bereits §. 88 bemerkt, jedesmal den Imperativ. Bei den Derivativen folgen die bezeichnenden Partikel derselben unmittelbar auf die Wurzelform, und dann erst die besondern Partikel der Tempora und Modi (vergl. §§. 87 und 89); diese letztern bleiben regelmässig immer dieselben, und unterliegen weder bei den Primitiven noch den Derivativen irgend einer andern Veränderung als derjenigen, die durch die im Worte herrschende Vocalclasse bedingt wird (siehe §. 8, 12, 13, 14).

Bildung und Gebrauch der Tempora und Modi.

a) Präsens.

§. 96. Das gewöhnliche Präsens … *ich nehme* ist aus … … *ich bin nehmend*, oder dem Gerundium … *nehmend*, und dem Präsens … *ich bin*, des Hülfsverbi … *seyn*, zusammengezogen, und wird in dieser letzten Form auch häufig statt der ersten gebraucht. Eine andere Verkürzung, durch Weglassung der Schlusspartikel …, findet sich gleichfalls nicht selten in der Form …, welche durchaus das Nämliche besagt und vornehmlich dann gebraucht wird, wenn eine bejahende Antwort ertheilt oder das Präsens mit Nachdruck ausgesprochen werden soll. Bei der Frage wird die Schlusspartikel … in … umgewandelt, z. B. … … *nimmst du?*

§. 97. Das zweite Präsens, oder das *Frequentativum*, wird dann gebraucht, wenn die öftere Wiederholung einer Handlung oder die Wiederkehr eines Zustandes ausgedrückt werden soll. Es wird durch die der Wurzel angehängte Partikel … oder … gebildet, z. B. … … … *ich nehme* (gewöhnlich) *Geld vom ältern Bruder* … … *des Nachts schläft man* (pflegt zu schlafen).

§. 98. Diese beiden Formen des Präsens bleiben durch alle Personen des Singulars und Plurals unverändert; der Personenunterschied wird blos durch das Personalwort bezeichnet. Indess hat das Frequentativum das Eigenthümliche, dass es eine substantivische Form und mit derselben einige oblique Casusendungen, vorzüglich den Genitiv und den Accusativ, annehmen kann; und zwar den Genitiv mit der Postposition *um-willen*, um die Conjunction *weil*, und den Accusativ, um die Conjunction *dass*, wenn selbige mit dem Indicativ steht, zu ersetzen, z. B. *weil man des Nachts schläft*, *ich weiss, dass man Geld vom Bruder nimmt.* Das Frequentativum dient ferner an und für sich, wie aus den hier gegebenen Beispielen zu ersehen, das unbestimmte Pronomen *man* zu ersetzen.

b) Präteritum imperfectum.

§. 99. Dasselbe wird durch die der Wurzel angehängte Partikel oder gebildet, welche dieses Tempus durch alle Personen beider Zahlen beibehält, die jedoch in der dritten Person, sowohl des Singulars als des Plurals, sehr häufig durch die Partikel verdrängt wird, z. B. und *er nahm*, *sie nahmen*; und *er sprach*, *sie sprachen*; und *er ging*, *sie gingen.* Bei der Frage wird die Schlusspartikel in oder umgewandelt, z. B. oder *nahmst du?*

§. 100. Das *Imperfectum frequentativum* ist aus dem ähnlichen Präsens (siehe §. 97) und aus dem Präteritum des Hülfsverbi *seyn* gebildet, und im Gebrauche von jenem Präsens in nichts verschieden, z. B. *ich schlief* (sonst, pflegte zu schlafen) *um die Mittagszeit.*

c) Perfectum.

§. 101 Dieses hat als Kennzeichen die angehängte Partikel oder welche aber in der dritten Person beider Zahlen häufig durch die Partikel oder abgeändert wird, z. B. *ich habe es mit der Hand ergriffen,* *er ist von fernen Landen gekommen.* Das Perfectum wird im Gebrauche öfters mit dem Imperfectum verwechselt.

d) Plusquamperfectum.

§. 102. Dasselbe ist aus dem eigenen Participium Präteriti und dem Präteritum des Hülfsverbi *seyn* (ebenso wie im Deutschen) zusammengesetzt, und bleibt durch alle Personen beider Zahlen unverändert. Es wird im Indicativ zur Bezeichnung des längst oder vollständig Geschehenen gebraucht, z. B. *er war vom Himmel herabgekommen,* *er hatte sein Pferd verkauft*; kann aber, in Verbindung mit dem Conditionalis, auch im Conjunctiv stehen, als: *er würde vom Himmel herabgekommen seyn*, ferner: *er hätte sein Pferd verkauft.* Auch das Plusquamperfectum wird im Gebrauche nicht selten mit dem Perfectum verwechselt.

e) Futurum.

§. 103. Dieses Tempus hat in der ersten Person des Singulars die angehängte Partikel oder (im gemeinen Leben schlechtweg), und in der zweiten und dritten Person beider Zahlen die Partikel oder , welche zugleich die des Infinitivs ist; in der dritten Person wird statt derselben jedoch häufig die Partikel [illegible] gebraucht. Die erste Person des Plurals hat gleichfalls [illegible] oder [illegible], indess auch häufig [illegible] oder [illegible] *ja*. Beispiele: [illegible] *ich werde geben*, [illegible] *du wirst gewiss sterben*, [illegible] *er wird wiederkommen*, [illegible] *er stirbt gewiss* (wird gewiss sterben), [illegible] *wir werden nehmen*, [illegible] *wir nehmen* (werden nehmen). Die dritte Person mit der Partikel [illegible] oder [illegible] wird sehr oft durch [illegible], die dritte Person Futuri des Hülfsverbi [illegible] *werden*, verstärkt, z. B. [illegible] *gleich nach seinem Tode wird er in den Regionen Buddha's wiedergeboren werden.*

f) Conditionalis.

§. 104. Dieser Modus wird von den Conjunctionen *wenn*, *als* und *obgleich* oder *obschon* regiert. Von diesen Conjunctionen gibt es im Mongolischen nur eine, nämlich [illegible] oder [illegible] *wenn*, deren Gebrauch aber ziemlich willkührlich und in den meisten Fällen entbehrlich ist. Der Conditionalis schliesst *zwei Präterita* und *zwei Futura* in sich, von welchen das zweite Futurum nur wenig von der Eigenschaft des Conditionals hat, indem es die Bedingung nicht voraussetzt, sondern die mögliche Erfüllung derselben ausspricht, welches auch durch ein Präteritum oder Futurum eines andern Modus geschehen kann, nur mit dem Unterschiede, dass jenes zweite Futurum durchaus von der Conditionalform abhängig ist, die andern Modi und deren Tempora aber nicht. Auch erscheint jenes zweite Futurum allein in der reinen Form des Conjunctivs, und kann in keiner andern gebraucht werden, wogegen diese Form auf ein Futurum oder Präteritum eines andern Modus nur dann übergeht, wenn diese Tempora mit dem Conditionalis verbunden werden.

§. 105. Die eigenthümliche, im Imperfectum der Wurzel angehängte, Partikel des Conditionals ist , oder vielmehr, da die Partikel schon dem Imperfectum angehört, , z. B. Imperf. Ind. *ich gab*, Imperf. Cond. *wenn ich gäbe*; Imperf. Ind. *ich nahm*, Imperf. Cond. *wenn ich nähme.* Da aber der Sinn aller §. 104 genannten Conjunctionen mit dieser Partikel verbunden ist, woraus leicht eine Undeutlichkeit entstehen könnte, so pflegt man, wo diess zu befürchten ist, dem Conditionalis ausser seiner eigenen noch zwei besondere Partikeln anzufügen, nämlich und , von welchen die erstere für *wenn* und die zweite für *obgleich*, *obschon* steht, z. B. *wenn ich gäbe*, *obgleich ich gab*, *gäbe.* Die Conjunction *als* hat keine besondere Partikel, z. B. *als der Minister solches berichtete, befahl der König.* Das Plusquamperfectum des Conditionals besteht aus dem Participium Präteriti des Hauptverbi und dem Conditionalis Prät. des Hülfsverbi *werden*, z. B. *wenn ich gegeben hätte*; das erste Futurum besteht aus dem Infinitiv des Hauptverbi und dem Conditionalis Prät. des Hülfsverbi *seyn*, z. B. *wenn ich geben würde;* und das zweite Futurum besteht aus dem Infinitiv des Hauptverbi und dem Perfectum des Hülfsverbi *seyn*, z. B. *ich würde geben, wenn —*. Da der Conditionalis immer eine zu erfüllende Bedingung voraussetzt, so stehen die genannten Tempora fast nie in einem Satze für sich allein, indem die drei ersten, wie bereits §. 104 bemerkt, vorzüglich durch das vierte, jedoch auch durch die Tempora anderer Modi unterstützt werden, z. B. *welchen Nutzen hätte es, wenn ich es gäbe?* *er gibt es mir nicht, obgleich ich ihn darum bat;* *er würde mich tödten, wenn ich es nähme;* *er würde mich getödtet haben, wenn ich es genommen hätte;* *ich möchte unterwegs umkommen, wenn ich hinginge* (hingehen würde); *ich würde es vielleicht nehmen, wenn er es mir gäbe.*

g) Potentialis.

§. 106. Der Potentialis drückt die unbestimmte Möglichkeit einer Handlung, Begebenheit oder eines Zustandes aus, und schliesst *ein Präsens, zwei Präterita* und *ein Futurum* in sich.

§. 107. Er ist an der Partikel *sa* kenntlich, die beim Präsens und Imperfectum dem Indicative dieser Tempora angehängt wird; das Perfectum oder Plusquamperfectum besteht aus dem Participium Präteriti des Hauptverbi und dem Potentialis Präs. des Hülfsverbi *seyn*, und das Futurum aus dem Infinitiv des Hauptverbi und dem Potent. Präs. des Hülfsverbi *seyn*. Die Conjugation der verschiedenen Tempora dieses Modus bleibt durch alle Personen beider Zahlen unverändert, z. B. *er schläft vielleicht*, *er käme vielleicht*, oder *ist vielleicht gekommen*, *er hat* (hatte) *es vielleicht gewusst*, *er wird es vermuthlich nehmen.*

h) Precativ.

§. 108. Dieser Modus drückt den Wunsch oder das Verlangen nach einer Handlung oder Sache aus, und wird durch die, der Wurzel angehängte, und für alle Personen beider Zahlen gültige, Partikel oder bezeichnet. Er ist dem Imperativ nahe verwandt, und wird als solcher auch nicht selten in der dritten Person gebraucht. Beispiele des Precativs sind: *ich möchte geben* oder *möchte ich geben!* *möchtest du dieses wissen*, *möchte ich mein Geburtsland* (Vaterland) *doch wieder sehen!*

i) Imperativ.

§. 109. Der gewöhnliche Imperativ *nimm!* *greife!* *gehe!* *sitze!* bezeichnet, wie bereits §. 88 bemerkt, bei allen Verben die Wurzelform: er wird aber nicht immer in dieser einfachen Form gebraucht, indem man ihn, vorzüglich in Schriften, nicht selten durch die Nachsylben oder , die aber ja nicht mit der ähnlichen Form des Passivs verwechselt werden dürfen, verlängert findet, als *nimm!* *greife!* *gehe!* *sitze!* Der Gebrauch beider Formen scheint willkührlich zu seyn, die erste ist jedoch die am meisten gebräuchliche. Der Plural wird durch die der einfachen Form des Imperativs angehängte Partikel oder und gebildet, z. B. oder *nehmt!* oder *greift!* oder *geht!* oder *sitzt!* oder *kommt!* Die erste Person Plur. des Futuri Indicativi und die dritte Person des Precativs werden gleichfalls als Imperative gebraucht, z. B. *nehmen wir!* *greifen wir!* *gehen wir!* *lasst uns sitzen;* ferner *lass ihn* (sie) *nehmen!* *mag er* (mögen sie) *greifen!* *lass ihn gehen!* *mag er sitzen!*

k) Gerundium und Supinum.

§. 110. Das Gerundium ist für die, an Bindewörtern so arme, Mongolische Sprache unentbehrlich, und dessen Gebrauch ist sehr ausgedehnt. Es zeigt zwei Formen des Präsens, eine des Präteriti, und noch eine besondere Form, welche die Präpositionen *bis* und *während* ersetzt. Ferner sind noch zwei Supina dazu zu rechnen, von welchen das eine negativ ist.

§. 111. Die beiden Formen des Gerundii Präsentis und *nehmend*, und *gebend*, sind sich in der Bedeutung völlig gleich, und scheinen blos der Abwechselung wegen, und um die Eintönigkeit der Wiederholung zu vermeiden, da zu seyn. Die erstere Form wird oft (nach den Regeln des Präsens, siehe §. 96) mit der zweiten eines Hülfsverbi verbunden, z. B. *nehmend seyend*, *gebend seyend;* auch werden beide Formen, vorzüglich aber die erstere, zur nähern Bestimmung oder Verdeutlichung des Begriffes, bisweilen andern Verben vorgesetzt, z. B. *nehmend kommen*, *holen*, *gehend gehen*, *sich entfernen*, *in Ohnmacht fallen*, *austreiben*, *verjagen*.

§. 112. Das Gerundium Präteriti *genommen habend*, *gegeben habend*, *gekommen seyend*, ersetzt die Conjunction *nachdem*, z. B. *nachdem er aufgestanden war*, *ging er hinaus*, *nachdem er Thee getrunken hatte*, *ass er Gebaekenes* (Backwerk).

§. 113. Eine besondere Form des Gerundii ersetzt die Präpositionen *bis* und *während*, und ist an den, der Wurzel angehängten, Nachsylben oder kenntlich, z. B. *bis man nimmt* oder *während man nimmt*.

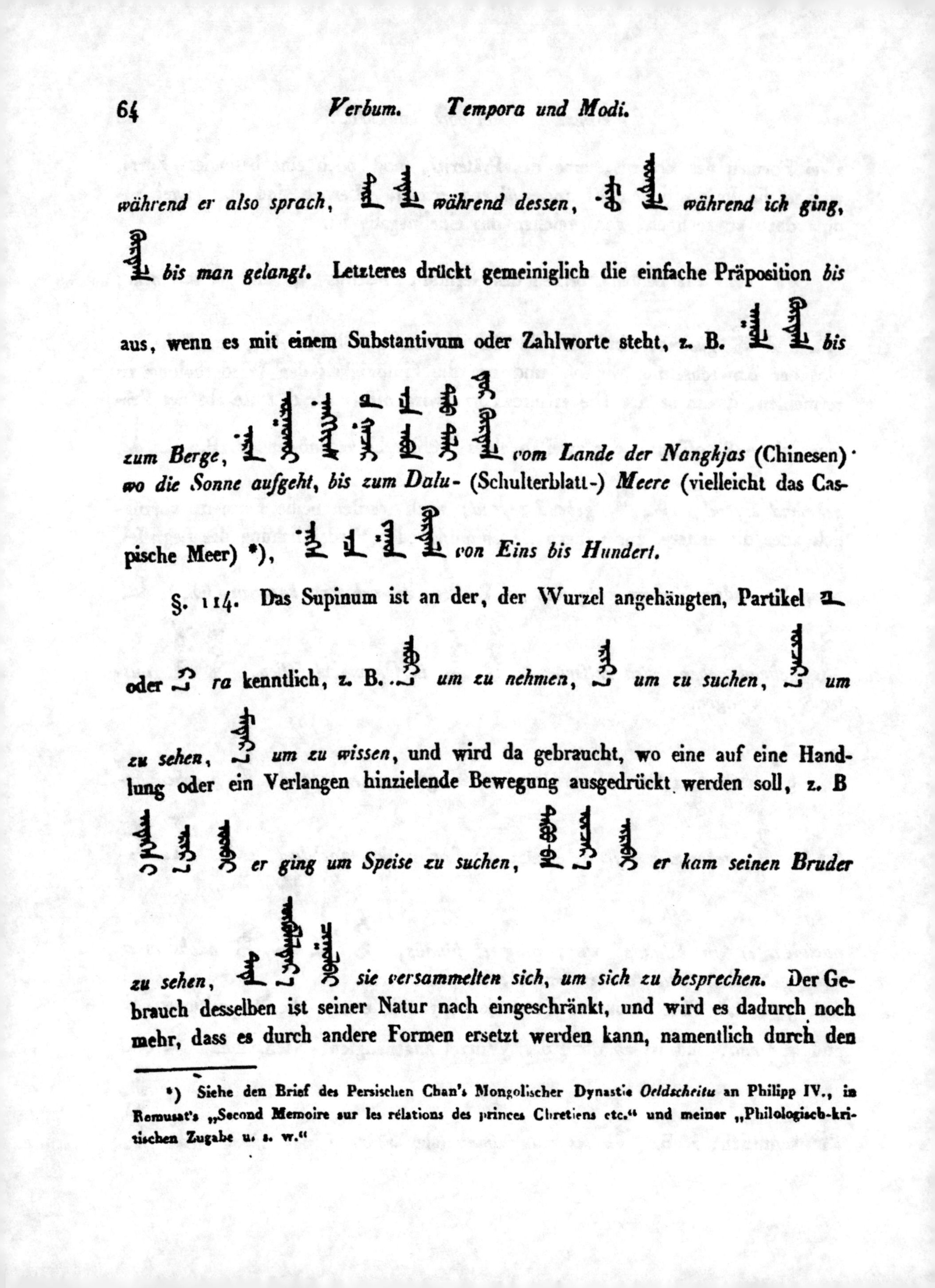

während er also sprach, *während dessen*, *während ich ging*, *bis man gelangt.* Letzteres drückt gemeiniglich die einfache Präposition *bis* aus, wenn es mit einem Substantivum oder Zahlworte steht, z. B. *bis zum Berge*, *vom Lande der Nangkjas* (Chinesen) *wo die Sonne aufgeht, bis zum Dalu-* (Schulterblatt-) *Meere* (vielleicht das Caspische Meer) *), *von Eins bis Hundert.*

§. 114. Das Supinum ist an der, der Wurzel angehängten, Partikel oder *ra* kenntlich, z. B. *um zu nehmen*, *um zu suchen*, *um zu sehen*, *um zu wissen*, und wird da gebraucht, wo eine auf eine Handlung oder ein Verlangen hinzielende Bewegung ausgedrückt werden soll, z. B *er ging um Speise zu suchen*, *er kam seinen Bruder zu sehen*, *sie versammelten sich, um sich zu besprechen.* Der Gebrauch desselben ist seiner Natur nach eingeschränkt, und wird es dadurch noch mehr, dass es durch andere Formen ersetzt werden kann, namentlich durch den

---

*) Siehe den Brief des Persischen Chan's Mongolischer Dynastie *Oeldscheitu* an Philipp IV., in Remusat's „Second Memoire sur les rélations des princes Chretiens etc." und meiner „Philologisch-kritischen Zugabe u. s. w."

Dativ des Infinitivs, als *er ging um zu nehmen*, und durch die Postposition, *wegen, um-willen* in Verbindung mit dem Genitiv des Infinitivs, als *er kam um Speise zu suchen;* dessen ungeachtet wird das Supinum gern da gebraucht, wo es an seiner Stelle ist, und dann andern Formen vorgezogen. Das Supinum negativum hat statt als Suffix ein der Wurzel angehängt, und lässt die Verneinung oder auf sich folgen. Es ersetzt die Präposition *ohne*, z. B. oder *ohne zu nehmen*, und wird da gebraucht, wo eine erwartete Handlung, ein solches Vorhaben oder ein solcher Zustand unterbleibt. Uebrigens kann es eben so gut in der Bedeutung *nicht nehmend* als ein negatives Gerundium Präsentis gelten, um so mehr, da ein solches nicht selten dessen Stelle vertritt, z. B. statt *nicht gebend*, statt *nicht gehend*. — Folgendes Beispiel diene, den Gebrauch sämmtlicher Gerundia und Supina anschaulich zu machen:

Nachdem ich das Pferd von meinem ältern Bruder erbittend genommen und es mei-

nem jüngern Bruder übergeben hatte, nahm dieser dasselbe von mir in Empfang, bestieg es, während ich ins Haus ging, um einen Strick zu holen, und entfernte sich, ohne Jemanden etwas zu sagen. Oder Wort für Wort: *Ich das Pferd von meinem ältern Bruder erbittend nehmend, meinem jüngern Bruder gegeben habend, dieser dasselbe von mir empfangend, einen Strick zu holen in das Haus während ich ging, der jüngere Bruder, Jemanden ohne etwas zu sagen, es besteigend sich entfernte.* Statt des Supini *um einen Strick zu holen*, können folgende andere Formen gebraucht werden: *a*) mit dem Futurum *sagend: einen Strick werde ich nehmen* *b*) mit dem Dativ des Infinitivs *einen Strick zu nehmen* oder *zu holen*, *c*) mit der Postposition *um des Holens eines Strickes willen* oder *wegen des Holens* u. s. w. Indess ist der Gebrauch des Supins an dieser Stelle allen andern Formen vorzuziehen.

l) Infinitiv

§. 115. Derselbe ist an der, der Wurzel angehängten, Partikel oder kenntlich: die erstere haben diejenigen Verba, in denen die erste Vocalclasse herrschend ist, und die zweite diejenigen, die von der zweiten Vocalclasse regiert werden (vergl. §. 8 ff.). Der Gebrauch des Infinitivs ist in nichts von dem in andern Sprachen verschieden. Er ist declinabel als Substantivum, und als solches erhält seine Partikel gemeiniglich noch ein als Suffix angehängt, z. B. *nehmen*, *das Nehmen*. Mit der Dativpartikel kann er statt des Supins gebraucht werden (vergl. §. 114).

m) Participium.

§. 116. Es hat dasselbe ein *Präsens* und ein *Präteritum*: beide sind als reine Substantiva und Adjectiva declinabel, und kommen als solche überaus häufig vor. Das Präsens wird durch die angehängte Partikel gebildet (vergl. §. 32), und das Präteritum durch die Partikel , z. B. *gehend, der Wandler*, *genommen, das Genommene*; ferner *der Allesbesiegende*, *der Alles besiegende Held*, *das gegebene Geld*, *der das Genommene Wiedererstattende*.

Conjugation.

§. 117. Es gibt im Mongolischen nur eine Conjugation, nach welcher alle Verba, sie mögen Primitiva oder Derivativa seyn, regelmässig conjugirt werden, indem sie weder die Wurzelform verändern, noch auch in den oben angezeigten eigenthümlichen Bildungs-Suffixen der verschiedenen Tempora und Modi irgend eine andere Veränderung erleiden, als die durch die regierende Vocalclasse bedingt wird (siehe §. 8 ff.).

§. 118. Die einzige Ausnahme macht das Hülfsverbum *seyn*, welches nicht nur unvollständig ist, indem es mehrerer Tempora und Modi ermangelt, sondern auch verschiedene Unregelmässigkeiten zeigt. Ich lasse zuerst die Conjugation dieses Hülfsverbi und die des Hülfsverbi *seyn* folgen. Das letztere ist zwar gleichfalls unvollständig, jedoch regelmässig.

1) Conjugation des Hülfsverbi *seyn*.

Präsens (ich bin, du bist u. s. w.)

durch alle Personen beider Zahlen, für die dritte Person jedoch auch

Imperfectum (ich bin, war u. s. w.)

durch alle Personen beider Zahlen.

Perfectum (ich bin gewesen u. s. w.)

durch alle Personen beider Zahlen.

Plusquamperfectum und Futurum fehlen.

Conditionalis (wenn ich bin, wäre u. s. w.)

 durch alle Personen beider Zahlen.

Potentialis (ich bin, wäre vielleicht, könnte seyn).

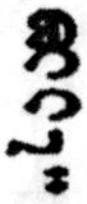 oder  durch alle Personen beider Zahlen.

Precativ und Imperativ fehlen.

Gerundium.

 *seyend*,  *seyend, gewesen seyend*,  *während des Seyns. während, unterdessen.*

Infinitiv.

 *seyn*,  *das Seyn.*

Participium fehlt.

2) Conjugation des Hülfsverbi  *seyn.*

Präsens (ich bin u. s. w.)

 durch alle Personen beider Zahlen.

Imperfectum (ich war u. s. w.)

 durch alle Personen beider Zahlen.

Perfectum fehlt oder ist ungebräuchlich.

Plusquamperfectum (ich war, wäre gewesen).

 durch alle Personen beider Zahlen.

Futurum (ich werde seyn).

Singular				Plural					
1.	2.	3.		1.		2.	3.		
[illegible]	[illegible]	[illegible]	oder [illegible]	[illegible]	oder [illegible]	[illegible]	[illegible]	oder [illegible]	

Conditionalis.

a) Imperfectum (wenn ich bin, wäre).

[illegible] durch alle Personen beider Zahlen.

b) Plusquamperfectum (wenn ich gewesen wäre).

[illegible] durch alle Personen beider Zahlen.

Potentialis.

a) Präsens (ich bin vielleicht, könnte seyn).

[illegible] durch alle Personen beider Zahlen.

b) Imperfectum (ich war vielleicht, könnte gewesen seyn).

[illegible] durch alle Personen beider Zahlen.

c) Perfectum (ich bin vielleicht gewesen).

[illegible] durch alle Personen beider Zahlen.

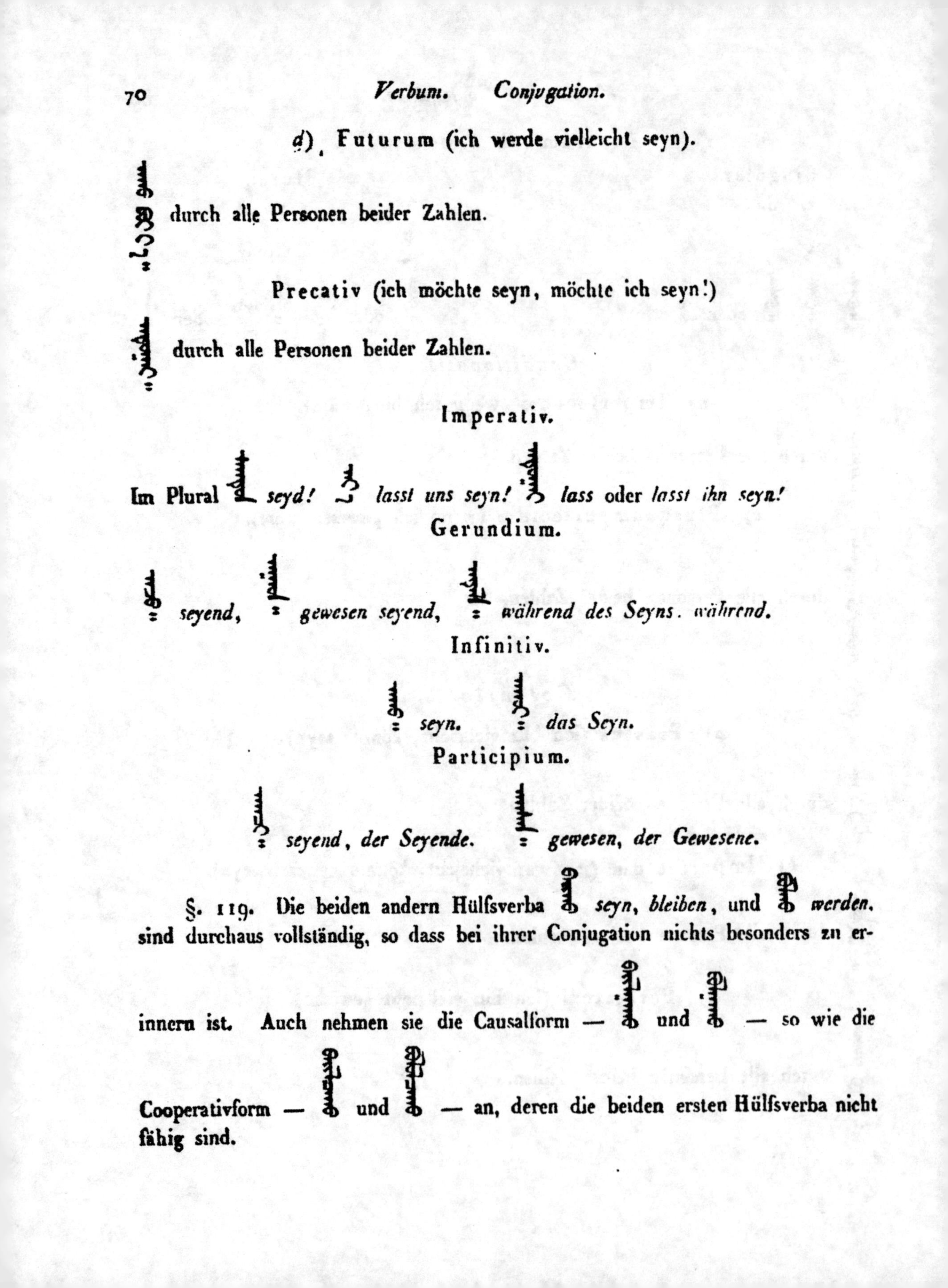

d) Futurum (ich werde vielleicht seyn).

durch alle Personen beider Zahlen.

Precativ (ich möchte seyn, möchte ich seyn!)

durch alle Personen beider Zahlen.

Imperativ.

Im Plural *seyd! lasst uns seyn! lass* oder *lasst ihn seyn!*

Gerundium.

seyend, gewesen seyend, während des Seyns. während.

Infinitiv.

seyn. das Seyn.

Participium.

seyend, der Seyende. gewesen, der Gewesene.

§. 119. Die beiden andern Hülfsverba *seyn, bleiben*, und *werden.* sind durchaus vollständig, so dass bei ihrer Conjugation nichts besonders zu erinnern ist. Auch nehmen sie die Causalform — und — so wie die Cooperativform — und — an, deren die beiden ersten Hülfsverba nicht fähig sind.

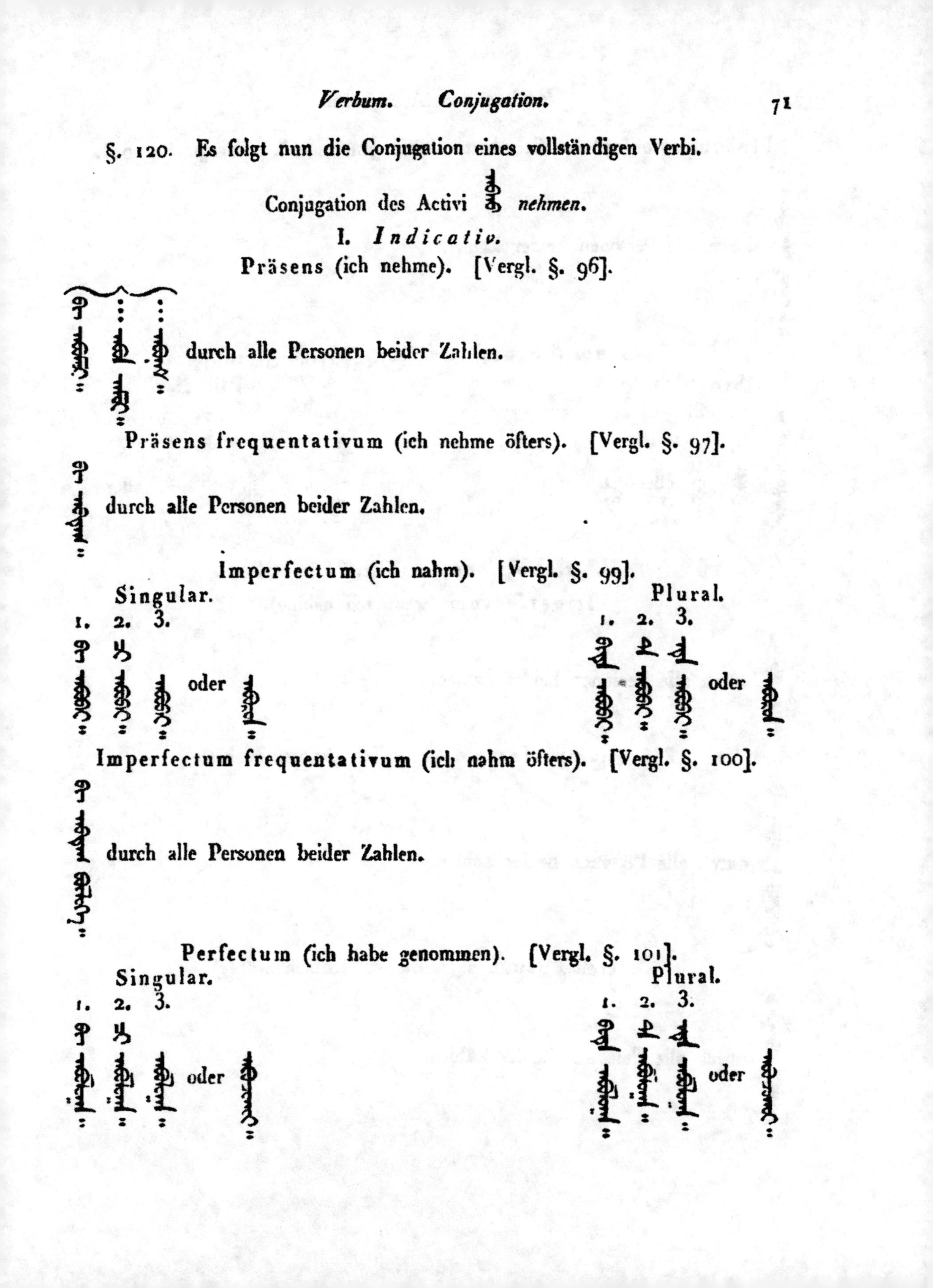

§. 120. Es folgt nun die Conjugation eines vollständigen Verbi.

Conjugation des Activi *nehmen.*

I. *Indicativ.*

Präsens (ich nehme). [Vergl. §. 96].

durch alle Personen beider Zahlen.

Präsens frequentativum (ich nehme öfters). [Vergl. §. 97].

durch alle Personen beider Zahlen.

Imperfectum (ich nahm). [Vergl. §. 99].

Singular. 1. 2. 3. oder

Plural. 1. 2. 3. oder

Imperfectum frequentativum (ich nahm öfters). [Vergl. §. 100].

durch alle Personen beider Zahlen.

Perfectum (ich habe genommen). [Vergl. §. 101].

Singular. 1. 2. 3. oder

Plural. 1. 2. 3. oder

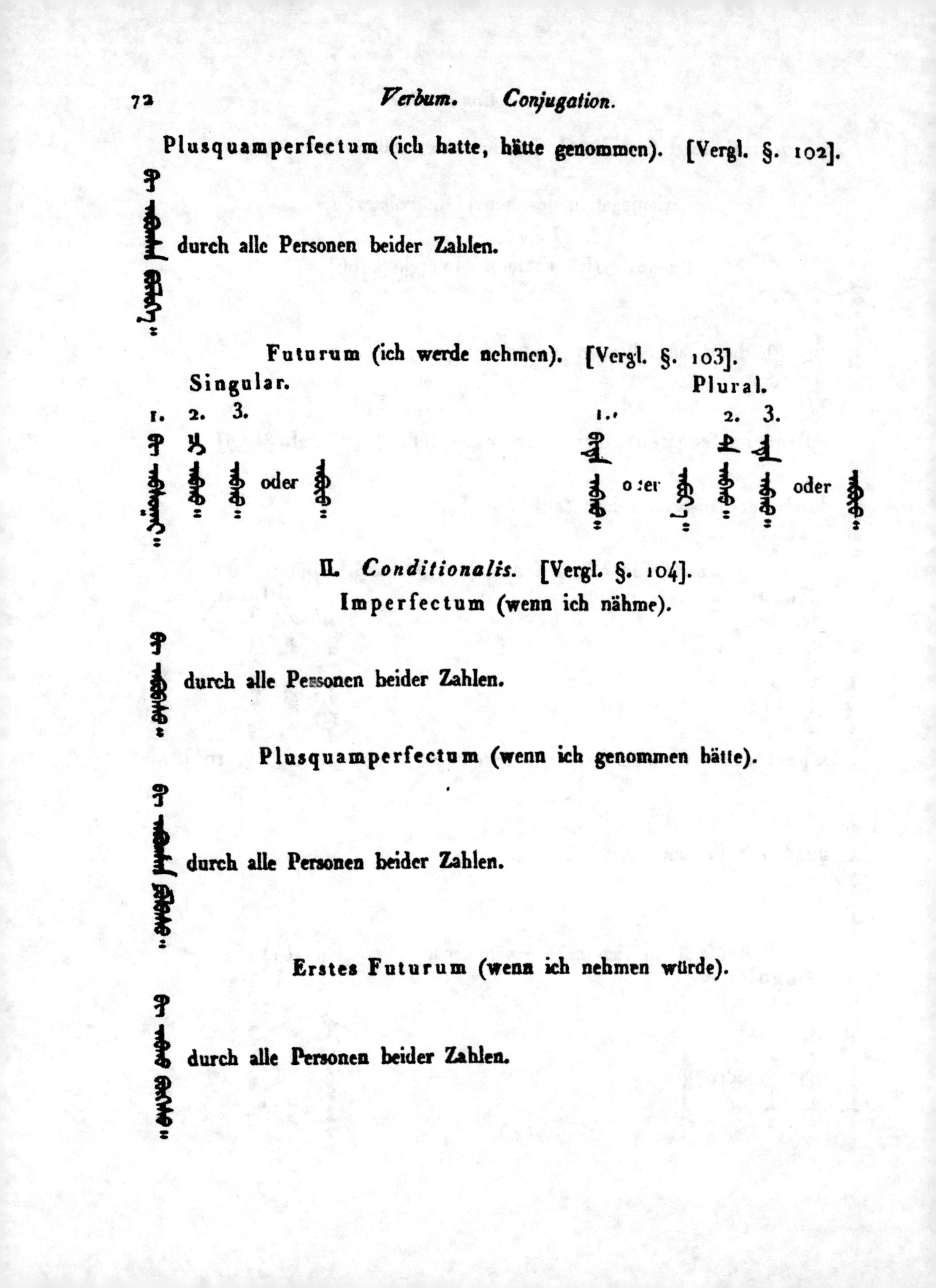

Plusquamperfectum (ich hatte, hätte genommen). [Vergl. §. 102].

durch alle Personen beider Zahlen.

Futurum (ich werde nehmen). [Vergl. §. 103].

Singular.				Plural.			
1.	2.	3.		1.		2.	3.
		oder		oder			oder

II. *Conditionalis.* [Vergl. §. 104].

Imperfectum (wenn ich nähme).

durch alle Personen beider Zahlen.

Plusquamperfectum (wenn ich genommen hätte).

durch alle Personen beider Zahlen.

Erstes Futurum (wenn ich nehmen würde).

durch alle Personen beider Zahlen.

Zweites Futurum (ich würde nehmen, wenn —)

[illegible] durch alle Personen beider Zahlen.

III. *Potentialis.* [Vergl. §. 106].

Präsens (ich nehme vielleicht).

[illegible] durch alle Personen beider Zahlen.

Imperfectum (ich nahm oder nähme vielleicht).

[illegible] durch alle Personen beider Zahlen.

Perfectum und Plusquamperfectum (ich habe, hatte oder hätte vielleicht genommen).

[illegible] durch alle Personen beider Zahlen.

Futurum (ich werde oder würde vielleicht nehmen).

[illegible] durch alle Personen beider Zahlen.

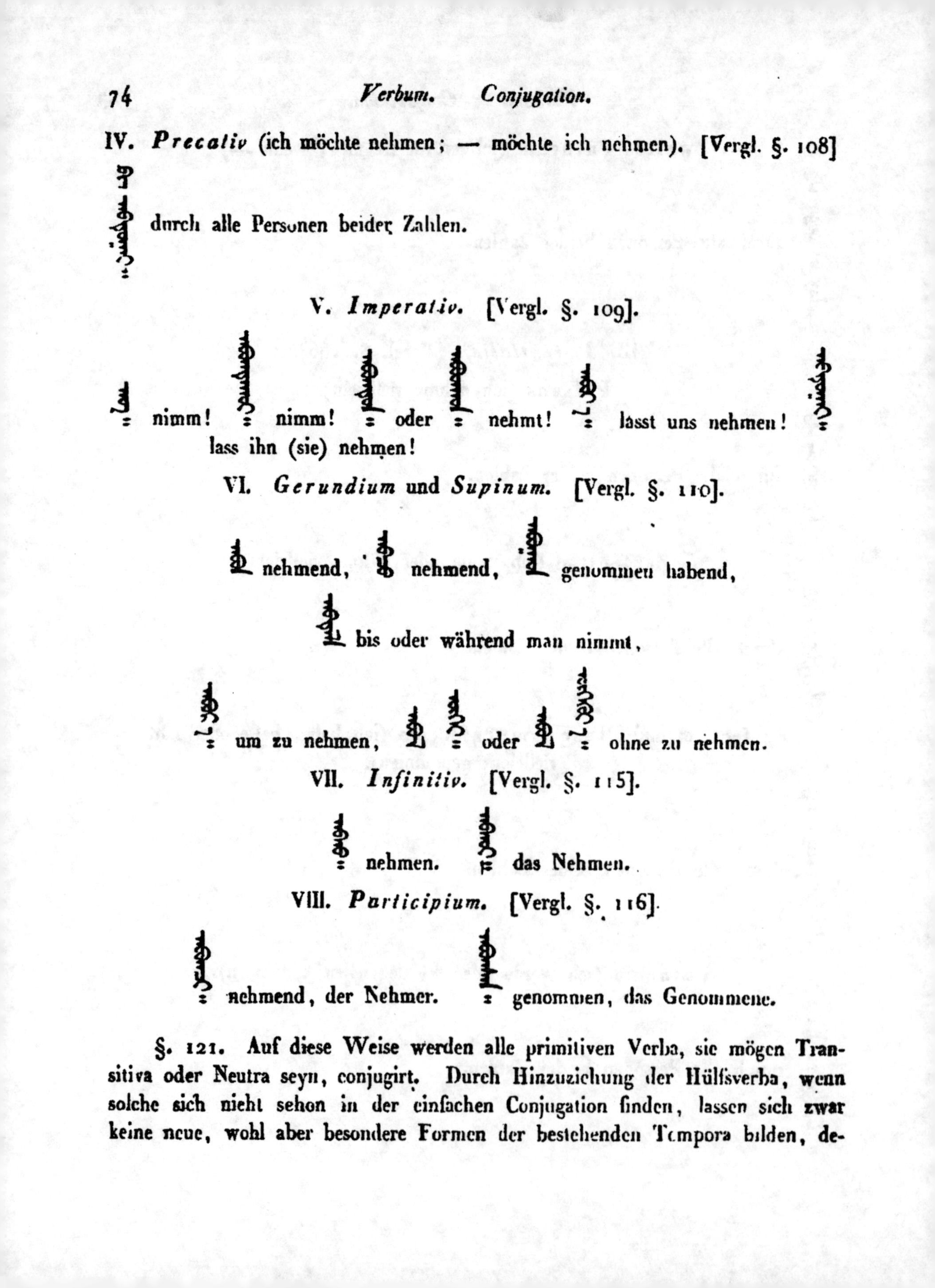

IV. ***Precativ*** (ich möchte nehmen; — möchte ich nehmen). [Vergl. §. 108]

durch alle Personen beider Zahlen.

V. ***Imperativ.*** [Vergl. §. 109].

nimm! nimm! oder nehmt! lasst uns nehmen! lass ihn (sie) nehmen!

VI. ***Gerundium*** und ***Supinum.*** [Vergl. §. 110].

nehmend, nehmend, genommen habend,

bis oder während man nimmt,

um zu nehmen, oder ohne zu nehmen.

VII. ***Infinitiv.*** [Vergl. §. 115].

nehmen. das Nehmen.

VIII. ***Participium.*** [Vergl. §. 116].

nehmend, der Nehmer. genommen, das Genommene.

§. 121. Auf diese Weise werden alle primitiven Verba, sie mögen Transitiva oder Neutra seyn, conjugirt. Durch Hinzuziehung der Hülfsverba, wenn solche sich nicht schon in der einfachen Conjugation finden, lassen sich zwar keine neue, wohl aber besondere Formen der bestehenden Tempora bilden, deren man sich zur Abwechselung gern bedient. So kann man z. B. das Imperfectum Indic. *ich nahm* in umwandeln; statt des Imperf. Condit. *wenn ich nähme* kann man gebrauchen, und das Futurum Ind. *er wird nehmen* kann, wie bereits §. 103 bemerkt, in umgewandelt werden. Auch das Perfectum und Futurum des Potentialis kann statt *ich habe vielleicht genommen* und *ich werde vielleicht nehmen* und heissen; diese letztere Form entspricht mehr dem Conjunctiv *ich hätte* und *ich würde* u. s. w., obgleich auch die erstere dafür gebraucht wird.

Derivativa.

§. 122. Es erscheinen dieselben (siehe §. 89) als *Passiva*, *Causalia* und *Cooperativa*; jede dieser Gattungen wird durch besondere, der Wurzel angehängte, Nachsylben gebildet. Alle Derivativa ohne Ausnahme werden wie die Primitiva conjugirt, ohne dass die Endpartikeln der verschiedenen Tempora und Modi irgend eine Veränderung erleiden.

a) Passivum.

§. 123. Dasselbe kann nur einem transitiven Verbum angehören und setzt immer die active Form voraus. Es ist an den Partikeln *ta* oder *te* und *kda* oder *kde*, die unmittelbar der Wurzel angehängt werden, erkennbar; von diesen beiden Partikeln bekommen einige Passiva die erste, die meisten aber die zwoite, z. B. *nehmen*, *genommen werden*; *geben*, *gegeben* werden: *erreichen*, *erreicht werden*; — *schlagen*, *geschlagen werden*; *öffnen*, *geöffnet werden*; *verlieren*, *verloren werden*; *senden*, *gesendet werden*· *tödten*, *getödtet werden*. Sie werden, wie gesagt, ganz wie die Activa conjugirt, z. B. Präs. , Präs. frequ. , Imperf. , Perf. u. s. w.

§. 124. Nicht alle Deutsche Neutra oder Intransitiva sind es auch im Mongolischen; so sind z. B. die Deutschen Neutra *drohen*, *befehlen*, *widerstehen* und mehrere andere, aus denen nur ein unvollständiges Passivum der dritten Person Sing. mit dem Dativ gebildet werden kann, im Mongolischen des vollständigen Passivs fähig, und können als Passiva, wo nicht durch alle, doch durch die meisten Tempora und Modi conjugirt werden; z. B. *ich drohe*, *mir wird gedroht*; *ich befehle*, *mir wird befohlen*; *ich widerstehe*, *mir wird widerstanden*. Die Ursache scheint darin zu liegen, dass fast alle Mongolischen Passiva den Dativ regieren, wovon in der Syntax ein Mehreres. Das Neutrum *dienen* steht im Mongolischen im Passiv, , weil dessen eigentliche Bedeutung ist: *in Dienst genommen* oder *gebraucht werden*, wogegen das primitive Activum *in Dienst nehmen* oder *zum Dienst nöthigen* bedeutet.

b) Causale.

§. 125. Alle vollständigen Verba, sie mögen Transitiva oder Neutra seyn, sind der Causalform fähig; dieselbe wird bei dem grössten Theile der Primitiven durch die, unmittelbar auf die Wurzel folgende, Partikel *gul* oder *gül* gebildet, z. B. *schlagen*, *schlagen lassen*; *tödten*, *tödten lassen*; *sehen*, *sehen lassen*, *zeigen*, *kommen*, *kommen lassen*; *gehen*, *gehen lassen*; *geben*, *geben lassen*. Weil das *g* nicht unmittelbar auf das *b* folgen kann, so hat das Verbum *nehmen* das Besondere, dass die Causal-Partikel nicht der Wurzel, sondern dem Infinitiv angehängt wird; also *nehmen lassen*.

§. 126. Mehrere Causalia haben statt oder die Partikel *gha* oder *ge*, z. B. *vertrocknen*, *versiegen* (von Flüssigkeiten), *trocken machen*, *austrocknen*; *verlöschen*, *verlöschen machen*, *auslöschen*; *erreichen*, *gelangen*, *gelangen lassen*, daher *der Ueberbringer*. Wenn die letzte Sylbe der Wurzel bereits ein *g* hat, so wird des Wohllauts wegen zwischen diese und die Causalpartikel oder noch ein *l* eingeschoben, z. B. *öffnen*, *öffnen lassen*; *sitzen*, *sitzen lassen*, *hinsetzen*;

herabkommen, herabsteigen, *herablassen:* *melken,* *melken lassen.* Die nämliche Regel findet auch bei Diphthongendungen der Wurzel statt. z. B. *seyn, bleiben,* *bleiben lassen:* *fürchten,* *fürchten machen, in Furcht setzen:* *lachen,* *Lachen erregen.*

§. 127. Viele Causalia haben, wie bereits §. 90 bemerkt, die besondere Eigenschaft, Verba, die in ihrer primitiven Form Neutra, und also keines Passivs fähig sind, transitiv zu machen, so dass sie als Causalia activ und passiv werden, wobei jedoch bisweilen die Causalform eine Veränderung in der Bedeutung bewirkt, obgleich der Begriff verwandt bleibt. In solchen Fällen wird die Partikel des Passivs der Causalpartikel angehängt. Ausser den am a. O. gegebenen Beispielen mögen hier nach der Ordnung der Ableitung noch folgende stehen: *sterben,* *tödten,* *getödtet werden;* *verlöschen,* *auslöschen,* *ausgelöscht werden;* *herabkommen,* *herablassen,* *herabgelassen werden;* *sich trennen,* *trennen, absondern,* *getrennt werden.*

c) Cooperativ.

§. 128. Es werden unter Cooperativa solche Verba verstanden, die einen gemeinschaftlichen Zustand oder eine Handlung ausdrücken, an welcher Mehrere

Theil nehmen; zu ihnen gehören auch alle diejenigen Reciproca, bei welchen eine Wechselwirkung des Subjects und Objects Statt findet. Sie werden als Derivativa durch die der primitiven Wurzelform angehängten Partikeln *ltsa* oder *ltse* und *lda* oder *lde* gebildet, z. B. *nehmen*, *mit einander nehmen*; *lieben*, *sich* (unter einander oder gegenseitig) *lieben*; *gehen*, *mit Andern gehen*; *kommen*, *zusammen kommen*; *reden*, *sprechen*, *sich besprechen*; *heimkehren*, *zusammen heimkehren*; *hauen und stechen*, *sich herumhauen und stechen* (im Gefechte). Die Transitiva unter ihnen sind zwar des Passivs fähig, es wird aber wenig gebraucht.

§. 129. Es gibt noch eine besondere Gattung von Derivativen, die zu keiner der genannten Formen gehören. Sie werden meist aus den Activis transitiver Verba vermittelst der Partikel *ra* und *re* gebildet, ohne deshalb passiv zu werden, vielmehr sind alle abgeleitete Verba dieser Art, deren Zahl überhaupt nicht gross ist, Neutra, z. B. *zerstören*, *verderben*, *zu Grunde gehen*; *herabsenken*, *herabkommen*, *sich verschlechtern* (durch Krankheit, Elend oder schlechte Sitten). Höchst selten begegnet man auch einer solchen Bildung aus einem Passivum, z. B. *verloren werden*, *verloren gehen*. Hat bei dieser Gattung Zeitwörter die Endsylbe der Wurzel ein *l*, so wird dieses in umgewandelt, z. B. *spalten* (Act.), *sich spalten, zerspringen, platzen;* *zerreissen* (Act.), *zerreissen* (Neutr.); *zertrümmern, zerbrechen* (in Stücke), *in Stücke zerfallen.*

§. 130. Die Zahl der aus Adjectiven oder Adverbien und Substantiven gebildeten Verba ist sehr gross. Bei Ersteren wird die Bildung am häufigsten durch die angehängte Partikel bewerkstelligt, wobei, wenn das Adjectivum mit einem *n* schliesst, dieses weggelassen wird, z. B. *weich*, *weich werden;* *hart*, *hart werden:* *alt*, *alt werden, veralten;* *schlecht*, *schlecht werden, ein schlechtes Aussehen bekommen;* *leer*, *leer* oder *wüste werden.* Einige werden mittelst der Partikel gebildet, z. B. *gross*, *gross* oder *grösser werden:* *klein*, *kleiner werden;* *unten*, *sinken*, *herabkommen* (von Kräften oder Wohlstand). Die Postposition *über* bildet *übersetzen* (über einen Fluss). Von den von Farbennamen abgeleiteten Zeitwörtern haben einige die Partikel , andere die Partikel , z. B. *schwarz*, *schwarz werden*; *gelb*, *gelb werden*; dagegen *blau*, *blau werden*, auch *grünen*. *weiss* oder *blass werden*, *verbleichen*, von *weiss*, ist eine besondere Formation und Ausnahme.

§. 131. Die von Substantiven abgeleiteten Verba werden gemeiniglich durch die Partikel *la* oder *le* gebildet; hat das Substantiv ein *n* oder *ss* als Schlussbuchstab, so wird dieses weggeworfen, z. B. *das Pferd*, *zu Pferde steigen*, *zu Felde ziehen* (nur bei Fürsten und Heerführern gebräuchlich); *das Haupt*, *anführen*; *der Anfang*, *anfangen*; *die Lehre*, *lehren*; *das Ende*, *endigen*, *vernichten*; *der Haufe*, *aufhäufen*: *das Wasser*, *wässern*, auch *tränken* (beim Vieh). Einige Substantiva bilden auch Verba vermittelst der Partikel . z. B. *der Zügel*, *lenken*, *regieren*; *Farbe*, *mit Farbe anstreichen* u. s. w. Diese Verba können grösstentheils noch die Causalform annehmen.

§. 132. Bei allen diesen Partikeln, wodurch Verba sowohl aus andern Zeitwörtern, als aus Substantiven, Adjectiven und Adverbien gebildet werden können, ist zu bemerken, dass es auch viele Wurzelverba mit diesen Partikeln gibt; als Beispiel stehe hier das letztgenannte Verbum , welches auch *unverwandt anschauen* bedeutet; bei einiger erlangten Kenntniss der Sprache ist es jedoch sehr leicht, zu entscheiden, ob es Bildungspartikeln oder wirkliche Wurzeltheile sind.

Sechster Redetheil.

Das Nachwort. (Postpositio).

§. 133. Die Bestimmungswörter des Substantivs, und auch des Verbi in den declinablen Modis desselben, sind im Mongolischen nicht, wie in den Europäischen Sprachen überhaupt, Vorwörter (Präpositionen), sondern Nachwörter (Postpositionen), indem sie nicht vor dem Hauptworte stehen, sondern auf dasselbe folgen. Der Grund davon liegt offenbar in dem ganzen Bau der Mongolischen Sprache, die zur Bildung ihrer Wörter und Worttheile durchaus keine Präfixe zulässt.

§. 134. Zu den Postpositionen gehören unter andern auch die bezeichnenden Partikeln der beiden Dative, jedoch nur in so fern sie auch die des Locativs sind, ferner die der beiden Instrumentale und des Ablativs. Die Partikeln des Genitivs und der beiden Accusative sind keine Postpositionen im eigentlichen Sinne des Wortes, sondern blosse Flexions-Suffixe dieser beiden Fälle. Wenn ein weggelassenes Pronomen possessivum durch den Genitiv ersetzt werden soll, so werden, statt der gewöhnlichen Flexions-Suffixe desselben, bisweilen die Partikeln  oder 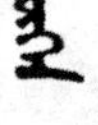 gebraucht, z. B. 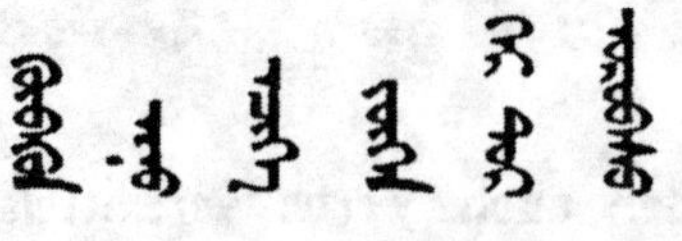 *als der Sohn in seines Vaters Haus eintrat*; ferner 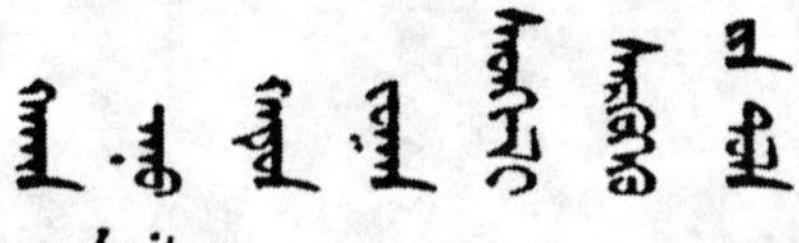 *der König, um das Gemüth seiner Gemahlinn zu erheitern.*

§. 135. So sind auch die Partikeln  oder  und , ,  oder 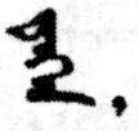, wenn sie den Dativ darstellen, wo ihnen jede andere, eigenthümliche Bedeutung abgeht, blosse Flexionen desselben; als Postpositionen des Locativs aber ersetzen sie die Deutschen Präpositionen *in*, *an*, *nach* (als Richtung), *zu* und nicht selten auch *auf*; z. B. *er legte es ins Gefäss*, *im Hause*, *er hing es an den Baum*, *nach der Stadt gehen*, *er ging nach Hause*, *er ging zum Richter*, *er zog in den Krieg*, *er lag auf der Erde*, *ich lud es auf meinen Esel*, *ich trage ihn* (den Ring) *an meiner Hand*.

§. 136. Die Postposition und oder und, wahrscheinlich aus den beiden Partikeln und, von welchen jede für sich schon eine örtliche Beziehung ausdrückt (vergl. §§. 46 und 61), zusammengesetzt, bildet eine besondere und bestimmte Form des Locativs. Sie wird statt des Genitivs gebraucht, um den eigenthümlichen Ort, wo sich ein Gegenstand befindet und befinden muss, anzuzeigen. Ich kann z. B. im Genitiv sagen *das Wasser des Teiches*, *das Gras des Feldes*, *der Kern der Frucht*, soll aber der Ort angezeigt werden, wo diese Gegenstände sich wirklich noch befinden, so muss es heissen *das Wasser im Teiche*, *das Gras auf dem Felde*, *der Kern in der Frucht*; ferner *die Fische im Wasser*, *das Geräthe im Hause*, *die Mütze auf dem Kopfe*, *die Stiefeln an den Füssen* u. s. w.

Die Postposition kann auch substanti ch gebraucht werden und wird dann declinirt, wenn nämlich an einem bestimmten Orte befindliche lebendige Gegenstände ohne besondere Nennung im allgemeinen Sinne genommen werden, z. B.

mit dem Dativ *Buddha erschien den auf Erden* (Lebenden),

mit dem Ablativ *von den auf Erden* (Lebenden) *ist der Elephant das Grösste*, mit dem Genitiv *die Qual der in der Hölle* (Befindlichen) *ist sehr gross.*

§. 137. Die Partikel des ersten Instrumentals oder ersetzt als Postposition die Deutschen Präpositionen *durch*, *mit*, *vermittelst*, *vermöge*; z. B. *durch Klopfen weich werden*, *vermittelst eines Schlüssels öffnen lassen*, *mit der Lanze stechen.* Bei Substantiven der zweiten Declination wird bisweilen, mit Wegwerfung des bezeichnenden End-*n* des Nominativs, statt der Instrumental-Partikel die der ersten Declination gebraucht, z. B. statt *mit den Augen*, statt *mit den Ohren.*

Auch findet man bei einigen Substantiven der zweiten Declination diese Partikel bisweilen in umgewandelt, z. B. statt *nach dieser Weise.*

§. 138. Die Partikel des zweiten Instrumentals oder wird als Postposition überall für die Deutschen Präpositionen *mit, nebst* und *sammt* gebraucht, z. B. *mit dem Nachbar zanken,* *mit Wasser vermischen.* *er ist mit* ***Haus und Geräthe*** (mit Sack und Pack) *davon gezogen.*

§. 139. Die Partikel des Ablativs ersetzt als Postposition die Deutschen Präpositionen *von* und *aus*, z. B. *von dem Baume,* *aus dem Brunnen.* In vielen Schriften findet man diese Postposition nicht selten unter der Form oder . jedoch nur an solchen Stellen, wo das Pronomen possessivum vertreten werden soll; diese Nachsylbe oder ersetzt alsdann die Partikel des zweiten Accusativs (vergl. §. 53). So schreibt man z. B. willkührlich statt *aus seinem Schlummer erwachen.* ferner statt *aus seinem Hause vertrieben werden.*

§. 140. Die übrigen Postpositionen stehen fast alle mit dem Genitiv, als oder *um, um-willen, wegen,* oder *um* (etwas herum), *zwischen, während,* *gegen, gegenüber,* *wider, entgegen,* *vor,* *hinter,* *nach,* *diesseits,* *jenseits,* *neben.* Beispiele: *um des Nutzens willen.* *um die Stadt* (in der Umgegend), *zwischen Beide* oder *Beiden.* *dem Hause gegenüber,* *vor dem Spiegel,* *hinter dem Berge,* *jenseits der Grenze.* Einige dieser Postpositionen können adjectivisch gebraucht werden, in welchem Falle sie *vor* dem Hauptworte stehen, z. B. *die vordere Gegend* (Osten), *der hintere Theil;* andere werden substantivisch und können noch die Postpositionen anderer Casus auf sich folgen lassen, z. B. *der nach ihm Kommende,* *hinter dem Berge hervorkommen,* oder *aus dem Hintertheil des Berges hervorkommen.*

§. 141. Mehrere Postpositionen, die eine Oertlichkeit anzeigen oder sich darauf beziehen, als *über* (einen Fluss oder Berg), *über, überhalb, auf,* *unter, unterhalb,* *in, binnen, innerhalb,* *ausser, ausserhalb,* stehen zwar gleichfalls mit dem Genitive, oft aber auch ohne denselben und scheinbar ohne alle Casusflexion oder mit dem Nominative. Diess ist jedoch nicht der Fall, sondern sie bilden alsdann wahre Postpositionen des Locativs,

z. B. 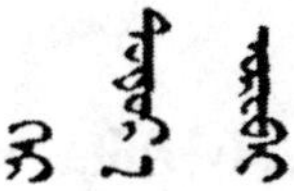 *er ging in das Haus* (in das Innere des Hauses), 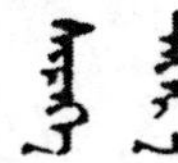  *lege es* (oben) *auf den Tisch*, 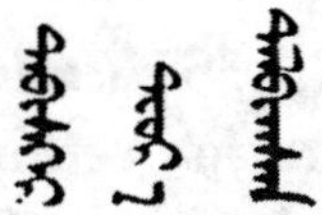 *unter die Decke gelegt.* Mit dem Genitiv: 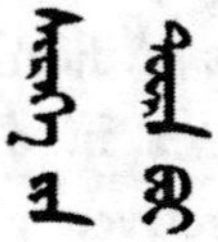 *es ist unter dem Tische*, 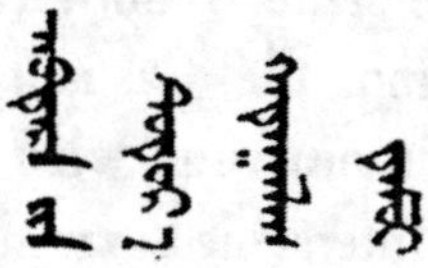 *es wird im Kasten verwahrt*, 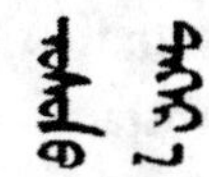 *über dem Wasser* (auf dessen Oberfläche). Diese Postpositionen können auch alle substantivisch gebraucht und declinirt werden, jedoch nur dann, wenn sie nicht schon mit dem Genitive stehen, z. B. 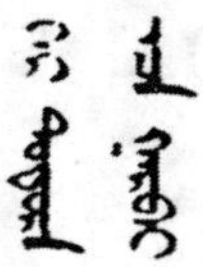 *er ging aus dem Hause* (aus dem Innern des Hauses), 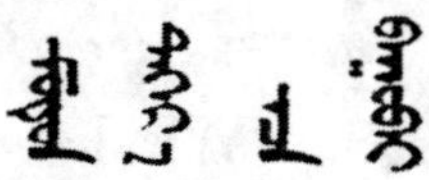 *er stieg vom Baume herab;* sie nehmen indess selten einen andern Casus an, als den Ablativ und den Accusativ. Auch das Gerundium 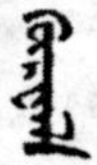 des Verbi  *erreichen, gelangen*, welches die Präposition *bis* ersetzt, kann als Postposition angesehen werden und steht immer mit dem Locativ, dessen eigenthümliche Partikel  dann wegbleibt, wenn eine Bewegung nach einem bestimmten Ziele ausgedrückt werden soll, z. B. 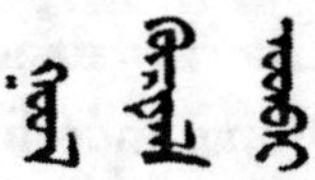 *er ging bis zum Flusse.* Wo aber ein bestehender Zustand innerhalb einer bestimmten Strecke angezeigt wird, da darf die Partikel  nicht weggelassen werden, z. B. 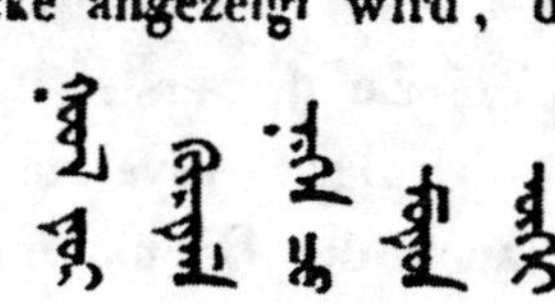 *bis zum Flusse ist auch nicht Ein Baum.*

Siebenter Redetheil.

Das Beschaffenheits- oder *Umstandswort.* (Adverbium).

§. 142. Es ist bereits §. 56 bemerkt, dass das Adjectivum als Eigenschaftswort des Substantivs und in Verbindung mit demselben nicht declinirt wird, sondern seine Grundform durch alle Casus beibehält, und dass diese Grundform nur dann die Casusflexionen annimmt, wenn das Adjectivum entweder selbst ein Substantivum wird, oder ein solches vertritt oder in der Idee voraussetzt. Der Unterschied zwischen den Mongolischen Adjectiven als Eigenschaftswörtern und den Adverbien im weitern Sinne als Beschaffenheitswörtern besteht also der Form nach blos darin, dass Erstere dem Substantivum vorgesetzt werden, als ᠥᠨᠳᠦᠷ ᠠᠭᠤᠯᠠ *der hohe Berg;* wogegen bei Letzteren das Substantivum vorsteht, als ᠠᠭᠤᠯᠠ ᠥᠨᠳᠦᠷ *der Berg ist hoch.*

§. 143. Wir haben es hier aber vorzugsweise mit den Adverbien in engerer Bedeutung oder mit den Umstandswörtern zu thun. Wie die Präpositionen, oder im Mongolischen die Postpositionen, Bestimmungswörter des Substantivs sind, so sind die Adverbia Bestimmungswörter entweder des Verbi oder des Adjectivs.

§. 144. Als solche sind die Mongolischen Adverbia und adverbialen Composita keineswegs lauter Indeclinabilia: es gibt unter ihnen mehrere die verschiedene Casus annehmen können. Noch andere verdanken ihre Bildung einigen obliquen Casusendungen, vorzüglich dem Dativ, dem ersten Instrumental und dem Ablativ, und sind dann in dieser Bildung indeclinabel. Noch andere entstehen aus einer besondern, an keinen Modus gebundenen, Form des Verbi.

§. 145. Zu der ersten Gattung (den Bestimmungswörtern des Verbi) gehören alle diejenigen Adverbia, welche als Bestimmungswörter der reinen Copula, oder auch der Copula mit dem Begriff der Zeit erscheinen.

§. 146. Die Bestimmungswörter der reinen Copula sind diejenigen Adverbia, welche eine Verneinung oder Bejahung bezeichnen (adverbia negandi et affirmandi), und die Adverbia der Modalität oder diejenigen, welche bestimmen, ob die Verknüpfung des Prädicats mit dem Subject möglich, wirklich, oder nothwendig ist. Dazu gehören *a*) die Indeclinabilia *nicht*, *nicht*, *nicht*, welche nur mit dem Verbum stehen können und demselben jedesmal vorgesetzt werden müssen. das erste steht gemeiniglich mit dem Präteritum, das zweite mit dem Präsens. Futurum und Infinitiv, und das dritte kann nur vor dem Imperativ oder einem Tempus mit imperativer Bedeutung, z. B. dem Precativ, stehen; — ferner *gewiss. zuverlässig, sicherlich*, *gewiss, unstreitig.* und *wahrscheinlich, vermuthlich.* Letzteres ist übrigens der Potentialis des Hülfsverbi *seyn*, hat aber seine volle Bedeutung als Adverbium.

Beispiele: *er hat es mir nicht gegeben*, *das Nichtgegebene nimm nicht!* *er geht nicht hinaus*, *er wird gewiss kommen;* *er ist gewiss ein Schreiber.* *es ist wahrscheinlich so.*

b) Declinable Adverbia der Art sind *nein, nicht* auch *kein, ohne.* *nicht*, oder *noch nicht*, *gar nicht*, *keineswegs. durchaus nicht*, *allerdings. gewiss*, *nothwendig* (ohne Willen). Die zwei erstgenannten und kommen immer *nach* dem Verbum oder Substantivum zu stehen. und zwar ersteres beim Verbum gemeiniglich nach dem Präteritum und Infinitiv, und das zweite nach dem Infinitiv: dieses darf jedoch nicht mit dem gleichlautenden Adjectivum [Mongolian] verwechselt werden, welches *ander*, *aer andere* bedeutet, und entweder dem Substantivum vorsteht, oder selbst als Substantivum gebraucht wird. Das dritte [Mongolian] oder [Mongolian] folgt immer auf eine besondere Form des Participii, die ausserdem niemals vorkommt, z. B. [Mongolian] [Mongolian] *noch nicht gekommen*, [Mongolian] [Mongolian] *noch nicht genommen*, [Mongolian] [Mongolian] *noch nicht gesehen.* Ihre Eigenschaft als Declinabilia haben die genannten Verneinungen übrigens nicht als Adverbia, sondern als wahre Substantiva, die auch Postpositionen auf sich können folgen lassen, wie aus folgenden Beispielen zu ersehen, in welchen sie unter beiden Formen erscheinen: [Mongolian] [Mongolian] [Mongolian] *ich habe kein Pferd*, (wörtlich: *bei mir Pferd nicht*), [Mongolian] [Mongolian] [Mongolian] [Mongolian] *weil ich kein Pferd habe*, (wörtlich: *um-willen bei mir Pferd nicht*), [Mongolian] [Mongolian] [Mongolian] [Mongolian] *da er weiss* (wusste), *dass ich kein Pferd habe* (wörtlich: *wissend das Pferd-Nichtseyn bei mir*) [Mongolian] [Mongolian] [Mongolian] *in meiner Abwesenheit* (Nichtdaseyn); ferner [Mongolian] [Mongolian] [Mongolian] *dieses Pferd ist nicht gut*, [Mongolian] [Mongolian] [Mongolian] *ein Thier ist nicht Mensch* (ein Nichtmensch). [Mongolian] [Mongolian] *er thut was nicht gut ist* (das Nichtgute), [Mongolian] [Mongolian] *er ist gewiss ein guter Mensch*, [Mongolian] [Mongolian] *weil er ein guter Mensch ist.* Das Adverbium *allerdings*, *gewiss*, hat diese Bedeutung nur, wenn es mit der Copula steht oder dieselbe vertritt; steht es aber vor einem andern Adverbium, einem Pronomen oder Zahlworte, so dient es zur Verstärkung oder genauern Bestimmung eines solchen Wortes, z. B. *gerade jetzt*, *so eben*, *gerade dieser*, *genau zwanzig*. Die Bildungsfähigkeit der Verneinung (bisweilen auch geschrieben) ist sehr gross: als Adjectivum bedeutet es *arm*, *von Gütern entblösst*, daher das Verbum *arm werden*; heisst *verschwinden*, *nicht werden*, und in der Causalform *vernichten*.

c) Zu den aus obliquen Casusendungen gebildeten Adverbien dieser Gattung gehört das indeclinable *wahrlich*, *fürwahr* (von *durch* oder *mit Wahrheit*), und

d) zu den aus einer besondern, an keinen Modus gebundenen, Verbform gebildeten gehören alle diejenigen, welchen im Deutschen die Verneinungssylbe *un* oder *ohn* vorsteht. Jene Verbform entsteht aus der, der Verbwurzel angehängten, Nachsylbe *schi*, welche die so fruchtbare Verneinung auf sich folgen lässt, z. B. *undenklich*, *unmöglich*, *unglaublich* u. s. w. Vermittelst der Verneinung werden sie declinabel.

§. 147. Bestimmungswörter der Copula mit dem Begriff der Zeit sind die Adverbia der Zeit und der Zeitdauer, so wie die Zahladverbien, welche bestimmen, wie oft etwas in einem Zeitpuncte geschehen ist. Grossentheils indeclinabel, jedoch zum Theil Composita oder mit obliquer Casusendung, vorzüglich dem Dativ, sind folgende: *lang*, *vorlängst*, *vorher*, *vorlängst*, *jüngst, vor Kurzem, kürzlich, so eben, vorhin, unlängst, heute, morgen, gestern, übermorgen, jetzt, bald, forthin, in Zukunft, immer, immer,* oder *stets, immerfort, sogleich, alsbald,* (auch *so viel*), *bald, schleunig, schnell, Abends, Nachts;* ferner die Zahladverbia *oft, oftmals, nochmals, abermals, bisweilen, manchmal, einzeln, einfach* (mit Instrumentalendung). *zweimal, dreimal* u. s. w. Declinabel und zum Theil adjectivisch zu gebrauchen sind *früh, spät, unaufhörlich, selten, mehrentheils.* Auch das obenerwähnte *jüngst,* kann adjectivisch gebraucht werden, bedeutet aber alsdann *nahe.* Mehrere im Deutschen zusammengesetzte Adverbia werden im Mongolischen nicht als solche gebraucht, sondern zersetzen sich in ihre ursprüngliche Wortform, z. B. *einmal, einst,* (zu einer Zeit), *irgend einmal* (zu irgend einer Zeit).

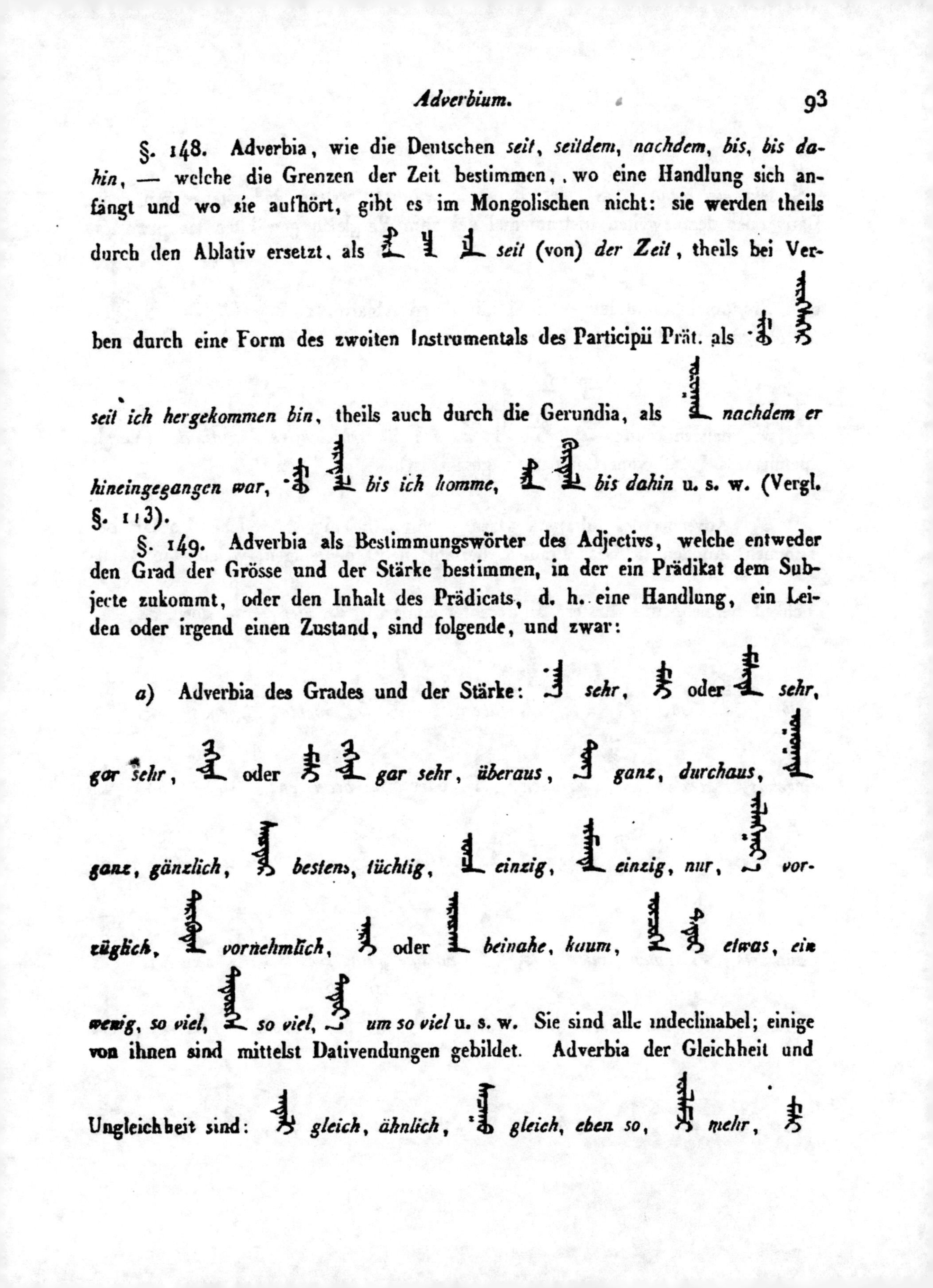

§. 148. Adverbia, wie die Deutschen *seit*, *seitdem*, *nachdem*, *bis*, *bis dahin*, — welche die Grenzen der Zeit bestimmen, wo eine Handlung sich anfängt und wo sie aufhört, gibt es im Mongolischen nicht: sie werden theils durch den Ablativ ersetzt, als *seit* (von) *der Zeit*, theils bei Verben durch eine Form des zweiten Instrumentals des Participii Prät. als *seit ich hergekommen bin*, theils auch durch die Gerundia, als *nachdem er hineingegangen war*, *bis ich komme*, *bis dahin* u. s. w. (Vergl. §. 113).

§. 149. Adverbia als Bestimmungswörter des Adjectivs, welche entweder den Grad der Grösse und der Stärke bestimmen, in der ein Prädikat dem Subjecte zukommt, oder den Inhalt des Prädicats, d. h. eine Handlung, ein Leiden oder irgend einen Zustand, sind folgende, und zwar:

a) Adverbia des Grades und der Stärke: *sehr*, oder *sehr*, *gar sehr*, oder *gar sehr*, *überaus*, *ganz*, *durchaus*, *ganz*, *gänzlich*, *bestens*, *tüchtig*, *einzig*, *einzig*, *nur*, *vorzüglich*, *vornehmlich*, oder *beinahe*, *kaum*, *etwas*, *ein wenig*, *so viel*, *so viel*, *um so viel* u. s. w. Sie sind alle indeclinabel; einige von ihnen sind mittelst Dativendungen gebildet. Adverbia der Gleichheit und Ungleichheit sind: *gleich*, *ähnlich*, *gleich*, *eben so*, *mehr*, *sehr viel mehr*, oder *mehr, zu viel;* erstere beide stehen mit dem Dativ oder dem zweiten Instrumental des zum Vergleich gewählten Hauptwortes oder Pronomens, und letztere drei mit deren Ablativ, z. B. *ich bin eben so alt als du* (wörtlich: *ich bin mit dir gleichjährig*), welches auch heissen kann; *ich bin sehr viel reicher als du.* (Vergl. hiemit was §. 58 vom Comparativ gesagt ist).

b) Adverbia des Inhalts. Dazu gehören diejenigen, welche den Ort bestimmen, auf den sich das Prädicat bezieht, nebst denjenigen, welche die Aehnlichkeit bezeichnen. Erstere sind unter andern *hier*, *dort*, *da*, *daselbst*, *wo*, *wo*, *überall*, *nichts*, *nirgends*, *irgends*, *irgendwo*, *drinnen*, oder *draussen*, oder *jenseits*, oder *diesseits*, *oben*, *aufwärts*, *hinauf*, *aufwärts*, *unten*, *unterwärts*, *nachher*, *hinterwärts*, *seitwärts*, *vorwärts*, *hinwärts*, *herwärts*, *hin und her*, *weit*, oder *nahe*, *von hier*, *dorther* auch *darnach*, *dorthin*, oder *herwärts*, *weiter, abwärts*, *davon*, *dazu*, oder *dazwischen*, oder *hiermit*, *damit, dadurch* u. s. w. Mehrere dieser Adverbia werden durch oblique Casusendungen gebildet, vornehmlich durch den Dativ, ersten Instrumental und den Ablativ. Adverbia, welche die Aehnlichkeit bezeichnen, sind: *wie? wie machen?* *wie*, *wie*, oder *wie, gleichwie*, *also, dem gleich*, *gleich, ähnlich*, *gleich, wie*, z. B. *er bellt wie ein Hund*, oder *er that wie er gesprochen hatte.* Durch die Verbindung des Adverbii *wie* mit einigen Verben entstehen besondere adverbiale Formen, z. B. *sich schämen*, *schamerregend, schändlich*, *sich fürchten*, *furchterregend, fürchterlich*, *Mitleid haben, bedauern*, *mitleidswürdig, bedauernswürdig.* Das Adverbium *gleich, ähnlich* bildet das Verbum *vergleichen*, und daraus wird hinwiederum die, §. 146, *d*) erwähnte, adverbiale Form *unvergleichlich* gebildet.

Achter Redetheil.

Das Bindewort. (Conjunctio).

§. 150. Dieser Redetheil ist im Mongolischen am ärmsten ausgestattet, indem die Zahl der Bindewörter nur gering ist; mehrere derselben können vermieden werden und werden in vielen Fällen gern vermieden, andere werden durch verschiedene Modi des Verbi, vorzüglich durch die Gerundia, durch welche oft eine lange Reihe von Sätzen ohne besonderes Bindewort zu einer Periode verbunden werden kann, hinlänglich ersetzt. Wir wollen zuerst die wirklich gebräuchlichen Conjunctionen namhaft machen, und dann die Wortformen anzeigen, durch welche andere fehlende ersetzt werden.

§. 151. Die Verknüpfung *und* wird im gemeinen Leben gar nicht gebraucht, häufig ist sie jedoch in Schriften, woselbst sie abwechselnd  und  heisst. Statt derselben hört man im gemeinen Leben wohl das Gerundium Präsentis oder Präteriti des Hülfsverbi  *werden*,  oder 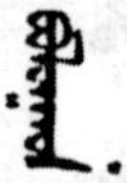. Allgemein gebräuchlich sind  *auch*,  *auch*, *noch*,  *auch*, *ferner*, 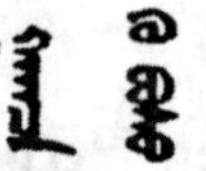 oder  *nicht blos — sondern auch*.

§. 152. Die Absonderungs- oder Trennungsanzeige *entweder — oder* heisst , oder auch 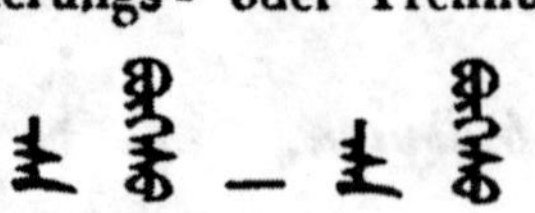 wörtlich: *wo nicht — wo nicht*, z. B. 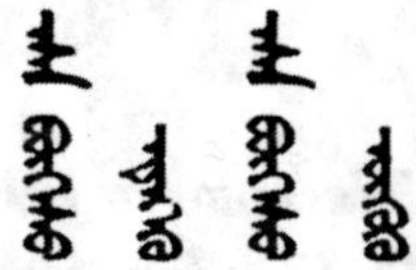 *er wird entweder gesund werden oder sterben*, 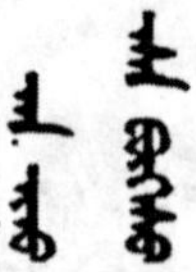 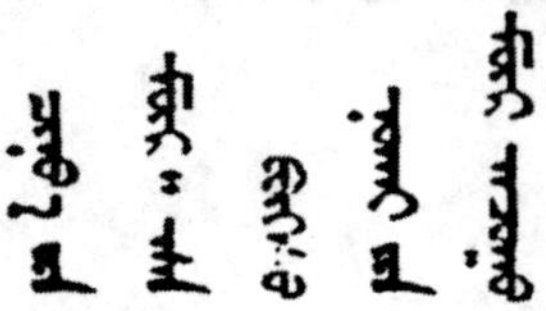 *diess ist* (scheint zu seyn) *entweder die Spur eines Wolfes oder eines Hundes;* ferner *gib mir entweder ein Pferd oder ein Kameel;* und *weder — noch* wird durch eine doppelte Verneinung in Verbindung mit der Conjunction *auch* ausgedrückt, z. B. — *es ist weder gut noch schlecht* (wörtlich: *es ist gut auch nicht, schlecht auch nicht*).

§. 153. Als Gegensätze sind üblich oder *aber*, *allein*, *sondern*, *dennoch* (*sey es auch*): letzteres ist aus dem Imperfectum des Hülfsverbi *seyn*, *werden*, und der Conjunction *auch* zusammengesetzt. Bedingungs-Conjunctionen sind *wenn*, *im Fall* und *wenn*, *wann*, *als*; sie können jedoch in sehr vielen Fällen vermieden werden, da der Modus Conditionalis sie ersetzt. (siehe §. 104 und 105). Dasselbe gilt von den Deutschen Conjunctionen *zwar*, *wiewohl*, *obwohl*, *obschon*, *obgleich*, *wenn gleich*, für welche alle der Conditionalis mit den a. a. O. genannten Partikeln gebraucht wird.

Die negative Bedingung *wo nicht* heisst (siehe §. 152), und ist aus der Verneinung *nicht* und dem Conditional des Hülfsverbi *seyn* zusammengesetzt; sehr häufig findet man aber auch beide Wörter unter der Gestalt in Eins zusammengezogen.

§. 154. Ferner sind gebräuchlich als Conjunctionen der Zeitfolge *wann*, *als*, oder *dann, alsdann*, oder *demnach* (als Adv. *damit, dadurch*), *endlich*, *kaum;* und als Vergleichungs-Conjunctionen können gelten *wie, gleichwie*, oder *so, also*, *so, also, dem gleich.*

§. 155. Ausser den mehrfach erwähnten Conjunctionen *wenn, als, obgleich* u. s. w., die alle durch den Modus Conditionalis dargestellt werden können (siehe §. 104 und 105), werden noch folgende durch besondere Tempora und Modi oder auch durch andere Wortformen ersetzt, und zwar:

a) Die Conjunction *weil* durch die den Genitiv regierende Postposition *um-willen, wegen*, in Verbindung mit dem Präsens frequentativum oder einem andern declinabeln Tempus oder Modus, z. B. *weil ich gebe*, *weil ich gegeben hatte;* bei letzterem Beispiel nimmt das Plusquamperfectum die ihm zum Grunde liegende reine Form des Participii Präteriti an. Die genannte Postposition kann sich auch mit dem Infinitiv oder dessen Genitiv verbinden, ersetzt aber dann nicht mehr die Conjunction *weil*, sondern bekommt in dieser Verbindung ihre eigenthümliche Bedeutung wieder, z. B. *wegen des Gebens, um des Gebens willen.* Eine Ausnahme von dieser Regel machen die Hülfsverba und ihre Infinitive, bei welchen bisweilen die Bedeutung *weil* bleibt, z. B. *weil ich ein Mensch bin*, *weil der Berg hoch ist.*

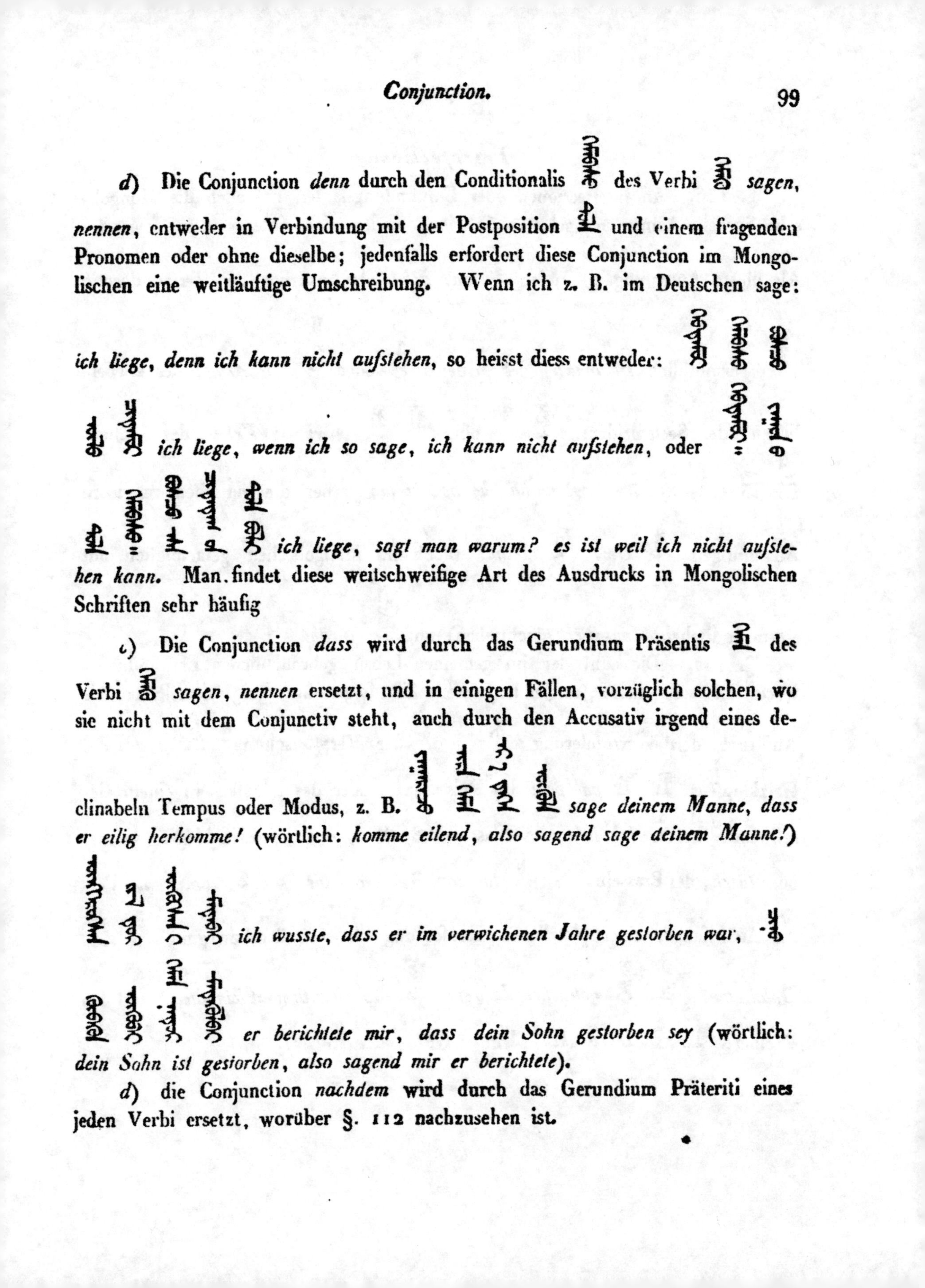

d) Die Conjunction *denn* durch den Conditionalis des Verbi *sagen*, *nennen*, entweder in Verbindung mit der Postposition und einem fragenden Pronomen oder ohne dieselbe; jedenfalls erfordert diese Conjunction im Mongolischen eine weitläuftige Umschreibung. Wenn ich z. B. im Deutschen sage: *ich liege*, *denn ich kann nicht aufstehen*, so heisst diess entweder: *ich liege*, *wenn ich so sage*, *ich kann nicht aufstehen*, oder *ich liege*, *sagt man warum? es ist weil ich nicht aufstehen kann.* Man findet diese weitschweifige Art des Ausdrucks in Mongolischen Schriften sehr häufig

e) Die Conjunction *dass* wird durch das Gerundium Präsentis des Verbi *sagen*, *nennen* ersetzt, und in einigen Fällen, vorzüglich solchen, wo sie nicht mit dem Conjunctiv steht, auch durch den Accusativ irgend eines declinabeln Tempus oder Modus, z. B. *sage deinem Manne*, *dass er eilig herkomme!* (wörtlich: *komme eilend*, *also sagend sage deinem Manne!*) *ich wusste*, *dass er im verwichenen Jahre gestorben war*, *er berichtete mir*, *dass dein Sohn gestorben sey* (wörtlich: *dein Sohn ist gestorben*, *also sagend mir er berichtete*).

d) die Conjunction *nachdem* wird durch das Gerundium Präteriti eines jeden Verbi ersetzt, worüber §. 112 nachzusehen ist.

Interjection.

§. 156. An Interjectionen oder Empfindungslauten hat auch die Mongolische Sprache keinen Mangel; in Schriften finden sich unter andern folgende: Als blosse Ausrufung oder *ah! ach!* als Ausdruck der Verwunderung (vermuthlich *Brahmâ!*) des Mitleids oder *der Arme!* des körperlichen oder Seelenleidens oder etwa *o Wehe!* des Lachens *ha ha*, *he he*, *hi hi*; ferner die Indischen religiösen Ausrufungen *Om! Hûm!* (auch im Mongolischen gemeiniglich mit einem Indischen *Anuswara* geschrieben) und *Sadhâ!*

§. 157. Die Zahl der im gemeinen Leben gebräuchlichen Empfindungswörter ist, wie überall, ungleich grösser; hier folgen nur einige derselben: Als Ausdruck der Verwunderung *awâ!* der Verwünschung *pad!* des Herzklopfens *pal pal;* des Pulsschlages oder des Klopfens in einem Geschwüre *luk luk;* des Blasens *pu pu;* eines Schlages *tass* oder *tasch*; des Prasselns *tar tar*, des Tröpfelns *tam tum.* Ferner Ausrufungen einer plötzlichen Empfindung oder Gemüthsbewegung *Dalailama!* *göttlicher Lehrer!* *ihr drei Kleinodien!* und bei Weibern *Dara eke!* (*Mutter Dâra* oder *Târa!*).

DRITTES CAPITEL.

Regeln der Wortfügung oder Syntax.

§. 157. Die Abfassung einer ausführlichen Syntax der Mongolischen Sprache dürfte für jetzt noch nicht an der Zeit seyn, weil einer solchen gegenwärtig schon unmöglich die Vollständigkeit und Zuverlässigkeit zu Theil werden könnte, die dieser wichtige Abschnitt der Grammatik erfordert. Zwar hat die Mongolische, wie jede andere,, auf zahlreichen Schriften gegründete, Spraehe ihre Regeln und Gesetze der Wortfügung, sie scheinen aber auf stillschweigender allgemeiner Annahme zu beruhen, ohne von Grammatikern festgestellt zu seyn; so dass man auch, vorzüglich in weniger bedeutenden Schriften, nicht selten besondere Willkührlichkeiten und sogar bisweilen offenbare Verstösse gegen jene Regeln entdeckt, die jedoch von schriftkundigen Mongolen nie gebilligt werden. Ich werde mich daher in Feststellung der Regeln der Wortfügung hauptsächlich an dasjenige halten, was unabänderlich mit dem Geiste der Sprache verbunden ist, und dabei die Regeln vorzüglich durch Beispiele anschaulich zu machen suchen.

Rection der Redetheile.

1) *Rection des Substantivs.*

§. 159. Es können im Mongolischen, wie in andern Sprachen, mehrere Substantiva in gleichem Casu auf einander folgen: z. B. im Nom. 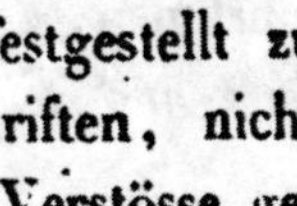
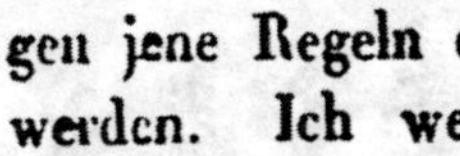 *Reichthum* (Gewinn, Beute), *Ehre*, *Namen* (Titel) *und Ruhm*

erwarten dich; oder im Acc. *wünsche nicht Reichthum, Ehre, Titel und Ruhm!* oder im Dativ: *er sehnte sich nach* (war verliebt in) *Reichthum, Ehre, Titel und Ruhm.* Es gilt dabei, wie aus den beiden letzten Beispielen erhellt, als Regel, dass die Casusflexion, welche allen diesen Substantiven eigen ist, nur einem derselben, und zwar allemal dem letztstehenden angehängt wird. Gebraucht man dabei die Verknüpfung *und*, so steht diese im Nominativ jedesmal vor dem letzten Substantiv; in den andern Casus aber, vorzüglich im Genitiv und Accusativ kann die genannte Conjunction auch auf das letzte Substantiv folgen und sogar deren Casusflexion annehmen, z. B. *wünsche nicht Ruhm, Ehre, Reichthum und Titel!* Solche Verbindungen von Substantiven in gleichem Casu finden auch im Plural statt, z. B. *die Buddhas, Bodhisatwas, Pratjekas und ehrwürdigen Srawaks erscheinen zum Wohl der lebenden Wesen.* Hier stehen alle Nomina im Singular, werden aber durch die dem letzten zugegebene Pluralbezeichnung (vergl. §. 41. Reg. 4) sämmtlich in Plurale umgebildet.

§. 160. Appositionen oder Erklärungsbegriffe, wo zwei oder mehr in gleichem Casu stehende Substantiva sich gegenseitig erklären, sind gleichfalls im Mongolischen zulässig und finden sich gar nicht selten; die Apposition wird in solchen Fällen immer vorangesetzt, und bekommt keine Casusflexion. z. B. *vom Herrscher und Kaiser, meinem Vater, habe ich die Weisung erhalten;* *zur Zeit S'ākjamuni's, des allerherrlichst-vollendeten, wahrhaft erschienenen Buddha's.*

§. 161. Die Mongolische Sprache hat das Eigenthümliche mit der Deutschen gemein, dass oft der Name des Ganzen, zu dem ein Gegenstand als Theil gehört, ohne alle Rection im Nominativ steht; z. B. *eine Schale Branntwein,* *zwei Arschinen Baumwollenzeug,* *ein Hut Zucker,* *ein Gefäss voll Wasser.* Diess gilt sogar von solchen Substantiven, die im Deutschen durch die Präposition *von* getrennt werden: z. B. *ein Gefäss von Gold,* *ein Kleid von Baumwollenzeug,* *ein Haus* oder *eine Hütte von Filz,* *eine Mütze von Seidenstoff,* *ein Thor von Eisen,* *ein Haus von Stein.* Es lässt sich jedoch nicht verkennen, dass die Namen der Stoffe, obgleich reine Substantiva, hier adjectivisch stehen. In dieser Eigenschaft sind sie auch keiner Casusbeugung fähig, z. B. *er ging durch ein Thor von Eisen hinein,* *er baute ein Haus von Stein* (vergl. §. 56).

§. 162. Wenn zwei verbundene Wurzel-Substantiva in ungleichem Casu stehen, so wird das regierte jedesmal durch den Genitiv ausgedrückt, der nach §. 45 immer voranstehen muss und das regierende Hauptwort auf sich folgen lässt, z. B. *das Gras des Feldes,* *die Kraft der Gottheit, die Blätter des Baumes*, *die Eigenschaft des Goldes*, *die Wolken des Himmels*, *die Wolle des Schafes*, *der Freund* (Gefährte) *der Tugend*. Ein Anderes ist es aber, wenn das regierende Hauptwort ein Participium ist, in welchem Falle die Rection des Verbi, dem es angehört, in Kraft tritt und den Casus bedingt, z. B. Acc. *der den Baum Umhauende* (der Umhauer des —) *der das Haus Abbrechende* (der Abbrecher des —). Loc. *der auf der Erde Liegende*, Dat. *der der Lehre Vertrauen Schenkende*, 1. Instr. *der mit dem Säbel Hauende*, Abl. *der vom Himmel Herabkommende*, 2. Acc. *der seine Geschäfte pünktlich Besorgende*.

2) *Rection des Adverbs und Adjectivs.*

§. 163. Die Mongolische Sprache hat gar keine Adjectiva oder Adverbia, welche den Genitiv regieren, indem solche, den Genitiv regierende, Deutsche Adjectiva, wie *bedürftig*, *beflissen*, *kundig*, *fähig*, *gewohnt*, *gewärtig* u. s. w. grösstentheils gar nicht der Adjectiv-Form fähig sind, sondern durch das Verbum selbst, aus welchem sie abgeleitet sind, dargestellt werden, wo sie dann die Rection eines solchan Verbi annehmen. Sage ich z. B. im Deutschen: *Ich bin der Ruhe bedürftig*, so heisst diess im Mongolischen im Accusativ und in Verbindung mit dem Präsens des Verbi 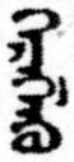 *bedürftig seyn*, *nöthig haben* oder des Verbi  *suchen*, *verlangen*, welche beide den Accusativ regieren, 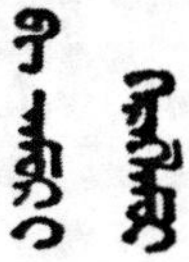 *ich habe Ruhe nöthig*, oder 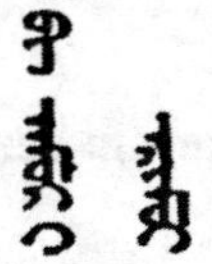 *ich suche* oder *verlange die Ruhe*; sage ich: *ich bin deiner eingedenk*, so heisst diess gleichfalls im Accusativ und in Verbindung mit dem Präsens des Verbi  *denken*, *gedenken*, 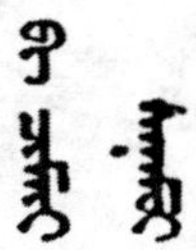 *ich gedenke dich* (statt deiner).

§. 164. Auch gibt es im Mongolischen keine Adjectiva oder Adverbia, welche den Accusativ regieren. Diejenigen Deutschen, den Accusativ regierenden, Adjectiva, welche ein Maass, Gewicht, Alter, einen Werth oder eine Zeit durch ein Zahlwort bezeichnen, als *alt*, *dick*, *gross*, *lang*, *breit*, *schwer*, *werth*, u. s. w. werden im Mongolischen substantivisch, und regieren dann in Verbindung mit dem Vergleichungs-Adverbium  *so viel* oder *so viel als*, welches in dieser Verbindung zur Postposition wird, den Genitiv. Sage ich z. B. im Deutschen: *einen Finger dick*, so heisst diess im Mongolischen  wörtlich: *so viel als eines Fingers Dicke*; sage ich ferner: *fünf Spannen lang*, so heisst diess: 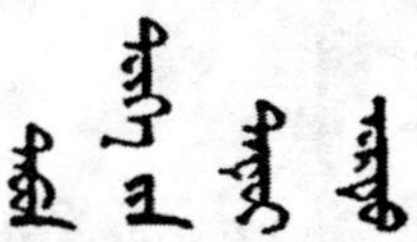 *so viel als die Länge von fünf Spannen.* Statt des Adverbii  kann auch in vielen Fällen das, eine gewisse Grösse oder Stärke anzeigende, Substantivum  gebraucht werden, z. B. 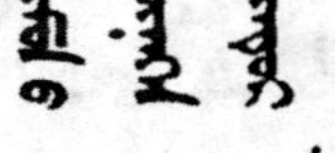 *mannshoch*, wörtlich: *eines Mannes Höhe* oder *hoch*, *einen Schenkel dick*, wörtlich: *eines Schenkels Umfang Dicke* oder *dick*.

§. 165. Dagegen weiset die Mongolische Sprache eine Menge Adjectiva auf, welche den Dativ regieren; unter diesen ist ein grosser Theil derjenigen befindlich, die auch im Deutschen gleiche Rection haben, z. B. *dem Himmel wohlgefällig*, *dem Menschen heilsam* oder *nützlich*, *dem Verstande dunkel*, *dem Schüler deutlich*, *dem Manne nöthig*, *den Augen nahe*, *dem Körper zuträglich*, *es ist mir gut*, *es ist dir schädlich* oder *gefährlich*.

§. 166. Adjectiva, welche den ersten Instrumental regieren, sind unter andern *reich*, *voll*, *beglückt*, *satt*, z. B. *reich an Vieh*, *voll Wasser*, *gefüllt mit Wasser*, *durch Tugend beglückt*, *gesättigt durch Nahrung* oder *Nahrung vollauf*.

§. 167. Dass die meisten Comparativa den Ablativ regieren, der das Deutsche Vergleichungs-Adverbium *als* bei ihnen vertritt, ist bereits §. 58 bemerkt (vergl. §. 149, a).

§. 168. Die als Adjective gebräuchlichen Participia Präteriti haben die Rection des Verbi, dem sie angehören, stehen aber entweder mit dem Substantiv verbunden, oder verlieren, in Ermangelung desselben, ihre adjectivische Bedeutung und werden selbst Substantiva, z. B. *das dem Sohne Gegebene*, *das ins Wasser Gefallene*, *der Schreiber des Briefes*, oder *der den Brief geschrieben habende* u. s. w. Die Participia haben indess das Besondere, dass sie in eben dieser sowohl substantivischen als adjectivischen Form, was sonst weder ein Adjectivum noch Verbum vermag, auch den Genitiv regieren können, z. B. *das Gesagte des ältern Bruders*, *das von Buddha Gelehrte*, *das von Buddha gelehrte Wort*, *das vom Hunde Gebissene*, *das vom Hunde gebissene Glied*, *das Gepräge* (Geprägte, die Münze) *des Kaisers*. Das letztgenannte Beispiel findet man auf Münzen der Mongolisch-Persischen Dynastie.

3) *Rection des Verbi.*

§. 169. In Betreff der zweiten Person des Singulars ist zu erinnern, dass, in Anreden und Briefen an Höhere oder auch nur an Fremde, in der Regel die zweite Person des Plurals gebraucht wird, also *Ihr* statt *Du*,

Euer statt *Dein* u. s. w. In Büchern ist jedoch diese Unterscheidung weniger gebräuchlich, so wie sie auch bei den, der Schrift und feinern Sitten unkundigen, nördlichen Burjäten, die Jedermann *Du* anreden, nicht beobachtet wird.

§. 170. Vom Tempus und Modus ist an seiner Stelle das Nöthige gesagt (vergl. §. 92 ff.). Auch ist bereits bemerkt, dass die Mongolischen Verba keinen eigenen Conjunctiv haben, wohl aber einige Modi, die ihn zwar in gewissen Fällen vertreten, aber nicht hinreichend sind, ihn völlig zu ersetzen. Diese Modi sind der Conditionalis, der Potentialis und der Precativ. Auch das Plusquamperfectum Indic. kann conjunctivisch gebraucht werden, wenn es durch den Conditionalis bedingt, dessen Nachsatz bildet, z. B. *ich hätte es dir gegeben, wenn du mich darum gebeten hättest*, wörtlich: (wenn) *du von mir* (es) *gebeten hättest, ich dir* (es) *gegeben hätte.* Eine besondere Methode, den Conjunctiv deutlicher darzustellen, bildet das Gerundium Präs. *sagend*, des Verbi *sagen, nennen*, welches häufig statt der Conjunction *also* steht und die Conjunction *dass* vertritt, wo diese letztere nämlich mit dem Conjunctiv steht (vergl. §. 155, c). Sage ich z. B. *ich befahl meinem Sohne, dass er nicht hingehen solle*, so wird diess im Mongolischen vermittelst des Imperativs, des Gerundii und des Imperf. Indic. also ausgedrückt wörtlich: *komme nicht! also* (sagend) *befahl ich meinem Sohne.* Sage ich: *Ich wünsche, dass ich dem Menschen helfen könnte*, so heisst diess im Mongolischen vermittelst des Precativs, des Gerundii und des Präs. Ind. *Möchte ich doch diesem Menschen helfen können! also* (sagend) *wünsche ich.* Sage ich: *Ich fürchte, dass er mir Schaden zufügen werde*, so heisst diess vermittelst des Futuri, des Potentialis, des Gerundii und des Präsens

Indicativi *er wird mir vielleicht Uebel zufügen, also fürchte ich.* Sage ich: *Er berichtete seinem Herrn, dass dessen Brüder angekommen seyen,* so heisst diess wörtlich: *Eure Brüder sind anlangend gekommen, also berichtete er seinem Herrn.*

§. 171. Die Mongolischeu Verba gestatten die Verbindung mit andern Verben, wo die Deutlichkeit, die durch das einfache Zeitwort nicht genugsam hervortreten würde, diess zu erfordern scheint. In solchen Fällen stehen die Infinitive beider Verba niemals zusammen, sondern das eine, und zwar das erste, steht allemal im Gerundium, z. B. *anlangen, ankommen,* *nach Hause gehen,* *davon gehen,* *davon fliegen,* *anziehen, an sich ziehen,* *ausziehen, herausziehen* (einen Zahn, eine Wurzel), *schlafen, im Schlafe liegen,* *hinausjagen,* *in Ohnmacht fallen,* *davon fliehen, die Flucht ergreifen,* *herlaufen,* *erlernen, sich Kenntniss verschaffen* und eine Menge ähnlicher mehr. Solche Verba die irgend eine Handlung anzeigen, also vorzugsweise die Activa, findet man in Schriften äusserst häufig mit dem Verbum *thun* verbunden, z. B. *geben* (gebend thun), *nehmen* (nehmend thun), *schlagen,* *stechen,* *treten* u. s. w. In der Umgangssprache ist diese Art Verbindung nicht gebräuchlich, wie denn überhaupt das Verbum den üblichen Volksdialekten nicht angehört.

§. 172. Wenn zwei Infinitive verschiedener Verba zusammen stehen, so ist der erstere allemal als Substantivum anzusehen, welches demnach in dieser Verbindung nur declinirt, nicht aber conjugirt werden kann, z. B. *das Lügen lassen* (nicht mehr lügen), *das Essen sich anekeln lassen* (die Esslust verlieren), *das Weggehen verhindern* oder *aufhalten*, *das Nehmen verhindern* oder *verbieten*. Infinitiv-Verbindungen, wie *thun lassen, gehen heissen*, haben im Mongolischen die Causalform, und werden durch dieselbe vollkommen ersetzt (siehe §. 125 ff.).

§. 173. Der Infinitiv verbindet sich bisweilen auch mit Adjectiven, besonders mit solchen, die zugleich Substantiva vorstellen können, und zwar geschieht diess in den meisten Fällen, wo im Deutschen das Wörtlein *zu* dem Infinitiv beigefügt wird. Es ist dabei ziemlich gleichgültig, ob der Infinitiv in seiner Grundform gebraucht, oder ob ihm die Dativpartikel angehängt werde, jedenfalls ist er als Substantivum und nicht als Supinum zu betrachten, z. B. *zu gehen Willens*, oder *Muth zu sterben*, oder *Lust zum nehmen*, *zum Sterben bereit*. Uebrigens kann der Infinitiv mit der Partikel , nach §. 114, auch statt des Supini gebraucht werden.

§. 174. Da der Nominativ jederzeit das Subject anzeigt, welches nach §. 44 im Mongolischen gemeiniglich noch durch die Partikeln , oder gehoben wird, so kann er sich zwar mit allen Verben, die vermittelst der Copula seine Prädicate werden, verbinden, aber von keinem derselben regiert werden. Nicht selten bildet auch in einem und demselben Satze ein zweiter Nominativ das Prädicat, welches vermittelst der Hülfsverba *seyn*, *werden*, *bleiben* mit dem ersten Nominative oder dem Subject verbunden wird, z. B. *der König ist auch ein Mensch*, *mein Bruder wird bald Richter werden*, *mein Vater blieb immerdar ein tugendhafter Mann.* Oft bildet der mit dem Satze verschmolzene Nominativ eines persönlichen Pronomens das Subject; in diesem Falle wird das versteckte Pronomen durch eine der genannten Subjectpartikeln ersetzt, welche dabei nicht selten auf den Dativ, Accusativ oder einen andern Casus obliquus folgen, ohne jedoch dazu zu gehören.

§. 175. Der Nominativ kann sich als Subject mit intransitiven Verben, in welchen die Copula und das Prädicat liegt, zu einem vollständigen Satze verbinden, welcher des Objectes entbehren kann; ja in manchen Fällen ist dieses nicht einmal zulässig. Diese Verbindung geschieht am ungezwungensten mit solchen Intransitiven, die ein Leiden oder einen eigenthümlichen Zustand bezeichnen, als *lachen*, *weinen*, *husten*, *sich erbrechen*, *leiden*, *sterben*, *schlafen*, *sich freuen*, *trauern*, *jammern* und viele andere; z. B. *mein Vater hustet*, *das Kind*

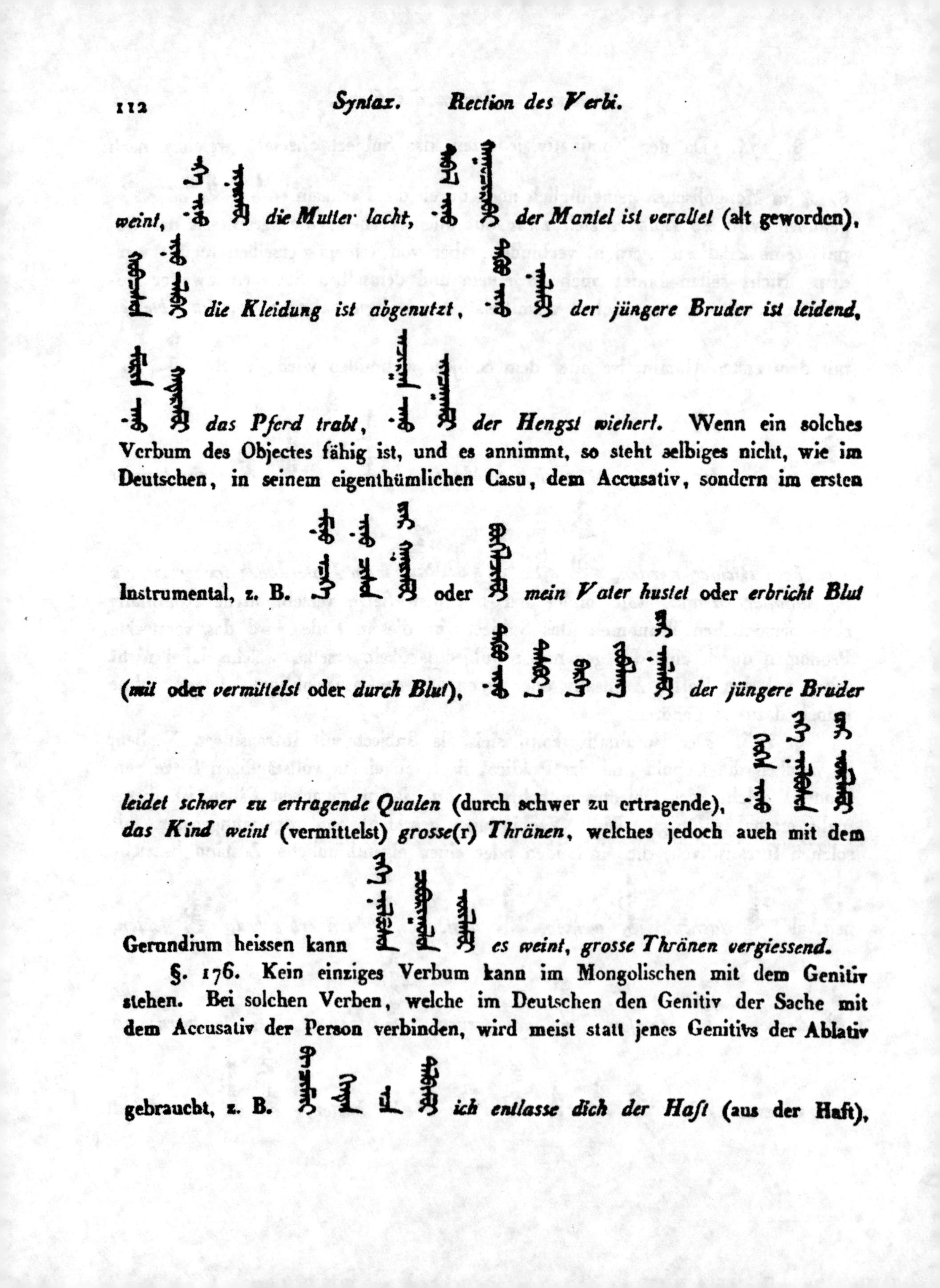

weint, *die Mutter lacht*, *der Mantel ist veraltet* (alt geworden), *die Kleidung ist abgenutzt*, *der jüngere Bruder ist leidend*, *das Pferd trabt*, *der Hengst wiehert*. Wenn ein solches Verbum des Objectes fähig ist, und es annimmt, so steht selbiges nicht, wie im Deutschen, in seinem eigenthümlichen Casu, dem Accusativ, sondern im ersten Instrumental, z. B. oder *mein Vater hustet* oder *erbricht Blut* (*mit* oder *vermittelst* oder *durch Blut*), *der jüngere Bruder leidet schwer zu ertragende Qualen* (durch schwer zu ertragende), *das Kind weint* (vermittelst) *grosse*(r) *Thränen*, welches jedoch auch mit dem Gerundium heissen kann *es weint, grosse Thränen vergiessend.*

§. 176. Kein einziges Verbum kann im Mongolischen mit dem Genitiv stehen. Bei solchen Verben, welche im Deutschen den Genitiv der Sache mit dem Accusativ der Person verbinden, wird meist statt jenes Genitivs der Ablativ gebraucht, z. B. *ich entlasse dich der Haft* (aus der Haft), *er wurde des Landes* (aus dem Lande) *verwiesen*, *er schämte sich* (von) *der gesprochenen Lüge.* Mehrere dieser Verba, oder im Mongolischen vielmehr ihre Stellvertreter, regieren ohne Weiteres den Accusativ, z. B. *er gedachte des schlechten Wandels* (den schlechten Wandel) *dieses* (Menschen), *er beraubte mich meiner Güter*, wörtlich: *er nahm raubend meine Güter.* Bei Sätzen, die getheilt werden können, wird statt des Deutschen Genitivs das Gerundium *sagend*, nach §. 155, *c*) und §. 170, für die Conjunction *dass* im Conjunctiv gebraucht, z. B. *er beschuldigte mich der Verläumdung* (wörtlich: *mich ein Verläumder, also sagend er beschuldigte*, und dem Sinne nach: *er beschuldigte mich, dass ich ein Verläumder sey*).

§. 177. Bei weitem nicht alle Deutsche reflexive Verba, von welchen in dieser Sprache viele mit dem Genitiv stehen können, sind es auch im Mongolischen. So sind unter andern die Verba *sich freuen*, *sich verwundern*, (mit dem Dativ), *sich enthalten*, *sich schämen*, *sich trennen* (mit dem Ablativ) und *sich erbarmen* (mit dem Accusativ) im Mongolischen keine Reflexiva. Diese sind an dem begleitenden persönlichen Substantivum *der Körper*, *das Ich* (siehe §. 68), welches statt des Deutschen *sich* gilt, kenntlich, als *sich rühmen* (mit dem Gerundium für die Conjunction *dass*), *sich zueignen*. Sie haben aber lange nicht den ausgedehnten Sinn, wie in der Deutschen und andern Sprachen, sondern ihr Gebrauch ist ziemlich eingeschränkt, obgleich jenes weit mehr Beugungen zulässt als das Deutsche *sich*, und durch alle Casus beider Zahlen declinirt werden kann. Auch muss man sich dafür hüten, solche Reflexiva mit den eigentlichen Reciprocis zu verwechseln. So ist es z. B. ein grosser Unterschied, ob man sage *sich* (selbst) *tödten* (durch Selbstmord oder Gram) oder oder *sich* (gegenseitig) *tödten* (im Gefechte). Letztere Verba haben (vergl. §. 128) im Mongolischen meist die Cooperativform.

§. 178. Mit dem Dativ und dessen Partikel können sich zwar nicht alle, doch aber eine gute Anzahl derjenigen Verba verbinden, die auch im Deutschen im Dative stehen. Dazu gehören:

a) Mehrere Verba, die ohne Person gebraucht werden können, als *es bekommt mir*, *es begegnet mir*, *es fehlt*, *gebricht*, *mangelt mir*, *es hilft* oder *nützt mir* u. a. mehr. Andere Verba der Art werden indess im Mongolischen nur persönlich gebraucht, als *mir ekelt* (im Abl.), *mir träumt.*

b) Viele Intransitiva, als *begegnen*, *bleiben*, *gefallen*, *Gefallen haben*, *gleichen*, *lohnen*, *nahen*, *sich nähern*, *sagen*, *sprechen*, *vertrauen*, *widerstehen*, *danken*, *sich zufrieden bezeigen*, und viele andre, die alle im Deutschen gleichfalls den Dativ haben. Mehrere, im Deutschen mit dem Dativ stehende, Verba haben im Mongolischen den Accusativ, als *glauben*, *fluchen*, *drohen*, *horchen*, *nachahmen*, noch andere den Ablativ, als *ausweichen*, *fliehen.* Andere Verba dieser Art sind zweifelhaft und finden sich sowohl im Dativ als im Accusativ, ohne dass man bis jetzt über die richtigere Stellung entscheiden könnte.

§. 179. Die Mongolischen Passiva haben das Eigenthümliche, dass die Mehrzahl derselben, die im Deutschen mit der Präposition *von* stehen, welches im Mongolischen der Ablativ wäre, mit dem Dativ gehen. So sagt man z. B. nicht sondern *er wurde vom Vater geschlagen*, ferner *er wurde vom Lehrer gelobt,* *er wurde vom Feinde entführt,* *er wurde von seinem Hausgesinde verjagt,* *das Gras wird vom Vieh gegessen,* *die Blume wurde von einem Kinde gepflückt,* *er wurde von Vielen erkannt.* Dass übrigens mehrere Deutsche Intransitiva die vollkommene persönliche Passivform annehmen können, deren sie im Deutschen nicht fähig sind, ist bereits §. 124 bemerkt. Auch diese stehen grösstentheils mit dem Dativ.

§. 180. Wie in andern Sprachen, so auch im Mongolischen, haben viele Verba den Dativ der Person (das Zweckwort) und den Accusativ der Handlung oder des Gegenstandes (das Object), z. B. *er schrieb meinem Vater einen Brief,* *er gab mir ein Pferd,* *ich schicke dir meinen Sclaven,* *sage mir die Wahrheit!* Indessen können nicht alle Deutsche Sätze der Art auf die nämliche Weise im Mongolischen wiedergegeben werden. So ist es z. B. nicht sehr sprachgemäss, zu sagen oder *er meldete mir den Tod seines Vaters,* sondern es heisst richtiger mit dem Gerundium für die Conjunction *dass* (siehe §. 176)

[Mongolian] *er berichtete mir, dass sein Vater gestorben sey*, oder wörtlich: *mein Vater ist gestorben, also* (sagend) *er mir berichtete.*

§. 181. Der Accusativ als Object braucht nicht immer flectirt zu werden; er wird in dieser Eigenschaft häufig in der Form des Nominativs gefunden, ohne deshalb mit diesem verwechselt werden zu dürfen. Bei den, auf *n* ausgehenden, Hauptwörtern der zweiten Declination wird dieser mangelhafte Accusativ öfters dadurch kenntlich, dass bei ihm nebst der Casuspartikel [Mongolian] auch dieses End-*n* weggelassen wird, also [Mongolian] statt [Mongolian]; [Mongolian] statt [Mongolian]; [Mongolian] statt [Mongolian]; diess gilt indess nur vom *ersten* Accusativ und ist keineswegs allgemeine Regel, sondern höchstens erlaubte Willkühr; beim *zweiten* Accusativ, der das Pronomen possessivum vertritt, darf dessen Partikel [Mongolian] oder [Mongolian] niemals wegbleiben (vergl. §. 48).

§. 182. Als Object kann sich der Accusativ auch mit allen Activis verbinden, die den Locativ, ersten und zweiten Instrumental und den Ablativ regieren, welchen Declinationsfällen die Deutschen Präpositionen *bei*, *zu*, *mit*, *nebst*, *nach*, *aus*, *von* (mit dem Dativ), *durch* (mit dem Accusativ) und *in*, *auf*, *an* (mit dem Dativ und Accusativ) zum Grunde liegen. Hieraus folgt, dass, im Falle der Verbindung mit dem Object, die den Locativ und ersten Instrumental regierenden Verba entweder für Person und Sache den Dativ und Accusativ, oder auch für beide (Person und Sache) nur den Accusativ haben, wogegen der zweite Instrumental und der Ablativ stets den Dativ der Person mit dem Accusativ der Handlung oder Sache verbinden.

§. 183. Mit dem Locativ, der alle gebräuchlichen Flexionspartikeln des Dativs (siehe §. 46, 47 und 135) auf sich folgen lässt, dessen ungeachtet aber vom Dativ wohl unterschieden werden muss, verbinden sich alle diejenigen Verba, die sich auf irgend eine Oertlichkeit beziehen, oder eine thätige oder leidende Bewegung nach einem Orte anzeigen oder ausdrücken. Es sind diejenigen Verba, die im Deutschen mit den Präpositionen *in*, *an*, *zu*, *nach*, *auf*, *bei* gebraucht werden, es mögen solche Präpositionen übrigens den Dativ oder Accusativ regieren, z. B. [Mongolian] *in meinem Hause*, [Mongolian] *gehe in das Haus!*

komm zu mir! *bleibe zu Hause!* *der Weg nach der Heimath* oder *dem Wohnorte*, *werfe es in das Loch!* *hänge es an den Baum!* *lege es auf den Wagen!* *lade es auf das Kameel!* *er fiel ins Wasser*, *er liegt auf der Erde*, *er kam auf die Erde herab* und viele andere. Die Activa unter ihnen können nach §. 182 noch den Accusativ als Object annehmen, z. B. *er warf den schwarzen Stein ins Wasser*, *er hing das Kleid an den Baum*, *er lud das Hausgeräthe auf das Kameel.*

§ 184. Mit dem Ablativ und dessen Postposition stehen alle diejenigen Verba, die im Deutschen mit der Präposition *von* und *aus* gebraucht werden, mit Ausnahme jedoch der nach §. 179 mit der Präposition *von* stehenden Passiva. Von diesen Verbis stehen im Mongolischen mehrere ausschliesslich im Ablativ, als *sich trennen*, *hinausgehen*, *ausweichen*, *fliehen* (sowohl *aus* der Schlacht als *vor* dem Feinde); andere können auch zugleich mit dem Locativ stehen, als *kommen*, *herabkommen*, *fallen*. z. B.

er kam aus China nach Russland, *er kam vom Himmel auf die Erde herab,* *er fiel vom Baum ins Wasser.* Die Activa unter ihnen, als *nehmen,* *schöpfen,* *entlassen, loslassen,* *ziehen* u. s. w. können auch den Accusativ als Object annehmen, z. B. *vom Vater Geld nehmen oder empfangen,* *Wasser aus dem Brunnen schöpfen,* *den Menschen der Haft entlassen,* *den Leichnam aus dem Wasser ziehen.* Da die Causalform, nach §. 90 und 127, die Neutra öfters transitiv macht, so gewinnt die Rection der aus mehreren, mit dem Ablativ stehenden, Neutris gebildeten Causal-Activa dadurch an Umfang. So können zum Beispiel die Verba *hinausgehen,* *sich trennen,* *ausweichen* nur mit dem Ablativ stehen, ihre Causalia aber nehmen auch den Accusativ als Object an, z. B. *er hat alles Alte aus dem Hause herausgeschafft,* *der Strom trennt zwei Länder* (von einander), *er hat alle Freunde von sich entfernt.* Die Causalia der Neutra *kommen*, *herabkommen*, *fallen*, können ihrer Eigenschaft nach überdiess noch den Locativ nebst dem ersten Instrumental annehmen, z. B. *ich liess meinen jüngern Bruder aus China nach Russland kommen*, *er liess seinen Knaben an einem Strick* (vermittelst eines Strickes) *vom Dache auf die Erde herab*, *er stürzte den Wolf durch einen Pfeilschuss vom Ufer ins Wasser hinab.*

§. 185. Der Ablativ wird statt des Locativs auch häufig da gebraucht, wo im Deutschen die Präpositionen *bei* oder *an* stehen, wo nämlich eine nähere Erklärung der Handlung oder des Objectes ausgedrückt wird, z. B. *er fasste mich bei den Händen* (meine Hände), *er zog den Hund beim* (am) *Schwanze*, *er hing ihn bei den Füssen an den Baum.*

§. 186. Der erste Instrumental verbindet sich mit solchen Verben, bei welchen im Deutschen die Präpositionen *durch*, *mit*, *vermittelst*, *vermöge* gebraucht werden (s. §. 137), z. B. *er ist durch Beute reich geworden*, *zu Wagen* (vermittelst eines Wagens) *kommen*, *mit der Hand greifen*, *mit der Feder schreiben*, *mit Feuer verbrennen*, *mit der Schaufel graben* u. s. w. Auch von diesen Verben können sich mehrere mit dem Accusativ als Object verbinden, z. B. *er ergriff den Fisch mit den Händen*, oder *er grub mit der Schaufel ein Loch*, ferner auch zugleich mit dem Dativ, z. B. *ich schickte meinem ältern Bruder Geld durch einen Boten*; oder auch mit dem Locativ, als: *er grub mit der Schaufel ein Loch in die Erde*; oder auch nach §. 185 mit dem Ablativ: *er ergriff den Fisch mit den Händen beim Schwanz*. Viele Verba, die als Primitiva einen andern Casus regieren, werden durch die Causalform mit dem ersten Instrumental verbunden, z. B. *ich liess es durch meinen Sclaven holen*, *er liess vermittelst eines Schlüssels die Thüre öffnen*, *er liess den Brief durch einen Schreiber schreiben*.

§. 187. Der erste Instrumental wird auch bisweilen da gebraucht, wo im Deutschen die Präpositionen *nach*, *gemäss*, *in Folge* stehen, z. B. 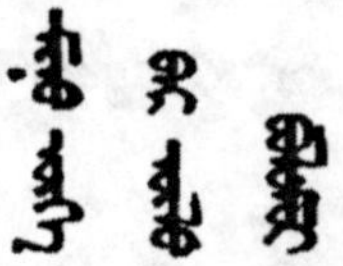 *er gehorcht mir nicht*; wörtlich: *er wird nicht* (will nicht handeln) *nach meinen Worten*, welches aber auch mit dem Locativ heissen kann 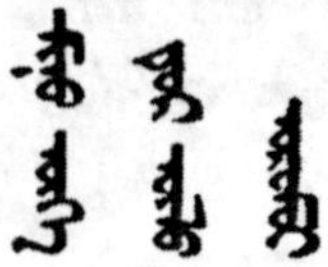. *er geht nicht in meine Worte ein*; ferner 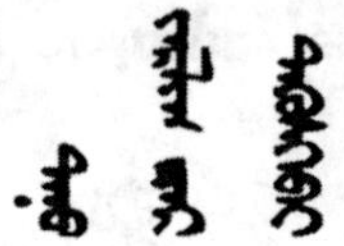 *Euerm Befehle gemäss habe ich* (es) *vollendet*; oder in Verbindung mit dem Object 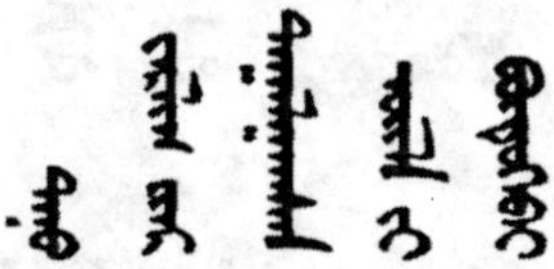 *Euerm Befehle gemäss habe ich das aufgetragene Geschäft ausgeführt.*

§. 188. Der zweite Instrumental steht mit solchen Verben, die eine Vereinigung oder Verbindung, oder eine gemeinschaftliche Handlung, oder auch eine Mischung zweier oder mehrerer Materien andeuten, welche Verba im Deutschen gemeiniglich die Präposition *mit* oder *nebst* haben. Die meisten derselben sind, wie ihre Natur es schon mit sich bringt, Cooperativa; indess finden sich unter ihnen auch einige wenige Primitiva und Causalia, als z. B. 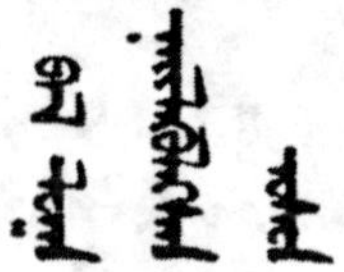 *mit Honig vermischtes Wasser*, 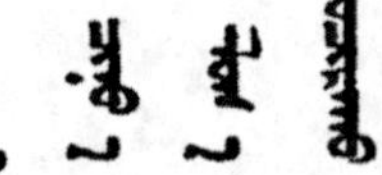 *einem Wolfe begegnen* (mit ihm zusammentreffen), 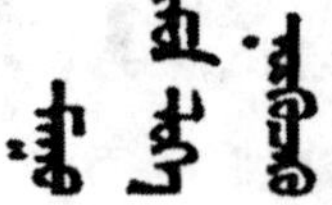 *sich mit einem schlechten Menschen verbinden* (dessen Freund oder Gefährte werden), 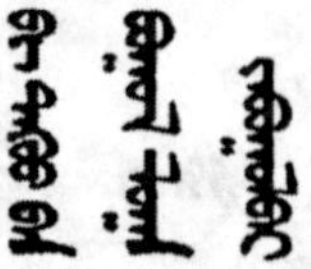 *ich entliess meinen jüngern Bruder*

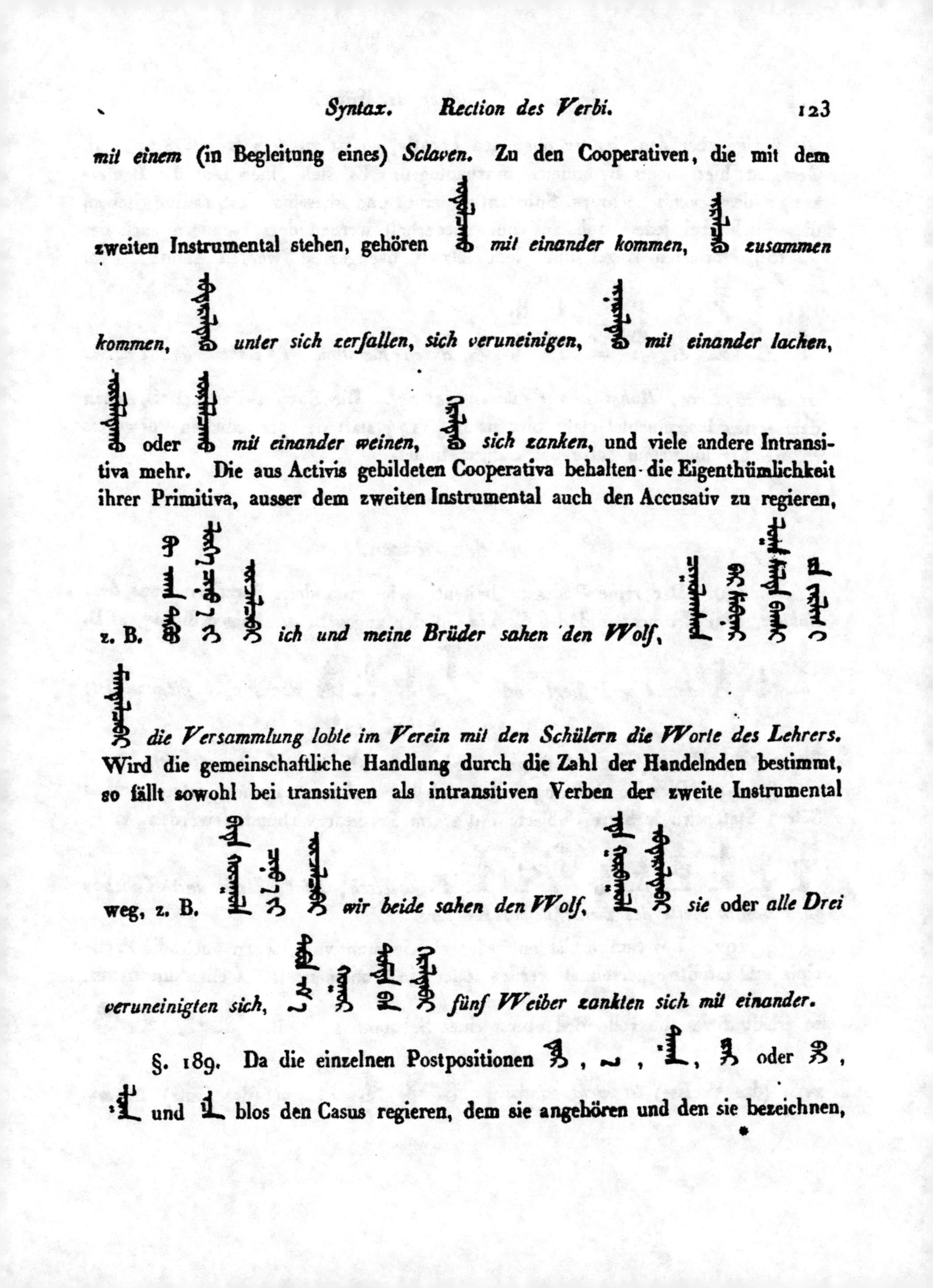

mit einem (in Begleitung eines) *Sclaven.* Zu den Cooperativen, die mit dem zweiten Instrumental stehen, gehören *mit einander kommen,* *zusammen kommen,* *unter sich zerfallen, sich veruneinigen,* *mit einander lachen,* oder *mit einander weinen,* *sich zanken,* und viele andere Intransitiva mehr. Die aus Activis gebildeten Cooperativa behalten die Eigenthümlichkeit ihrer Primitiva, ausser dem zweiten Instrumental auch den Accusativ zu regieren, z. B. *ich und meine Brüder sahen den Wolf,* *die Versammlung lobte im Verein mit den Schülern die Worte des Lehrers.* Wird die gemeinschaftliche Handlung durch die Zahl der Handelnden bestimmt, so fällt sowohl bei transitiven als intransitiven Verben der zweite Instrumental weg, z. B. *wir beide sahen den Wolf,* *sie* oder *alle Drei veruneinigten sich,* *fünf Weiber zankten sich mit einander.*

§. 189. Da die einzelnen Postpositionen , , , oder , und blos den Casus regieren, dem sie angehören und den sie bezeichnen, alle übrige aber den Genitiv oder den Locativ, so ist zu dem bereits §. 133 ff. Gesagten hier nichts Besonderes hinzuzufügen. Es stehe hier blos die Bemerkung, dass wenn mehrere Substantiva eine und dieselbe Postposition haben, diese nicht bei jedem Substantivum wiederholt werden darf, sondern nach der §. 159 erörterten Regel nur dem letzten nachgesetzt werden kann, z. B. *durch Verstand, Weisheit und Tugend ist er zu Ehre, Ruhm und Würden gelangt.* Die Subject-Partikel nach dem ersten Instrumental steht hier nach §. 174 statt des persönlichen Fürwortes *er*, welches in diesem Satze das Subject bildet.

Von den Sätzen.

§. 190. Der reine Redesatz besteht, wie in andern Sprachen, aus dem *Subject*, dem *Prädicat* und der *Copula*, in der angegebenen Folgeordnung, z. B. *der Vogel fliegt*, oder *der Vogel fliegend ist*; ferner *das Haus* (ist) *gross*, oder *das Haus gross ist.*

§. 191. Dieselbe Ordnung findet auch bei solchen zusammengesetzten reinen Sätzen Statt, wo mehrere Subjecte mit *einem* Prädicat verbunden werden, z. B. *Fleisch, Blut, Haut und Knochen sind Bestandtheile des menschlichen Körpers.*

§. 192. Das Subject ist entweder ein Substantivum, wozu auch die Participia und Infinitive gerechnet werden, oder ein Pronomen; ist es ein Adjectivum, so erhält dieses die volle Bedeutung eines Substantivs, z. B. *weiss* (das Weisse) *ist nicht schwarz*, *gut* (das Gute) *ist zu-*

gleich nützlich. Das Subject wird gewöhnlich, nach §. 44 und 174, durch die Partikeln , oder die es meistens, jedoch nicht immer, unmittelbar auf sich folgen lässt, kenntlich gemacht. Folgen diese Partikeln auf einen andern Casus als den Nominativ, so ersetzen sie gemeiniglich ein mit dem Satze verschmolzenes Pronomen, in welchem das Subject liegt, vergl. §. 174 und 189.

§. 193. Das Prädicat ist entweder ein adjectivisches Verbum, als *er denkt* oder *er ist denkend*, oder ein Substantivum mit der Copula, als *er ist ein Mensch.*

§. 194. Die Copula ist ein wichtiger und durchaus unentbehrlicher Satztheil für die an Conjunctionen so arme Mongolische Sprache. Sie kann sich zwar bisweilen mit dem Prädicat verschmelzen, tritt jedoch weit öfter sehr bestimmt hervor, und gibt den, oft durch viele Sätze fortlaufenden und nicht selten sehr verwickelten, Perioden ihre Rundung und Verständlichkeit. Wenn sie nicht mit dem Prädicat in der Form des Präsens, Imperfects oder Perfects verschmolzen ist, als oder oder *das Kind isst* oder *ass* oder *hat gegessen*, so zeigt sie sich immer in irgend einer Form eines Hülfsverbi, und zwar vorzüglich des Verbi *seyn* (siehe §. 118). Die gebräuchlichsten Formen desselben am Schlusse eines reinen Satzes sind *ist*, welches oft mit dem gleichbedeutenden abwechselt, *ist*, *war*, und *war*, *ist gewesen*, z. B. *der Mensch ist das Vornehmste der Wesen; weil er das Vornehmste derselben* (ihrer) *ist, so sind seine Vorzüge auch gross.* Im zweiten Satze, dem Hauptsatze zum dritten oder Nebensatze, erscheint die Copula im Infinitiv des genannten Verbi mit dem Genitiv, in Verbindung mit der Postposition , zum Ersatz der Conjunction *weil* (vergl. §. 98 und 155, *a.*). Solche leicht zu vermeidende Wiederholungen des bereits Gesagten, wovon der zweite Satz ein Beispiel liefert, finden sich übrigens in Mongolischen Schriften nicht selten. — Die Copula wird häufig da gebraucht, wo eben so gut oder stehen könnte; sie findet sich meist am Ende einer Periode, oder auch, wo etwas längst Bestehendes und Unabänderliches ausgedrückt werden soll, z. B.

der Himmel ist der Sitz der Götter, *Birke ist der Name eines Baumes*; dagegen bezieht sich immer auf etwas Gewesenes oder Geschehenes, z. B. *in früher Zeit* (vor Alters) *war* (lebte) *im Mittelreiche Indiens ein König.*

§. 195. Auch das Hülfsverbum *seyn*, vornehmlich das Präsens und Imperfectum desselben, dient zur Bildung der Copula, wenn das Prädicat ein adjectivisches Verbum oder Gerundium ist. Zwar ist sie meistens mit dem Präsens oder Imperfectum eines solchen Verbi verschmolzen, sie tritt jedoch nicht selten auch bestimmt hervor (vergl. §. 96). Eine besondere, häufig vorkommende, Copula-Bildung des genannten Hülfsverbi ist die Form oder , die sich auf vorausgesetztes, vermuthetes oder anscheinliches Seyn bezieht, und in welcher eine, keine Antwort fordernde, Halbfrage verborgen zu liegen scheint, z. B.

er ist (scheint zu seyn) *ein guter Mensch*, *dieser ist* (scheint zu seyn) *von hoher Geburt* (ein Sohn der Götter). *)

§. 196. Wenn in einem Satze sich mehrere Verba als Prädicate befinden, so werden diese gewöhnlich durch die verschiedenen Formen des Gerundii mit

---

*) Siehe Ssanang Ssetsen's Geschichte der Ostmongolen S. 56.

einander verbunden, z. B.  oder  *die Menschen werden geboren, wachsen, altern und sterben* (wörtlich: *die Menschen geboren seyend, fortwachsend, gealtert seyend sterben*).

§. 197. In Sätzen, wo eine Gradbestimmung oder Vergleichung Statt findet, steht der zur Vergleichung genommene, und im Deutschen durch die Conjunctionen *als, wie* verbundene, Theil nach §. 149, *a*) und §. 58 allemal im Ablativ, z. B. 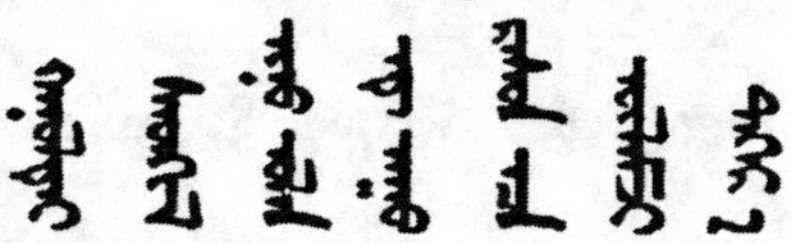 *ein zufriedenes Gemüth ist mehr werth als viele Güter.*

§. 198. In ausgebildeten Sätzen oder in solchen, wo ausser den genannten Satztheilen noch das Object (im Acc.) und das Zweckwort (im Dat.) oder auch solche Wörter vorkommen, welche zur nähern Bezeichnung oder Ausschmückung des Subjects und Prädicats dienen, brauchen diese Satztheile nicht immer nach einer und der nämlichen Ordnung auf einander zu folgen; für das Prädicat und die Copula, letztere mag für sich stehen oder mit dem Prädicat verschmolzen seyn, bleibt es bei prosaischen Schriften indess feste Regel, dass sie immer den Schluss des Satzes bilden müssen, z. B. 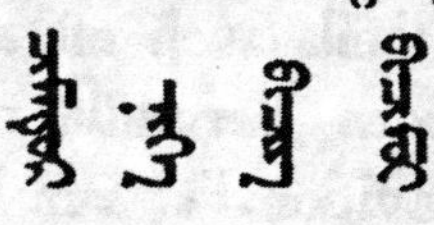 *ich schreibe dir einen Brief* (wörtlich: *dir einen Brief ich schreibe*), 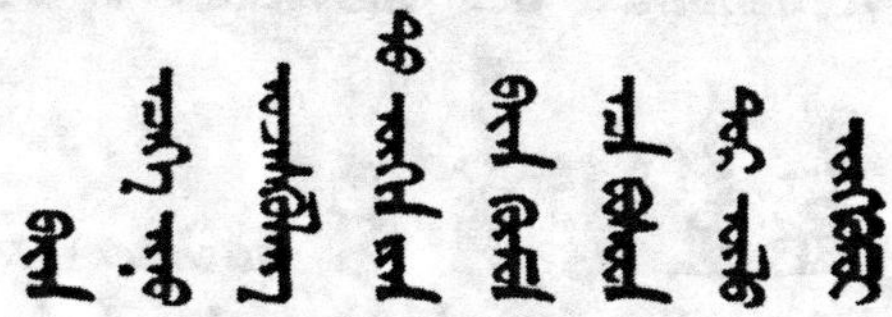 oder  *der reiche Vater gibt seine schöne Tochter keinem andern als einem reichen Manne*, (wörtlich: *der reiche Vater seine schöne Tochter als einem reichen Manne Andern nicht gibt* oder *will geben*). In der Poesie und ihrer Satzordnung herrscht, je nach dem Bedürfnisse des Metrum, die grösste Willkühr, und es steht dabei manchmal buchstäblich das Unterste zu Oben.

§. 199. Haupt- und Nebensätze werden im Mongolischen, das nur wenige Bindewörter und gar keine beziehende Fürwörter (relativa) hat (vergl. §. 75).

theils durch die den Genitiv regierende Postposition *weil, um-willen*, theils durch die Participia gebildet und mit einander verbunden oder zusammengezogen, z. B. *die Erde ist die Mutter aller lebenden Wesen, weil sie Alles ernährt*, (wörtlich: *die Erde, Alles ernährend weil sie ist, aller Wesen Mutter auch ist*, (vergl. das Beispiel §. 194), *derjenige der mir Gutes erzeigt, ist mein Freund* (wörtlich: *der mir Gutes Erzeigende mein Freund ist*), *der diess gesagt hat, ist wohl ein Lügner* (wörtlich: *der diess Gesagthabende ein Lügner ist* oder *scheint es zu seyn*).

§. 200. Da die zur Verbindung gehörigen Conjunctionen im Mongolischen theils völlig fehlen, theils auch oft als entbehrlich weggelassen werden, so genügen die entsprechenden Gerundia und Participia, so wie einige andere Modi, vornehmlich der Conditionalis, zur Bildung des Vorder- und Nachsatzes, z. B. *nachdem er diess gesagt hatte, wurde er unsichtbar* (wörtlich: *also sagend gesprochen habend, nicht gesehen zu werden er wurde*). Ferner mit dem Dativ des Participii Präteriti: *als der Vater diess gesprochen hatte, wurde der Sohn sehr erfreut* (wörtlich: *auf des Vaters also Gesprochenes der Sohn sehr erfreut wurde*). Ferner mit dem Conditionalis: *wenn du zu mir kommst, so komme ich auch zu dir*: oder

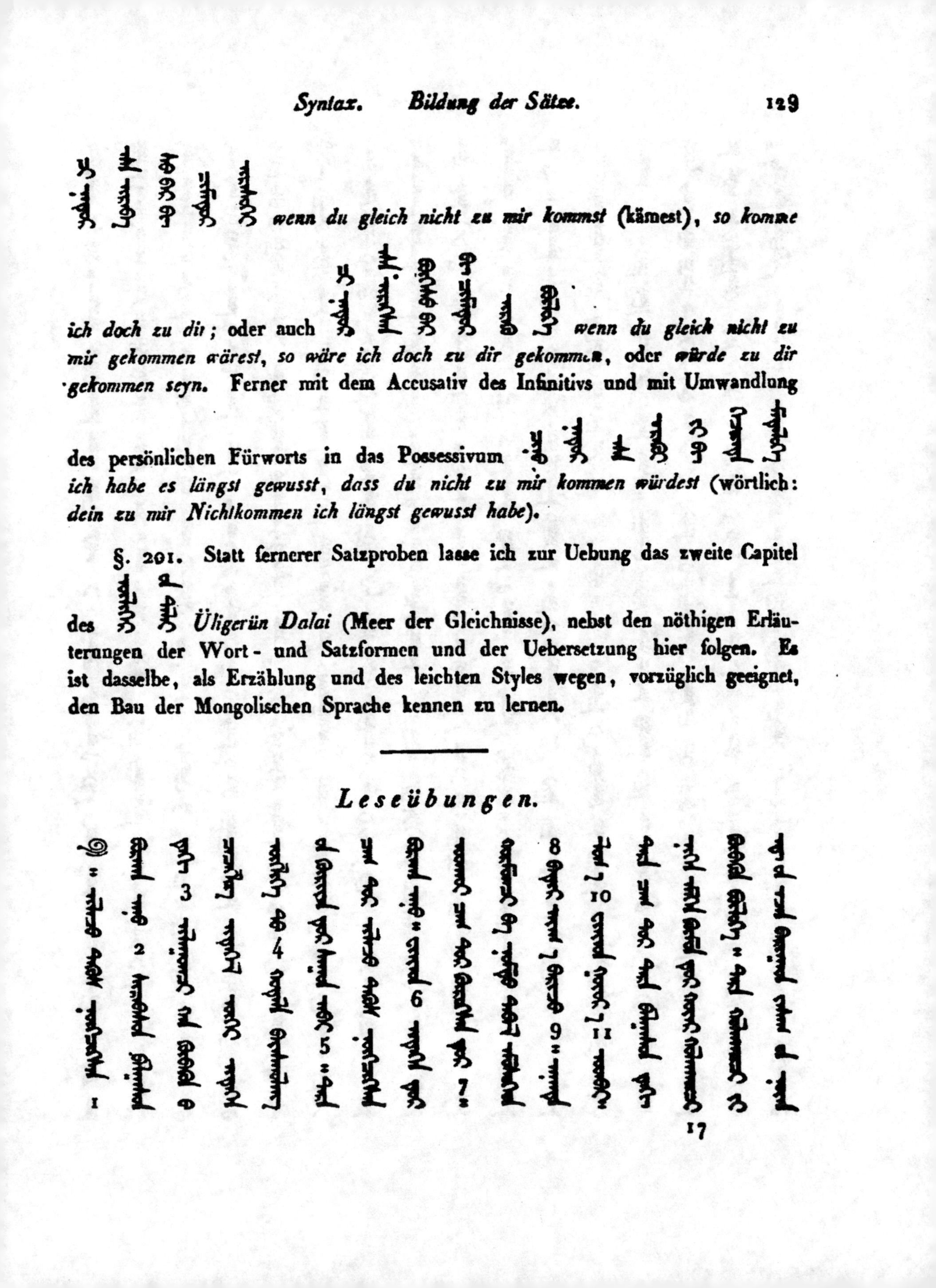

wenn du gleich nicht zu mir kommst (kämest), *so komme ich doch zu dir*; oder auch *wenn du gleich nicht zu mir gekommen wärest, so wäre ich doch zu dir gekommen*, oder *würde zu dir gekommen seyn.* Ferner mit dem Accusativ des Infinitivs und mit Umwandlung des persönlichen Fürworts in das Possessivum *ich habe es längst gewusst, dass du nicht zu mir kommen würdest* (wörtlich: *dein zu mir Nichtkommen ich längst gewusst habe*).

§. 201. Statt fernerer Satzproben lasse ich zur Uebung das zweite Capitel des *Üligerün Dalai* (Meer der Gleichnisse), nebst den nöthigen Erläuterungen der Wort- und Satzformen und der Uebersetzung hier folgen. Es ist dasselbe, als Erzählung und des leichten Styles wegen, vorzüglich geeignet, den Bau der Mongolischen Sprache kennen zu lernen.

Leseübungen.

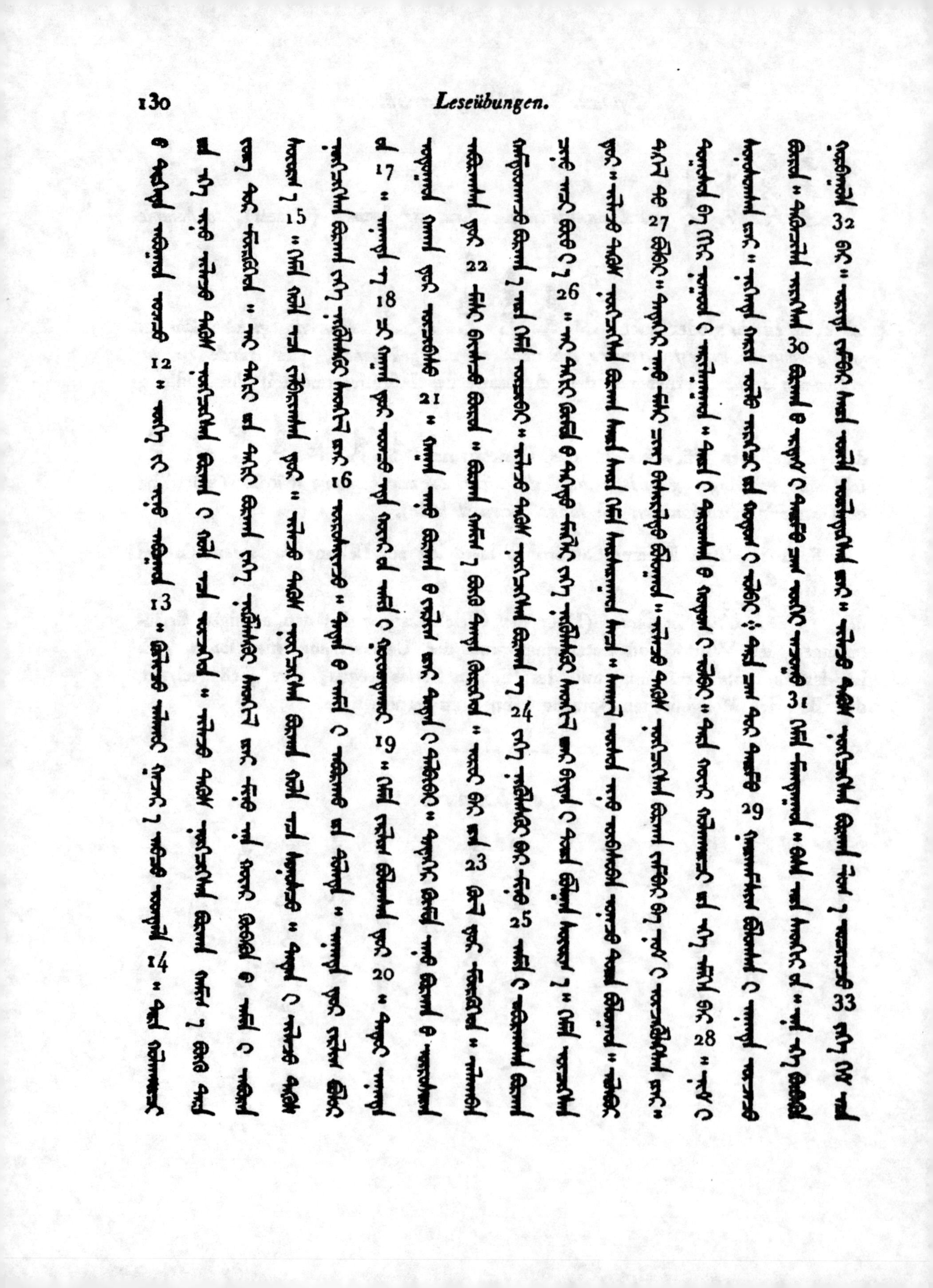

[illegible]

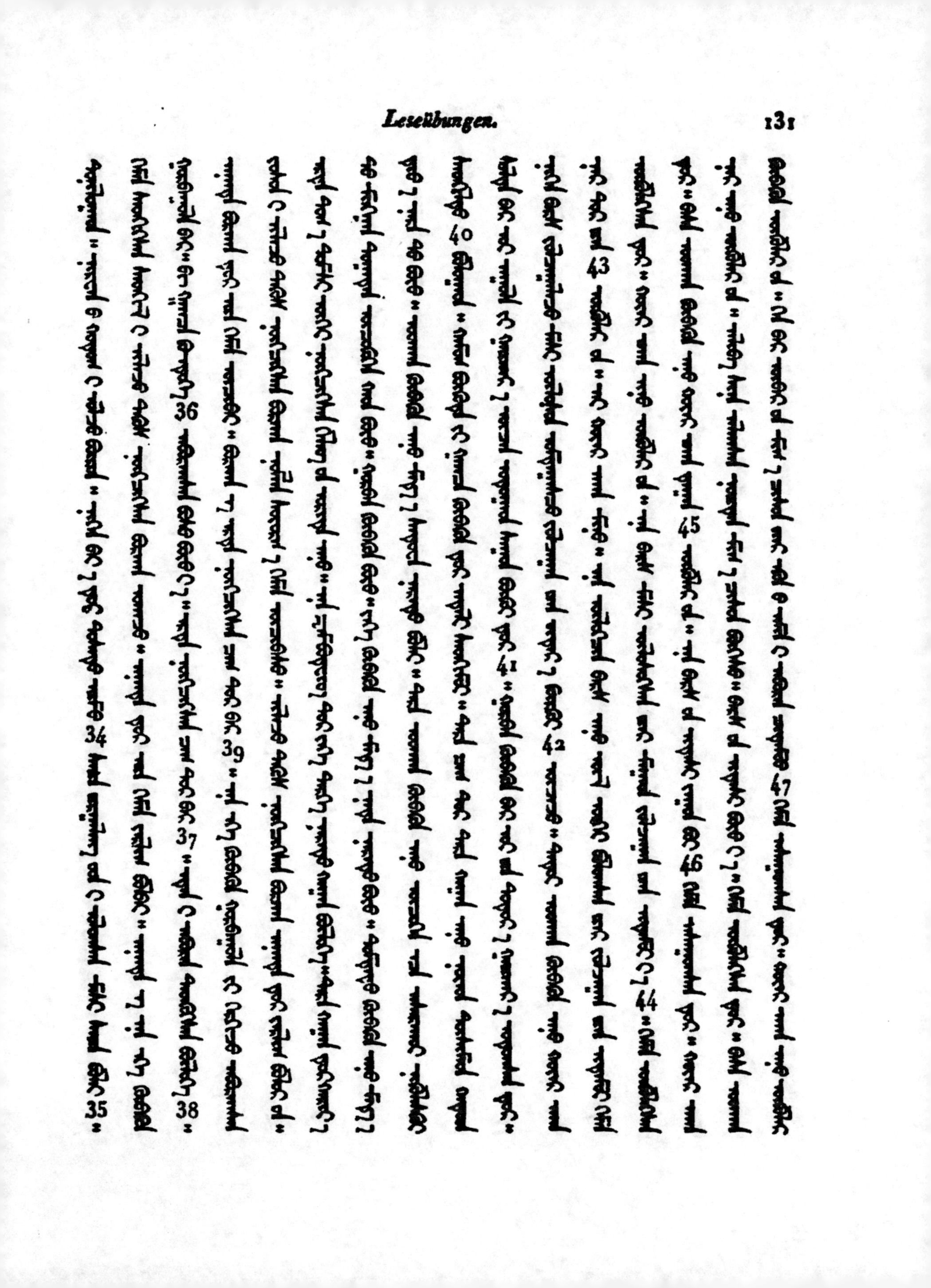

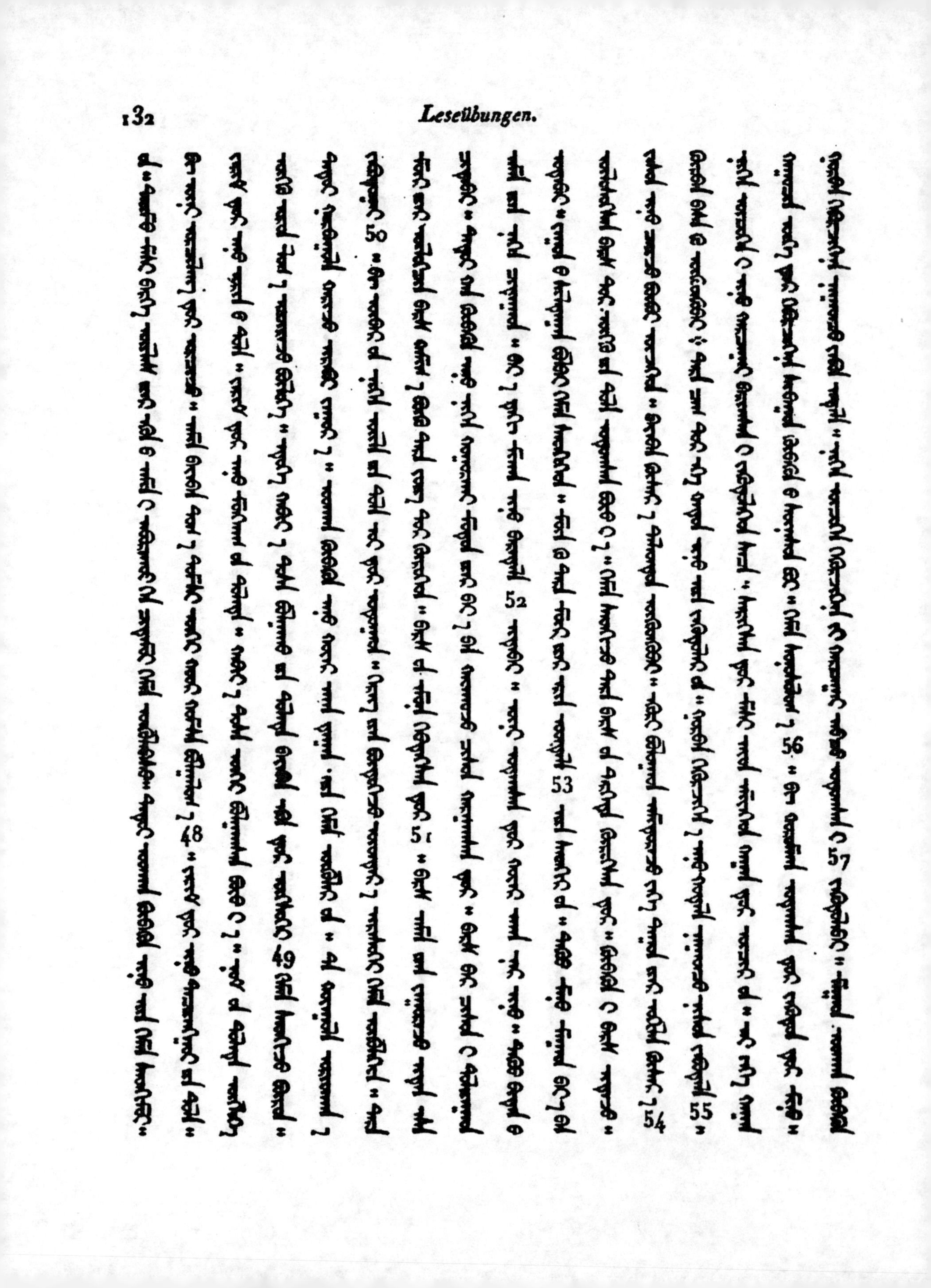

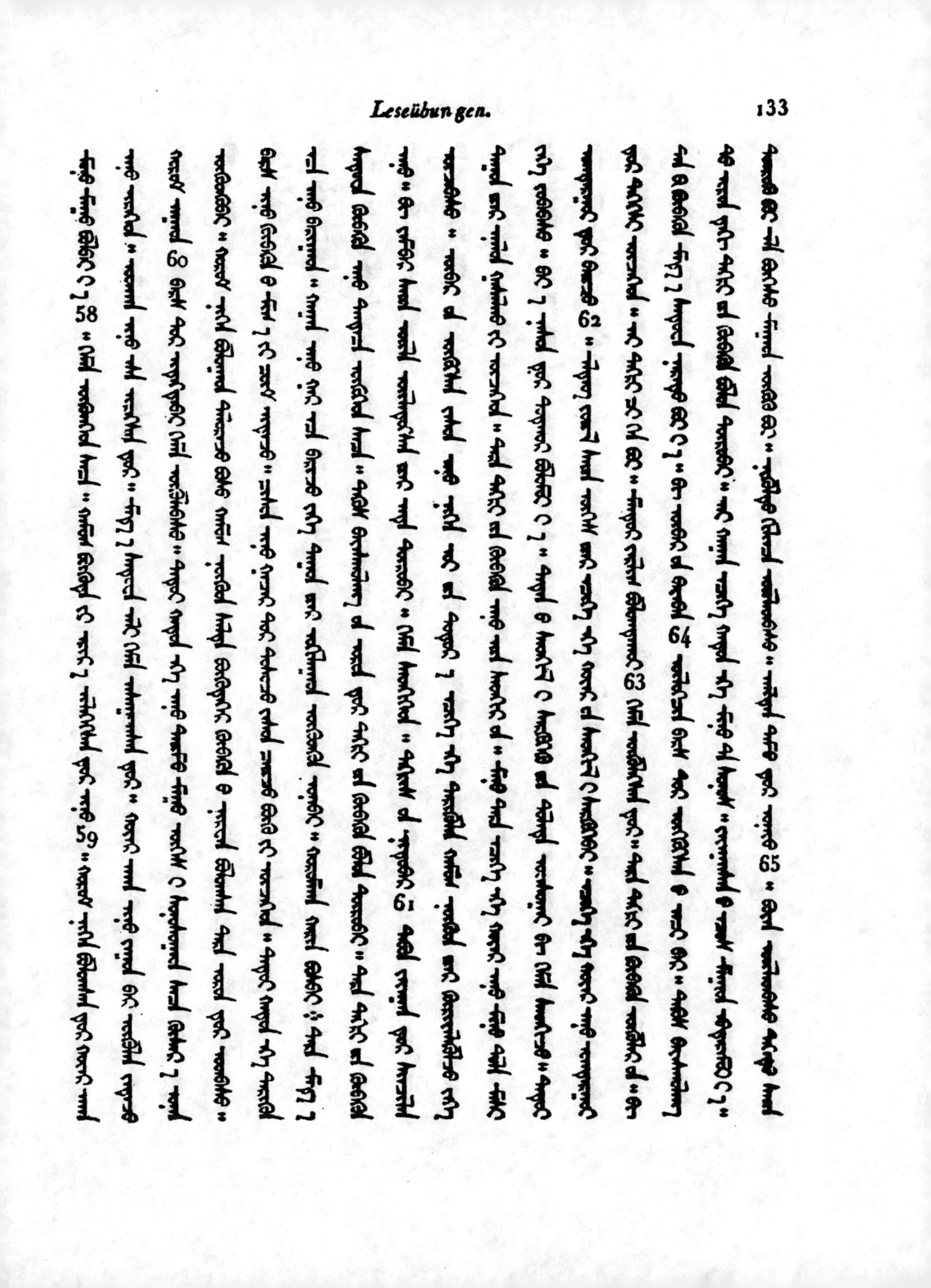

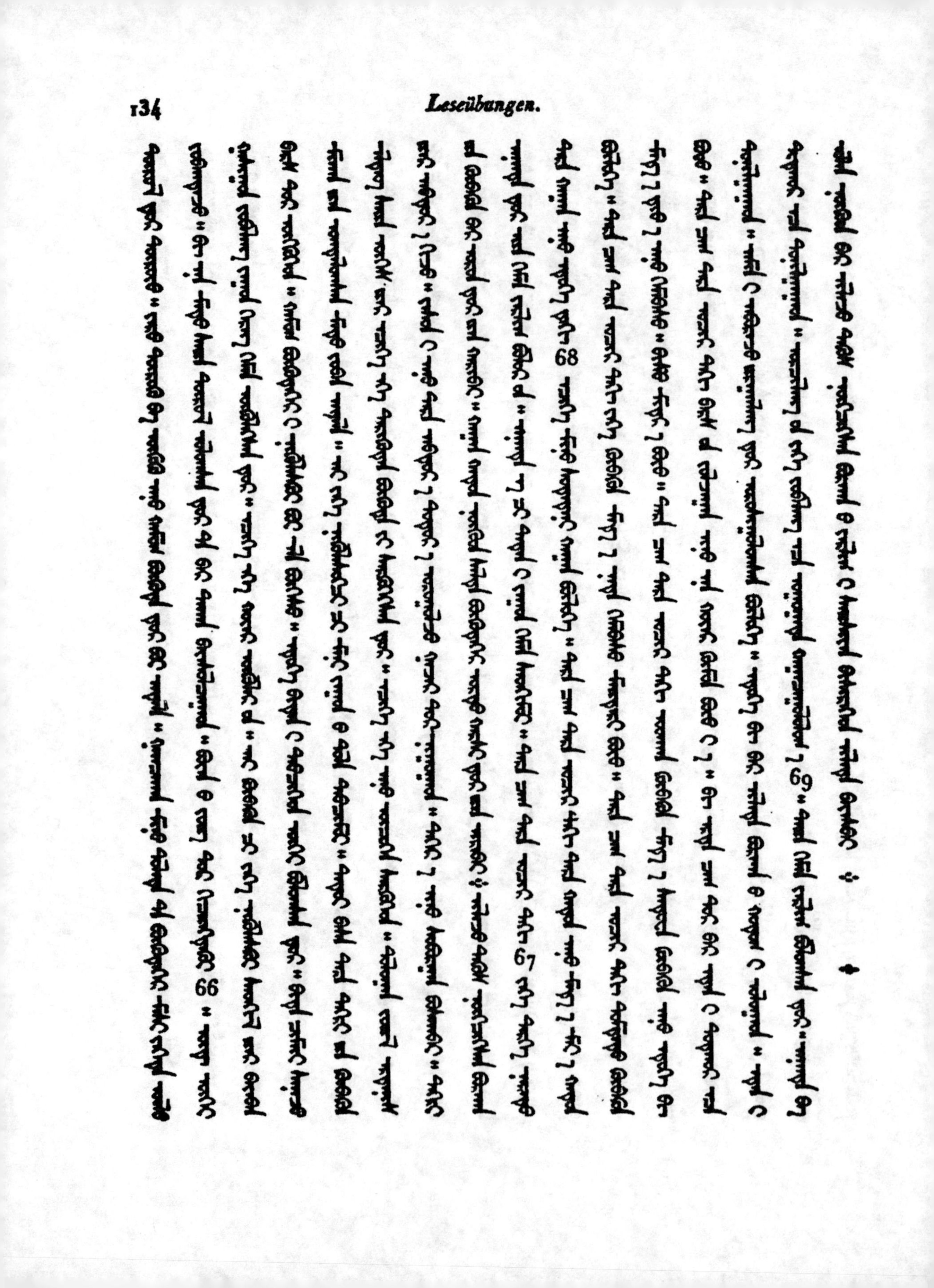

Erklärung einiger Wortformen.

1) Eines der gewöhnlichsten Epithete Buddha's, das Sanskritische *Bhagawân*; es heisst wörtlich: *der Alles-übertreffend-vollkommen-Vorübergegangene.* — 2) Das Subject, mit der bezeichnenden Partikel *anu*, s. §. 44. — 3) Postposition des Locativs, s. §. 136. — 4) Die Substantiva *idegen* „Speise" und *öklige* „Gabe" sind hier vermittelst der Partikel *tu*, nach §. 55, zu einem, zum folgenden Substantivum *kürjen* „Hof" gehörigen, Adjectivum verbunden, welches im Deutschen ohne Umschreibung unübersetzbar ist; indem man nicht sagen kann: *im speisegabigen Hofe* für *im Hofe, wo Speise als Gabe ausgetheilt wurde. Itegel ügei* bedeutet „ohne Vertrauen, Stütze oder Unterstützung", also *hülfsbedürftig.* — 5) Form des Imperfects vermittelst des Gerundii und des Hülfsverbi *seyn*, s. §. 121. — 6) Dieses Wort ist nicht Mongolisch: es ist wahrscheinlich eine Corruption des Sanskritwortes *Winaja* „Mildthätigkeit"; es war nämlich ein Akt der Frömmigkeit, Buddha zu bewirthen. — 7) Wörtlich: *nach Speise zu gehen zur Zeit gelangt seyend* für: *als die Zeit für ihn gekommen war, nach Speise zu gehen.* — 8) Gerund. Prät. siehe §. 112. — 9) Gerund. Präs. s. §. 111. — 10) Zweiter Instr. s. §. 52. — 11) Supinum, s. §. 114. — 12) Doppeltes Gerundium: *genommen habend hingehend* für *hinbringend* oder *hinführend.* — 13) Wörtlich: *ihre Worte genommen habend* für *nachdem er sie verhört* oder *ihr Geständniss vernommen hatte.* Die Subjectpartikel *inu*, die hier auf den Accusativ folgt, bezieht sich nicht auf diesen, sondern auf das mit dem Satze verschmolzene Pronomen *er* oder auf den Richter als Subject, vergl. §. 174. — 14) Doppeltes Gerundium, und zwar das zweite, um die Präposition *während* zu ersetzen, s. §. 113. — 15) Imperativ in Verbindung mit dem Gerund. Präs. *erhaltend verleihe!* statt *erhalte!* — 16) Gebrauch des ersten Instr. nach §. 187. — 17) Form der dritten Person des Imperfects, s. §. 99. — 18) Vocativ, s. §. 50. — 19) Form des Imperativs *erbitte!* s. §. 109. — 20) Sehr häufig vorkommendes Participium Prät. im Dativ als Vordersatz, vergl. §. 200. — 21) Conditionalis, als Ersatz für die Präposition *als*, s. §. 104. — 22) Part. Prät. mit dem Dativ und in Verbindung mit dem Gerund. Präsentis: *über die erbarmende Erhaltung' sehr erfreut. Bajasscho* „sich freuen" regiert nämlich den Dativ, s. §. 177. — 23) Der zweite Instr. in Verbindung mit der Partikel des zweiten Accusativs statt des Possessivs, s. §. 51. — 24) Vocativ. — 25) Obgleich ihrer zwei waren, so steht das Pronomen possessivum deswegen im Singular, weil jeder von ihnen als für sich sprechend angesehen wird. — 26) Die

Copula als Potentialis des Hülfsverbi *seyn.* — 27) Bildung des Adjectivs aus dem Substantiv nach §. 55 (wie oben unter Anm. 4). Die Stelle heisst wörtlich: *sie wurden röthlich-kleidig* für *ihre Kleidung wurde röthlich.* — 28) Subjectpartikel, s. §. 44 und 174. — 29) Pron. demonstr., s. §. 74. — 30) Ein anderes, gleichfalls sehr häufig vorkommendes, Epithet Buddha's, das Sanskritische *Tathâgata.* Es bedeutet *der wirklich* oder *wahrhaft Gekommene* oder *Erschienene.* — 31) Form der Copula, s. §. 195. — 32) Form des Zahlwortes *drei,* s. §. 80. — 33) Verbum mit dem zweiten Instr., s. §. 188. — 34) Pronomen demonstr., s. §. 74. — 35) Copula, siehe §. 194. — 36) *Nicht nur jetzt,* vergl. §. 78. — 37) Die Subjectpartikel *ber* folgt hier auf den Dativ, bezieht sich aber auf den mit dem Satze verschmolzenen Nominativ *ich,* weil Buddha von sich spricht; s. §. 174. — 38) Plusquamperfectum, s. §. 102. — 39) Hier, wo Ananda zu Buddha spricht, gehört die auf den Dativ folgende Subjectpartikel dem Nominativ der zweiten Person an. — 40) Adjectivbildung aus dem Substantivum *ssedkil* „Gemüth", s. §. 55. — 41) Auf das Supinum *ghaichara* „um zu schauen" folgen hier drei Gerundia mit dem Infinitiv des Hülfsverbi *seyn* im Dativ, nämlich *sehend gegangen seyend sitzend* (rastend) *im Seyn,* welches heisst. *während sie rasteten, nachdem sie gesehen hatten.* — 42) Supinum, s. §. 114. Der Sinn ist: *die Tigerinn war zu dem Aeussersten gekommen, aus Hunger ihre eigenen Jungen fressen zu müssen.* — 43) Dativ in Verbindung mit der Partikel des zweiten Accusativs, s. §. 49. — 44) Potentialis, s. §. 106, durch das vorhergehende Adverbium *maghad,* s. §. 146, verstärkt; also: *sie wird wahrscheinlich* (wohl gewiss) *ihre Jungen fressen.* — 45) Beispiel des zweiten Dativs, s. §. 47. — 46) Fragendes Pronomen mit der Copula: *was ist?* s. §. 69. — 47) Präsens mit der Frage und dem Pronomen *ken* „wer", s. §. 96. — 48) Perfectum, s. §. 101. — 49) Erste Person des Futuri, s. §. 103. — 50) Imperativform des Precativs: *geht ihr beide doch ein wenig voraus!* s. §. 108. Das *ein wenig* ist durch die, dem Adverbium *urid* „voraus" angehängte, Diminutivpartikel *chon,* s. §. 62, bezeichnet. — 51) Vordersatz mit dem Partic. Prät. im Dativ: *als er sich vor die Tigerinn hingelegt hatte* oder *vor ihr lag* u. s. w., vergl. Anm. 20 und §. 200. — 52) Gerundium als Ersatz für die Präposition *bis,* s. §. 113. *Baracho* heisst „etwas zu Ende bringen, durchbringen, z. B. sein Vermögen", daher *michan inu baratala idebei* „sie frass das Fleisch bis aufs Letzte." Die auf das Object *Fleisch* folgende Partikel *inu* bezieht sich nach Anm. 37 und 39 und §. 174 auf das Subject *sie* (die Tigerinn).

— 53) Das nämliche Gerundium wie Anm. 52 für die Präposition *während.* — 54) *Kössere*, eine oft vorkommende Variation des Wortes im Locativ *ghasara* „auf der Erde." — 55) Gerundium für die Präposition *während.* — 56) Perfectum, s. §. 101. — 57) Participium Prät. mit dem Accusativ, um die Conjunction *dass* mit dem Indicativ zu ersetzen, vergl. §. 98. — 58) Imperfectum des Potentialis, s. §. 107. — 59) Die hier auf den Dativ des Participii Prät. folgende Subjectpartikel bezieht sich auf den König und die Königinn (als Subjecte), welche die Leute zum Aufsuchen der Knaben ausschickten. — 60) Gerund. Prät. des Hülfsverbi *acho* „seyn." — 61) *Nidubêr* statt *nidun jêr.* Diese Art der Veränderung der Partikeln des zweiten Accusativs und ersten Instrumentals ist bei einigen Substantiven der zweiten Declination gestattet, s. §. 137. — 62) Gerundium Präs. des Hülfsverbi *baicho* „seyn, bleiben", s. §. 91. Die Stelle heisst: *am Himmel bleibend.* — 63) Form des Imperativs, s. §. 109. — 64) Doppeltes Pronomen, das eine mit dem Gen. das andere mit dem zweiten Accusativ: *mein eigenes Ich* oder *meinen eigenen Körper*, s. §. 68. — 65) Dritte Person des Futuri, s. §. 103. — 66) Form des Imperativs, s. §. 109. — 67) Postposition des Locativs, s. §. 136. Die Stelle heisst: *der zu jener Zeit und zu jener Gelegenheit* (gehörigo), welches wir mit dem einzigen Worte *der damalige* ausdrücken. — 68) Der nämliche Locativ, wie bei Anm. 67. Hier heisst es kurz: *der jetzige* oder *mein jetziger Vater*, nämlich das Adverbium *edüge* „jetzt" mit der Postposition des Locativs. — 69) Perfectum der Causalform. Dieses Verbum findet sich §. 127 als Beispiel aufgeführt.

Uebersetzung.

Der allerherrlichst-vollendete Buddha hatte seinen Sitz in dem, in der Stadt *S'irawassun* *) belegenen, Garten des Prinzen *Ilaghuktschi*, dem Orte allgemeiner Freude, wo den Hülfsbedürftigen Speise gereicht wurde. Damals, als es an der Zeit war, die mildthätige Speisegabe zu empfangen, legte Buddha seine Kleidung und das geistliche Gewand an, nahm die *Patra*-Schale zur Hand, und ging in Begleitung des *Ananda* aus, um die mildthätige Speisegabe zu erbitten. Zu der Zeit hatte eine alte Frau in dieser Stadt zwei Söhne, welche Diebe waren. Als der

*) Man findet anderwärts den Namen dieser Stadt Mongolisch *Sonos-choja bui* übersetzt, welches „ist zu hören" bedeutet. Der Name des Originals ist wahrscheinlich eine Corruption des Sanskritischen *S'rawa*, *S'rawana* oder *S'rawas*, welches „Ohr" bedeutet.

Eigenthümer des (gestohlenen) Gutes diese Diebe ergriff und sie vor den Richter brachte, liess dieser, nachdem er ihr Geständniss vernommen hatte, sie fesseln und an den Ort der Hinrichtung führen. Während dessen erblickte die Mutter dieser Diebe den allerherrlichst-vollendeten Buddha in der Ferne, und bat, nachdem sie sich nach der Gegend hin, wo sich der allerherrlichst-vollendete Buddha befand, verbeugt hatte, aus der Ferne: „Gott der Götter Buddha! geruhe der „Grösse deines gnadenvollen Herzens gemäss das Leben dieser meiner beiden „Söhne zu erhalten!" Diese Bitte vernahm der allerherrlichst-vollendete Buddha aus der Ferne, und sich ihrer mit gnadenvollem Herzen erbarmend, gab er dem *Ananda*, um der Erhaltung ihres Lebens willen, folgenden Befehl: „*Ananda*, „verfüge dich zum Könige und erbitte das Leben dieser Beiden!" Sogleich verfügte sich *Ananda* in Folge dieses Befehls mit seiner Botschaft zum Könige, welcher den Worten Buddha's gemäss sie (die Diebe) entliess. Diese Menschen waren über die erbarmende Sorgfalt Buddha's sehr erfreut, und als sie an den Ort gelangt waren, wo Buddha sich befand, verbeugten sie sich mit ihrer Stirne (dem Vorderhaupte) zu seinen Füssen, legten die flachen Hände zusammen und sprachen zu ihm: „Allerherrlichst-vollendeter Buddha! die gnadenvolle Erhaltung „unsers Lebens ist, o Buddha, wohl deine Wohlthat! Erhabenes Oberhaupt „(Stirne, Führer) der Götter und Menschen! geruhe nach deiner grossen Huld „uns Geistliche werden zu lassen!" Nachdem der allerherrlichst-vollendete Buddha diese Bitte mit den Worten *gut, gut*! genehmigt hatte, fielen ihnen sogleich Bart und Haupthaar ab und sie wurden Geistliche mit röthlicher Kleidung. Als hierauf ihr Glaube Festigkeit gewonnen hatte, und sie durch die mancherlei Lehren des allerherrlichst-vollendeten Buddha von allem Staube und aller Befleckung gereinigt waren, erlangten sie die Würde der Feindebesieger *). Die alte Mutter dieser beiden Diebe erlangte durch das Anhören der Lehre die Würde einer für einmal nicht Wiederkehrenden. **)

Als *Ananda* zu der Zeit solches Wunder sahe, rief er lobpreisend aus: „Unermesslich sind die Verdienste des Wahrhaft-Erschienenen!" Ferner dachte er bei sich: „Durch welche frühere gute Handlung haben diese Drei, Mutter „und Söhne, nachdem sie mit dem allerherrlichst-vollendeten Buddha zusammen-

---

*) D. h. Besieger der Sinnlichkeit oder der Sinne, die als die ärgsten Feinde der Glückseligkeit des Menschen angesehen werden.

**) Für einmal der Seelenwanderung entrückt, und nach dem Tode auf eine geraume Zeit, jedoch nicht auf immer, in ein Reich der Seligkeit versetzt.

„getroffen und aus grossem Uebel errettet worden, nun die Würde des *Nirwâna* „gefunden? trefflich ist es, in *einem* Körper (in *einer* Geburt oder Lebenszeit) „solcher herrlichen Freude theilhaft zu werden." Diese innern Gedanken *Ananda's* vernahm der allerherrlichst-vollendete Buddha und sprach zu ihm: „*Ananda!* „diese Drei Mutter und Söhne, sind ja nicht blos jetzt durch mich erhalten: „in frühern längst verflossenen Zeiten hatte ich sie bereits schützend erhalten." Ananda sprach zu Buddha: „O Buddha! der allerherrlichst-vollendete Buddha „geruhe zu lehren, auf welche Weise er in frühen verflossenen Zeiten diese Drei, „Mutter und Söhne, erhalten hat." Hierauf sprach der allerherrlichst-vollendete Buddha zu *Ananda* Folgendes:

„In früher Zeit, vor unzähligen verflossenen *Kalpas*, war (regierte) hier in *Dschambudwip* ein König, Namens *Jeke Terge*. Dieser König hatte tausend kleine Könige zu Vasallen und drei Söhne. Der Name des ältern Sohnes war *Mahâ Nâda*, der des mittleren Sohnes *Mahâ Dewa*, und der des jüngsten Sohnes *Mahâ Satwa* *). Dieser jüngste Sohn hatte von Klein auf ein hülfreiches mitleidvolles Gemüth, so dass er sich Alle und Jeden als einen einzigen Sohn dachte. Als zu der Zeit der König, nachdem er in Begleitung seiner Fürsten, Reichsbeamten und Gemahlinnen ausgezogen war, um Wald und Berge zu schauen, (an einer Stelle) rastete, gingen die drei Knaben aus, das Innere des Waldes zu beschauen, und sahen daselbst eine Tigerinn, die Junge geworfen hatte und, von grossem Hunger und Durst getrieben, im Begriffe stand, ihre Jungen zu fressen. Alsbald sprach der jüngste Knabe zu seinen zwei Brüdern: „Ach meine Brüder! diese Tigerinn will aus Mangel an Nahrung ihre Jungen „fressen." Hierauf erwiederten die zwei Brüder: „Diese Tigerinn wird aus übergrossem Hunger wohl gewiss ihre Jungen fressen." Abermals sprach der jüngste Knabe zu seinen zwei Brüdern: „Was ist die (gewöhnliche) Speise (Nahrung) „dieser Tigerinn?" Die zwei Brüder erwiederten: „Allerlei eben geschlachtetes „frisches (warmes) Fleisch und Blut möchte wohl die Speise der Tigerinn seyn." Abermals sprach der jüngste Knabe: „Wer könnte wohl mit seinem eigenen „Fleisch und Blute das Leben dieser (Tigerinn) erhalten?" Auf diese Frage antworteten die zwei Brüder: „Wer vermag es wohl, vermittelst einer solchen „schwer auszuführenden Handlung das Leben dieser (Tigerinn) zu erhalten!"

---

*) Die Sanskritnamen dieser drei Söhne bedeuten nach der Folge: *grosse* oder *starke Stimme*, *grosse Gottheit* und *grosses Wesen*. Der Name des Vaters ist Mongolisch und bedeutet *grosser Wagen*.

Alsbald dachte der jüngste Knabe Folgendes: „Schon lange treibe ich mich im „*Ortschilang* (Wechsel der Geburten in der Welt der Erscheinungen) herum, „und habe meinem Leben und Daseyn unzählige Male Unheil und Schaden bereitet. Wie manchmal (oft) mag ich dasselbe um der sinnlichen Liebe willen, „wie manchmal um des Zornes (heftiger Leidenschaften) willen, wie manchmal „um der Thorheit willen ohne Nutzen gemacht (vergeudet) haben. (Nun) bin „ich mit einem Orte zusammengetroffen (hat sich mir eine Gelegenheit dargeboten), (dasselbe) um der Lehre willen hinzugeben: nun will ich meinen Körper, „um ihn nutzbringend zu machen, ihr (der Tigerinn) hingeben.“ Also gedacht, während sie, ihrer drei, auf dem Heimwege waren, sprach der jüngste Knabe zu seinen zwei Brüdern: „Ich muss eines eigenen Geschäftes (Bedürfnisses) wegen in den Wald gehen; so bald mein Bedürfniss verrichtet ist, werde ich „herkommen.“ Mit diesen Worten kehrte er auf derselben Spur zurück, und als er an den Ort gelangt war, wo sich die Tigerinn befand, und er sich vor ihr hinlegte, konnte diese (vor Entkräftung) den Rachen nicht öffnen, ihn zu verzehren. Alsbald stach sich der Prinz mit einem rauhen trockenen Stück Holz in den Körper und förderte Blut heraus, worauf die Tigerinn, nachdem sie das Blut geleckt hatte, Kraft bekam, den Rachen zu öffnen und das am Körper befindliche Fleisch völlig zu verzehren. Nach geraumer Weile dachten die beiden Brüder: „Unser Bruder bleibt aus; was mag die Ursache seyn?“ Also gedacht, und während sie auf derselben Spur zurückkehrten, ihn zu suchen, fiel ihnen Folgendes ein: „Unser Bruder ist höchst wahrscheinlich hingegangen, um sich „der verhungerten Tigerinn hinzugeben.“ Mit diesen Gedanken kamen sie in die Nähe der Tigerinn, und als sie fanden, dass die Tigerinn den Knaben gefressen hatte, und sie dessen (entblösste) weisse Gebeine sahen, stürzten sie besinnungslos zu Boden. Als sie nach kurzer Zeit wieder zum Leben kamen, wanden und krümmten sie sich unter grossem (lautem) Klaggeschrei am Boden und verloren abermals die Besinnung.

Zu der Zeit hatte die Mutter und Königinn folgenden Traum: Während drei Tauben spielend umherflogen, erhaschte ein Sperber die kleinste von ihnen. Aus diesem Traume erwachte sie plötzlich und sprach in grosser Angst und Bekümmerniss zum Könige: „Ach grosser König! ich habe gehört, dass, einem „alten Worte (einer Auslegung) zufolge, die Taube die Seele des Sohnes sey „(bedeute). Vor einer kleinen Weile träumte (sahe) ich in meinem Traume, „dass während drei Tauben spielend umherflogen, ein Sperber eine kleine Taube

„entführte. Wohl gewiss mag meinem jüngsten Sohne etwas Böses widerfahren „seyn." Sogleich wurde Alles zum Suchen ausgeschickt; und als nach einer nicht langen Weile die beiden ältern Brüder kamen, der jüngere aber nicht, fragten sie (der König und die Königinn): „Wo ist *Mahâ Satwa?*" Auf diese Frage waren die beiden Brüder unvermögend, etwas zu antworten, und erst nach Verlauf einer Weile sagten sie: „Er ist von einem Tiger gefressen." Kaum hatte die Königinn-Mutter diese schlimmen Worte gehört, als sie plötzlich besinnungslos zu Boden sank. Als sie nach einer Weile wieder zur Besinnung gekommen war, gingen Alle zusammen an den Ort, wo der Knabe *Nirwâna* geworden war, und als sie daselbst sahen, dass die Tigerinn das Fleisch des Knaben völlig verzehrt hatte, als sie das auf die Erde getropfte Blut und die weissen Gebeine sahen, ergriff die Königinn das Haupt (den Schädel) und der König die Hand (den Armknochen), und fielen mit lautem Wehklagen besinnungslos nieder. Nach einer Weile standen sie (zum Bewusstseyn) zurückgekehrt wieder auf.

Dieser Jüngling *Mahâ Satwa* wurde gleich nach seinem Tode im Reiche vollkommener Freude als Göttersohn wiedergeboren. Da dachte dieser Göttersohn: „Durch welche gute Handlung bin ich hier wiedergeboren?" Als er aber, also denkend, mit Götteraugen die fünf Naturen (Geburtreiche) prüfend durchschaute, erblickte er sein eigenes Todtengebein im Innern eines Waldes, umringt von Vater, Mutter und deren ganzem Gefolge, welche Alle jammerten und wehklagten. Da dachte dieser Göttersohn: „Wenn der Schmerz dieser meiner Eltern „um meinetwillen zu heftig ist, so möchte es ihrem Körper (ihrer Gesundheit) „und Leben Schaden bringen: ich werde hingehen, ihr Gemüth aufzuheitern." Alsbald erheiterte er, am Himmel weilend, das Gemüth seiner Eltern durch allerlei gute (tröstende) Worte. Da schauten die Eltern aufwärts gen Himmel und sprachen: „Gottheit, wer bist du? sage es uns!" Hierauf antwortete dieser Göttersohn: „Ich bin wohl euer Sohn, Namens *Mahâ Satwa;* als Belohnung da- „für, dass ich meinen eigenen Körper der verhungerten Tigerinn hingegeben, „bin ich im Reiche vollkommener Herrlichkeit als Göttersohn wiedergeboren. „O König, mein Vater, und Königinn, meine Mutter, hört! das Ende aller Na- „turerzeugnisse ist Verderben; was geboren wird, muss unfehlbar sterben! wenn „Wesen sündlich freveln, so werden sie in die Hölle herabsinken; wenn sie ver- „dienstliche Handlungen verrichten, so werden sie in erhabene gute Geburten „(Wesen) wiedergeboren Da nun Geborenwerden und Sterben bei Allen (Aller

„Schicksal) ist, so gebt ihr Alle einzig um meinetwillen euch nicht so über„grossem Schmerze hin, sondern freut euch lieber gemeinschaftlich darüber, dass „ich eine solche treffliche Wiedergeburt gefunden (erlangt) habe, und strebt nach „(Erlangung von) Verdiensten!" Hierauf erwiederten die Eltern: „Ach Sohn! „wenn du aus mitleidsvollem Herzen dich der Tigerinn hingegeben, und gegen „Alle und Jeden mitleidig gesinnt bist, warum verwirfst du uns, die wir, seit„dem du uns verlassen hast und nun nicht mehr da bist, deiner gedenkend, „so schmerzhaft leiden, als würde unser Fleisch zerschnitten?" Nachdem nun dieser Göttersohn seine Eltern und alle Uebrigen durch mancherlei Trostworte abermals aufzuheitern gesucht, und die Eltern ein wenig beruhigt waren, machten (liessen machen) diese aus sieben Arten Kostbarkeiten einen Kasten (Sarg), und nachdem sie die Gebeine in diesen Kasten gelegt und in der Erde verborgen (begraben) hatten, erhoben (bauten) sie darüber eine Grabpyramide. Der Göttersohn kehrte hierauf in seine Region, und der König und die Königinn nebst ihrem ganzen Gefolge in ihren Pallast zurück."

Der allerherrlichst-vollendete Buddha sprach zu *Ananda* Folgendes: „*Anan„da!* welche denkst du, dass diese waren? Der König jener Zeit und jener „Begebenheit, Namens *Jeke Terge*, war (ist) mein jetziger Vater *Ssodadani* „(S'anddhodani). Die Königinn jener Zeit und jener Begebenheit war (ist) die „Königinn *Mahâ Mâjâ*. Der ältere Sohn jener Zeit und jener Begebenheit, „*Mahâ Nâda*, ist *Maidari* (Maitreja). Der mittlere Sohn jener Zeit und jener „Begebenheit, *Mahâ Dewa*, ist *Wischumitra*. Der jüngste Sohn jener Zeit und „jener Begebenheit, der Jüngling *Mahâ Satwa*, bin ich jetzt. Die Jungen der „Tigerinn jener Zeit und jener Begebenheit sind jetzt diese beiden Menschen. „Bereits in früher Zeit hatte ich sie vom Verderben errettet, ihr Leben erhalten „und ihnen Freude bereitet; jetzt, nachdem ich offenbarlich der Buddhawürde „theilhaft geworden bin, habe ich sie vom Verderben errettet, und sie von der „grossen Qual des *Ortschilangs* völlig abgesondert."

Als (Buddha) diess gesprochen hatte, rühmten *Ananda* und die vielen Gefährten glaubensvoll die Worte des allerherrlichst-vollendeten Buddha mit sichtbarer Freude.

Ich lasse nun dieselbe Erzählung nach dem sechs und zwanzigsten Capitel des ᠠᠯᠲᠠᠨ ᠭᠡᠷᠡᠯ *Altan Gerel* (Sanskr. *Suwarna prabhâsa*) „der Goldschein" hier

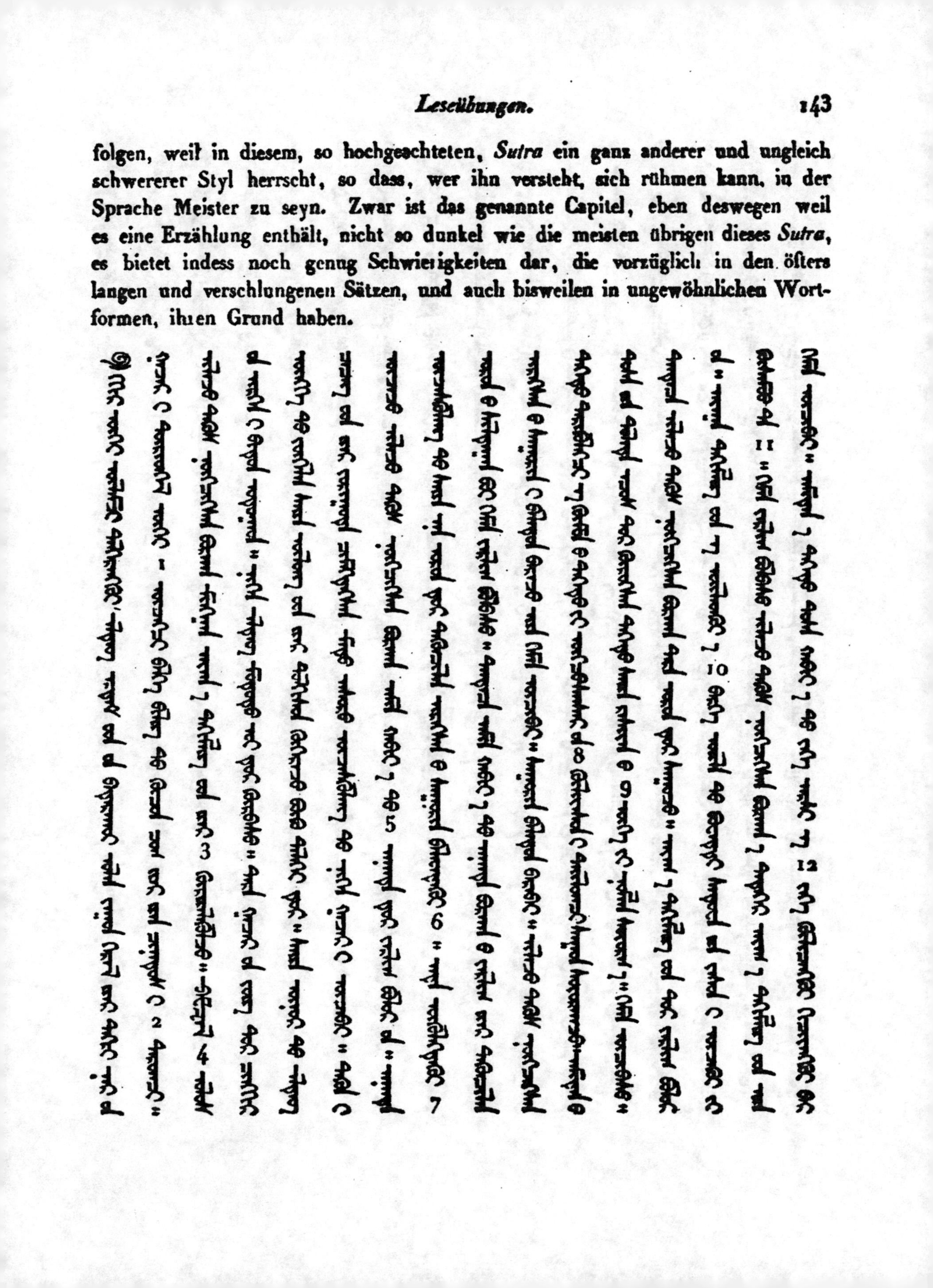

folgen, weil in diesem, so hochgeachteten, *Sutra* ein ganz anderer und ungleich schwererer Styl herrscht, so dass, wer ihn versteht, sich rühmen kann, in der Sprache Meister zu seyn. Zwar ist das genannte Capitel, eben deswegen weil es eine Erzählung enthält, nicht so dunkel wie die meisten übrigen dieses *Sutra*, es bietet indess noch genug Schwierigkeiten dar, die vorzüglich in den öfters langen und verschlungenen Sätzen, und auch bisweilen in ungewöhnlichen Wortformen, ihren Grund haben.

[illegible]

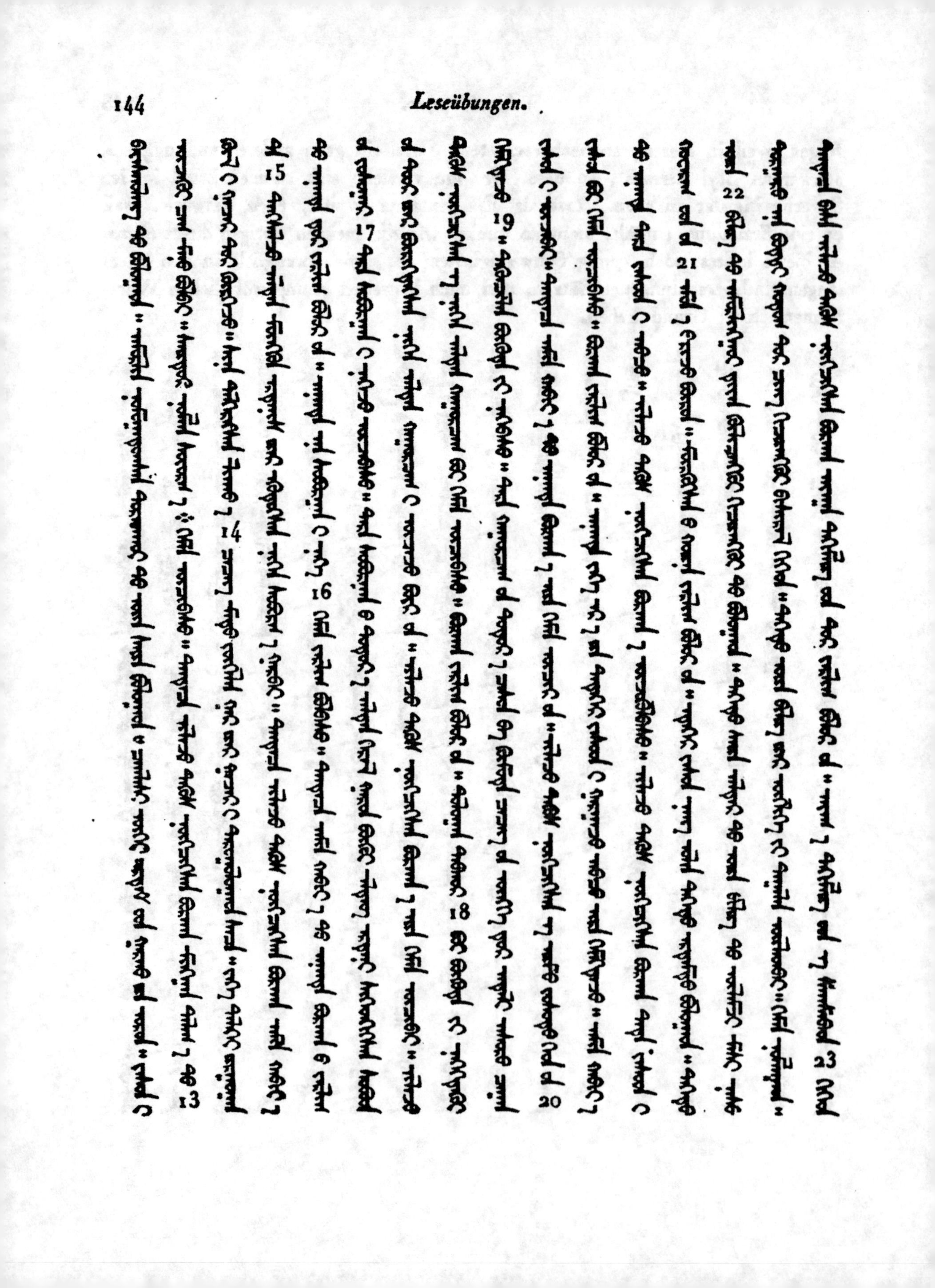

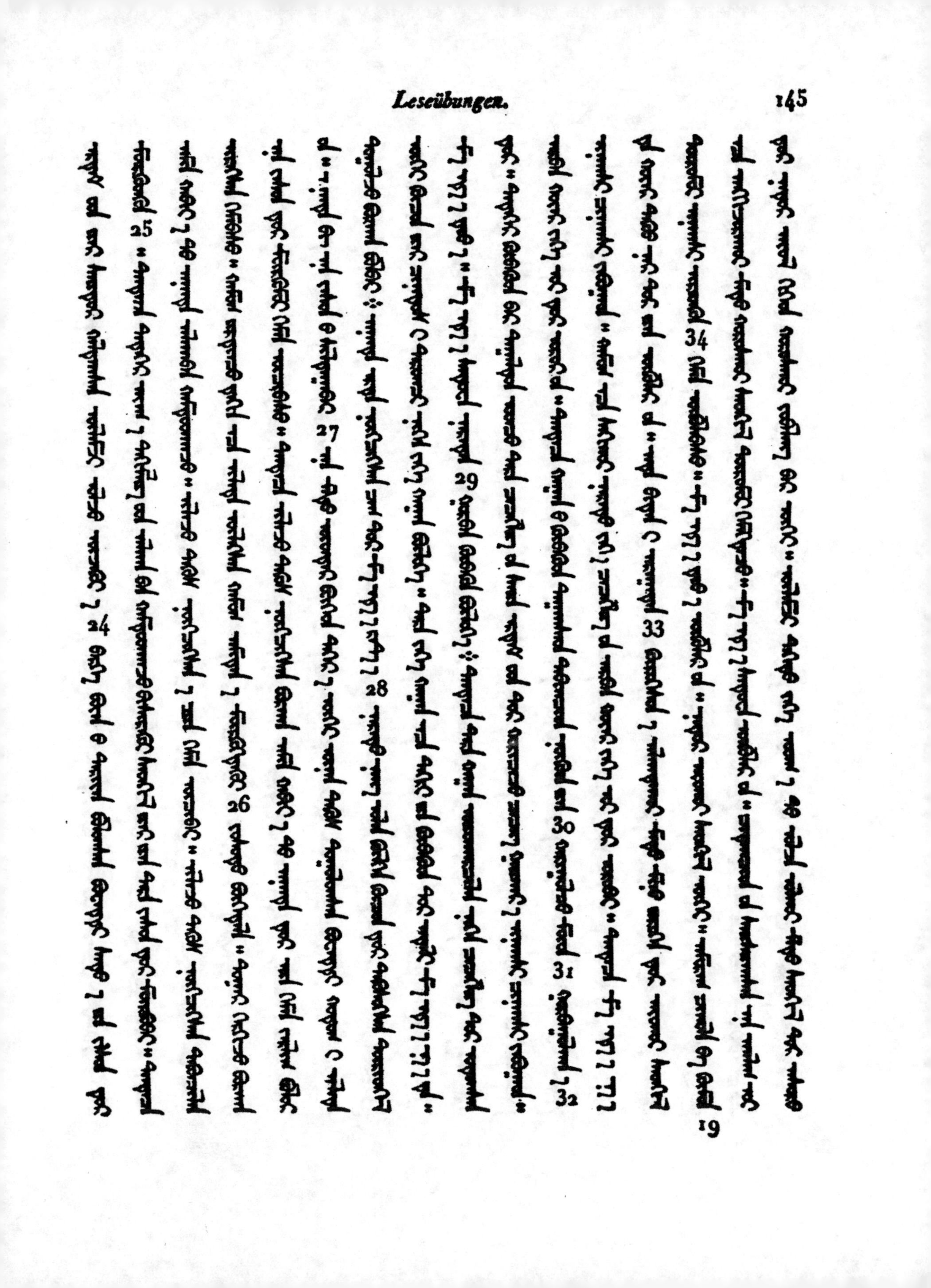

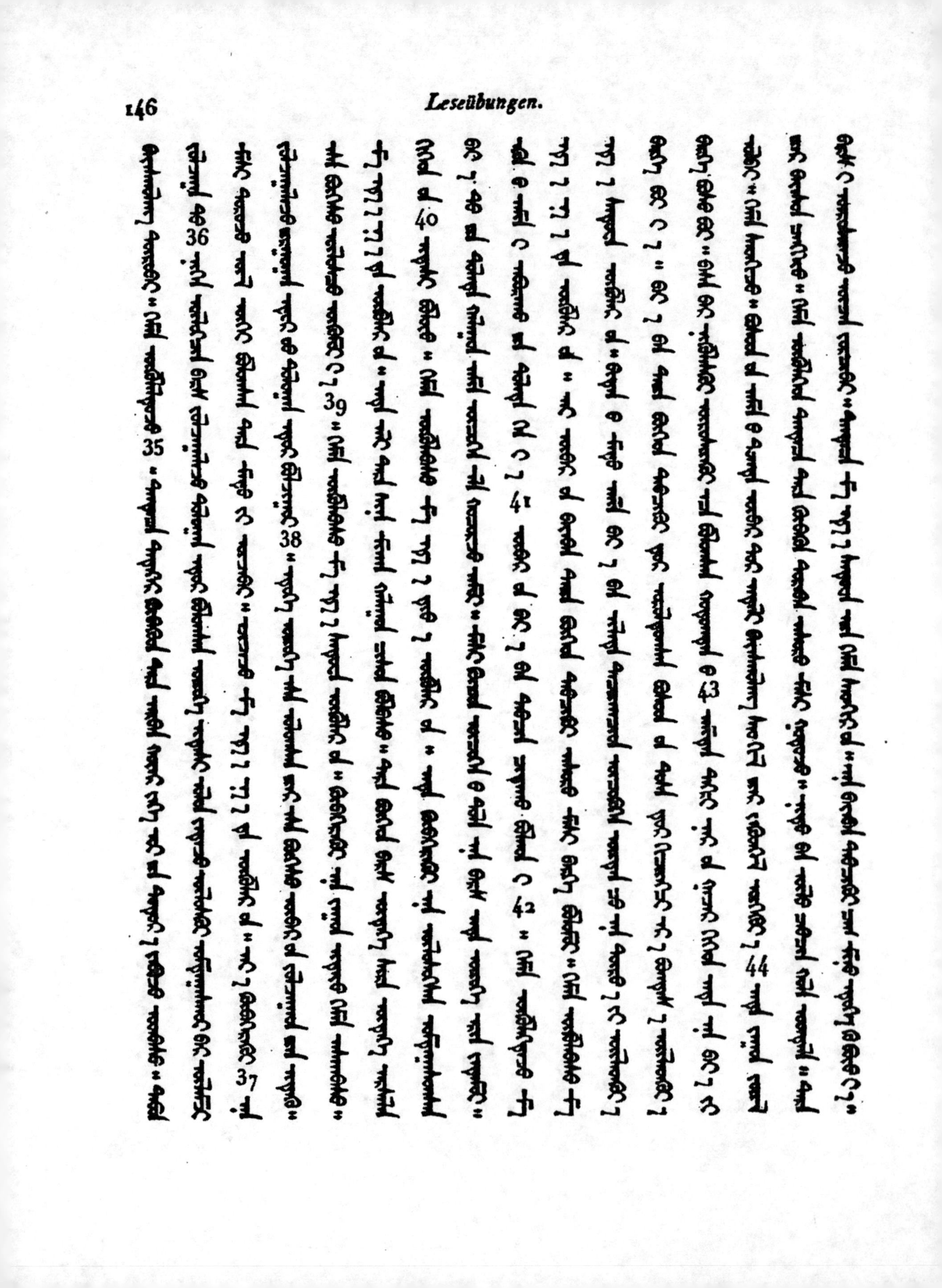

[illegible]

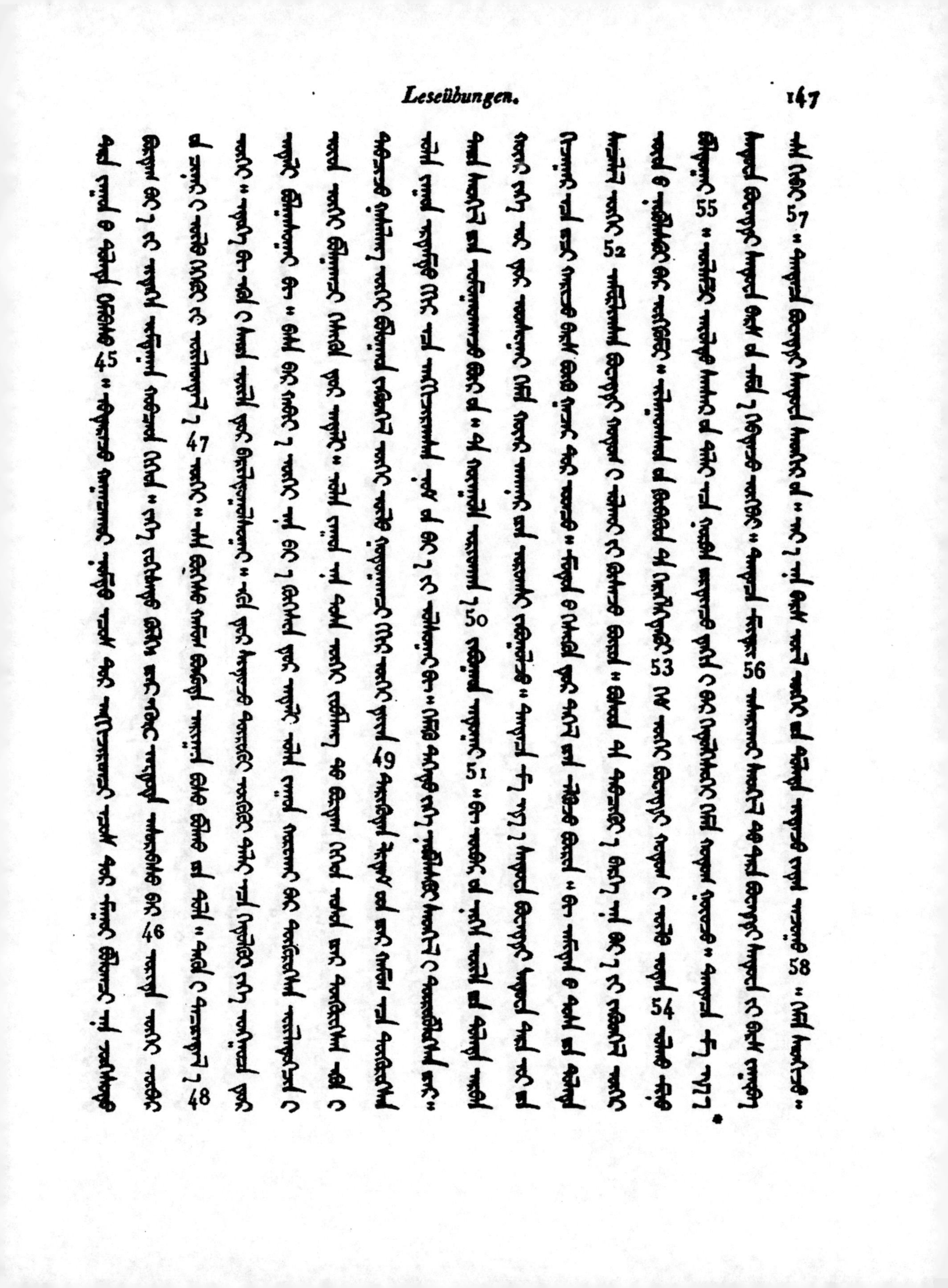

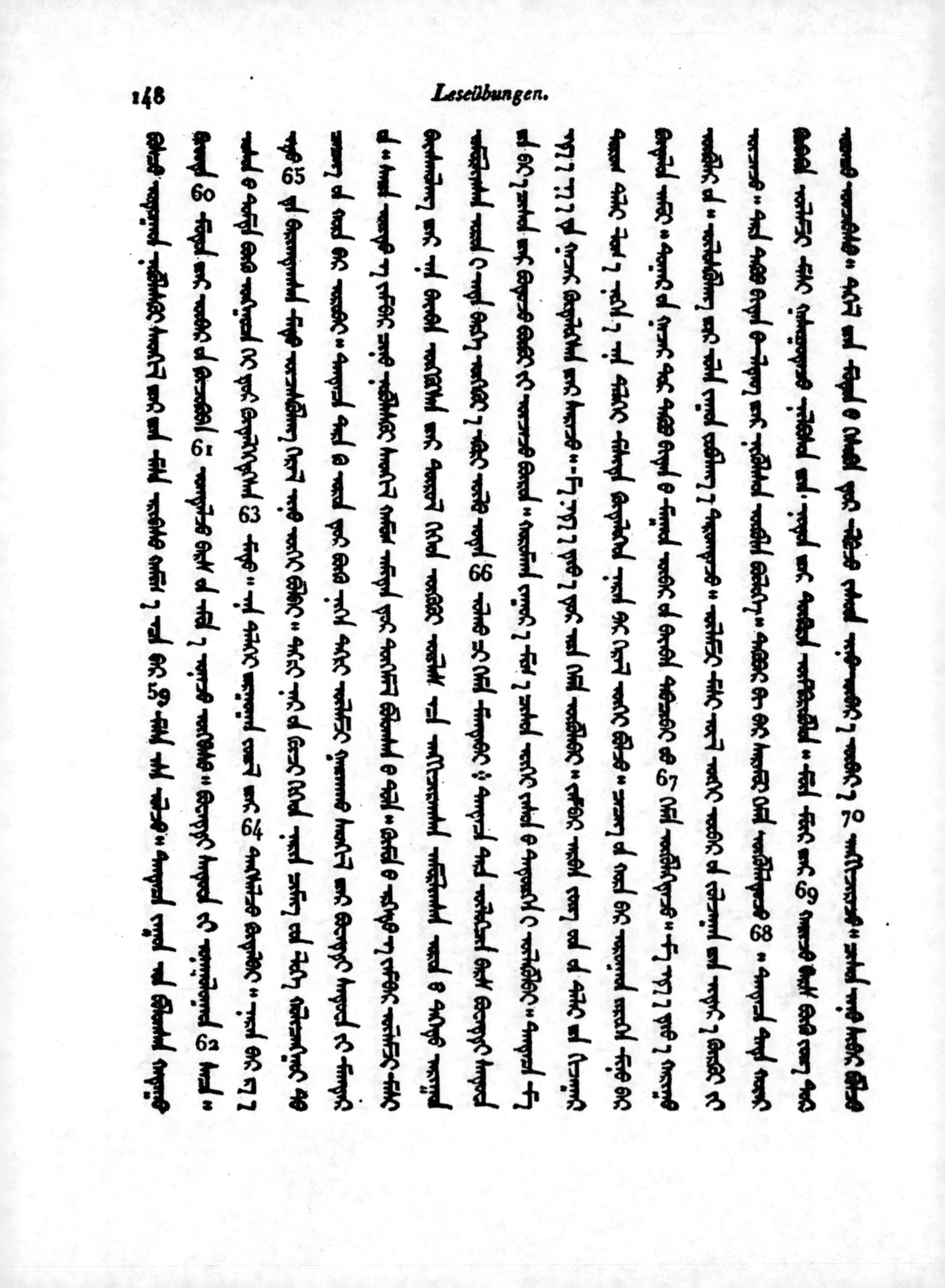

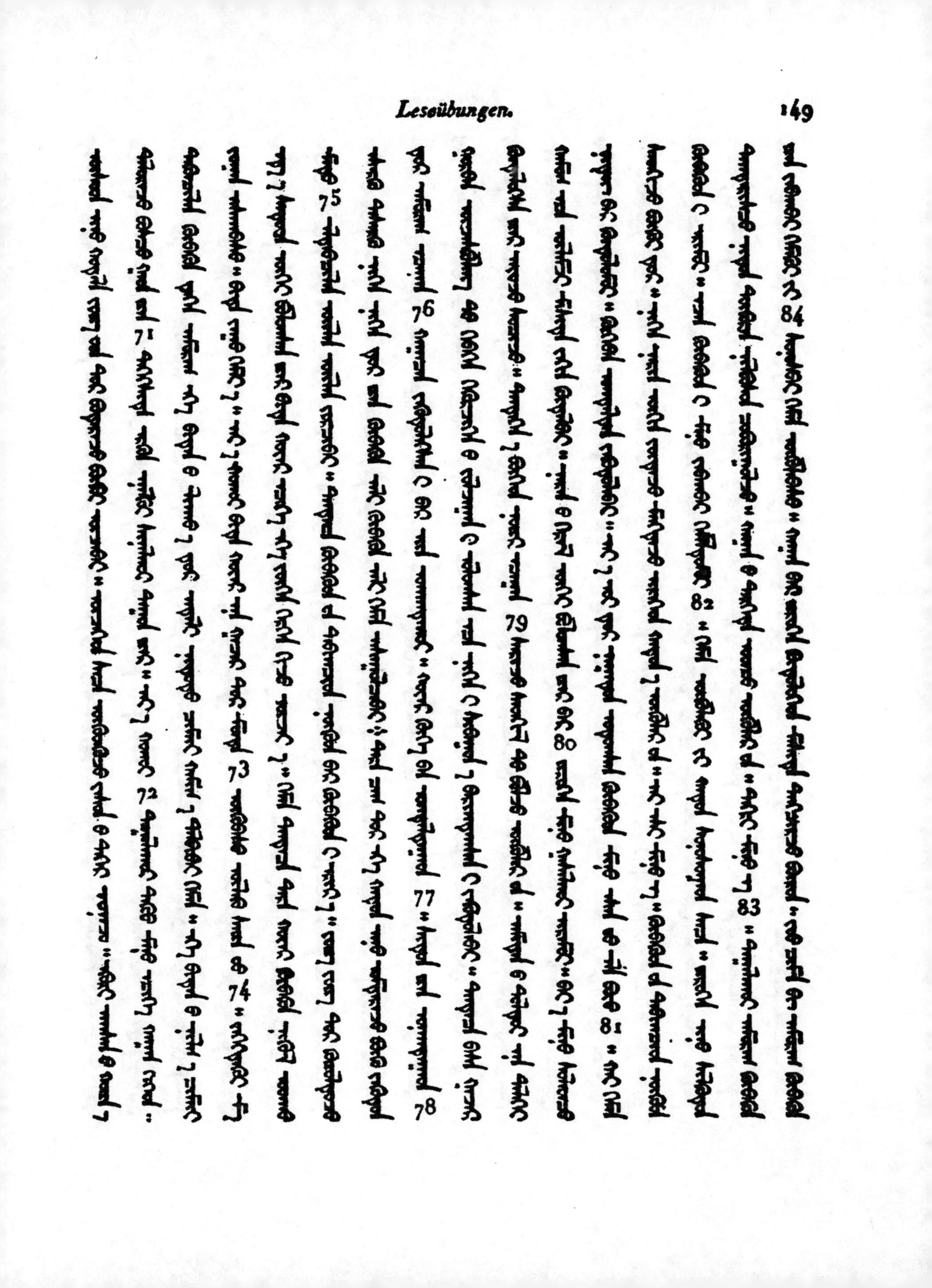

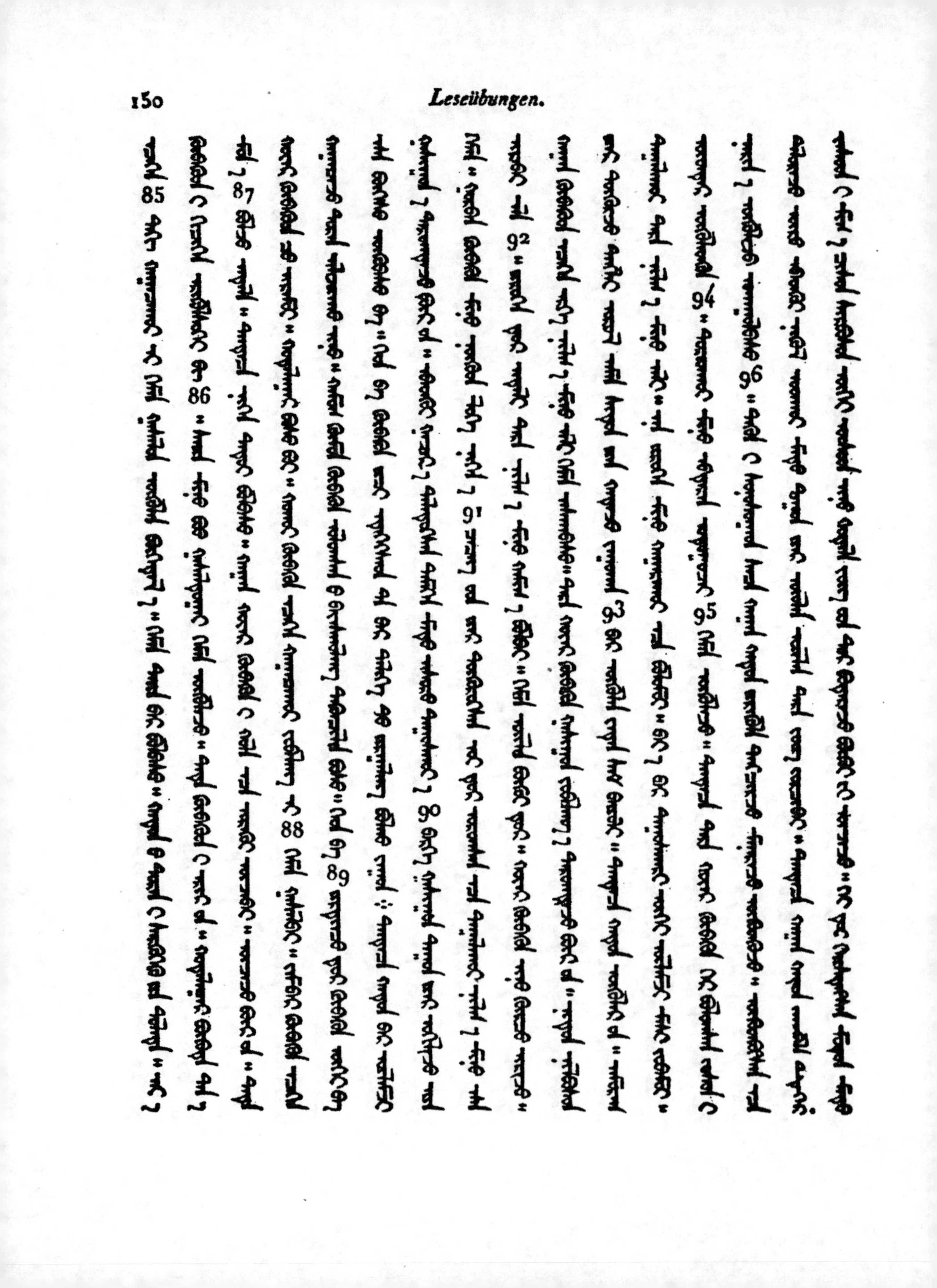

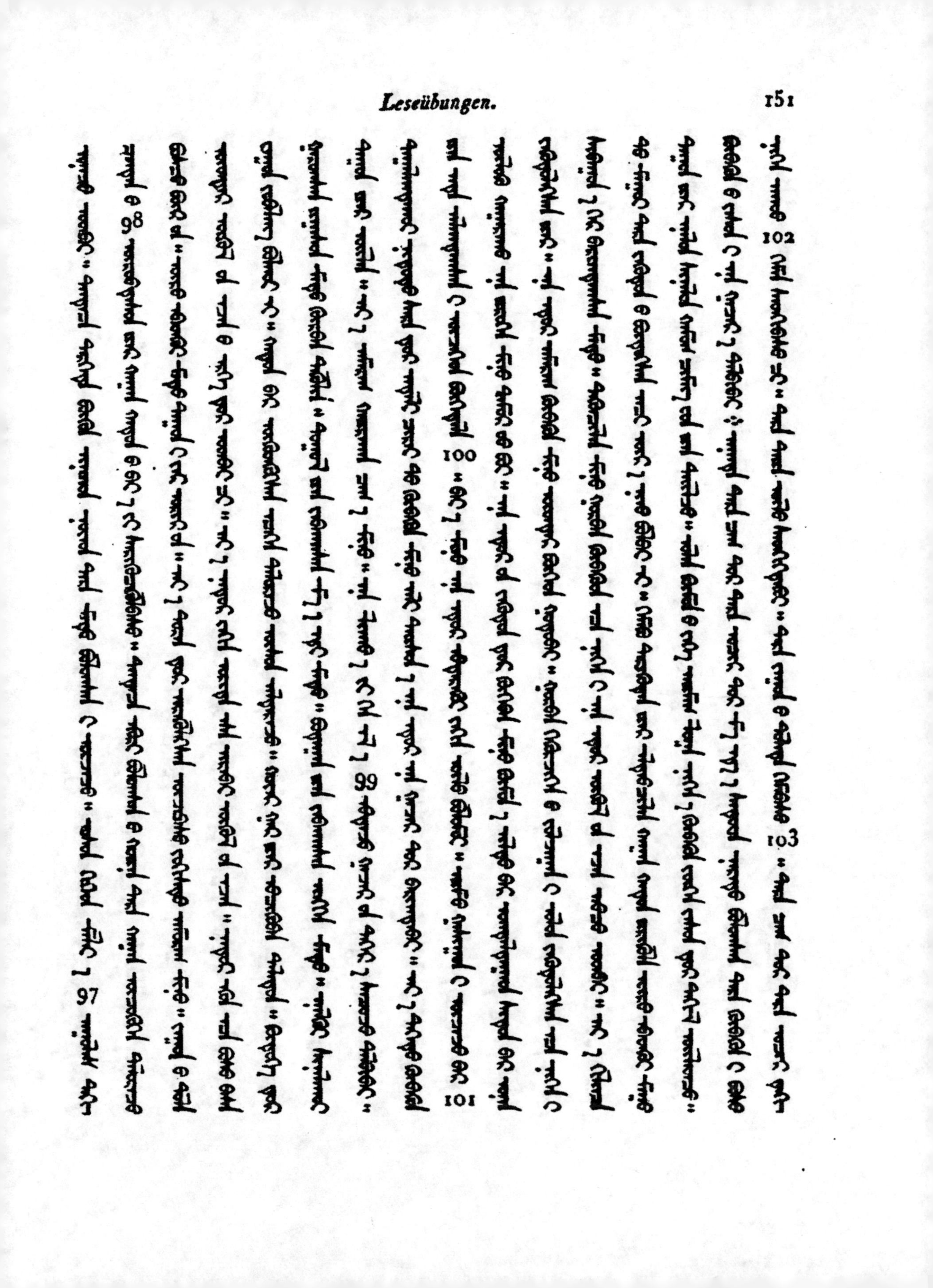

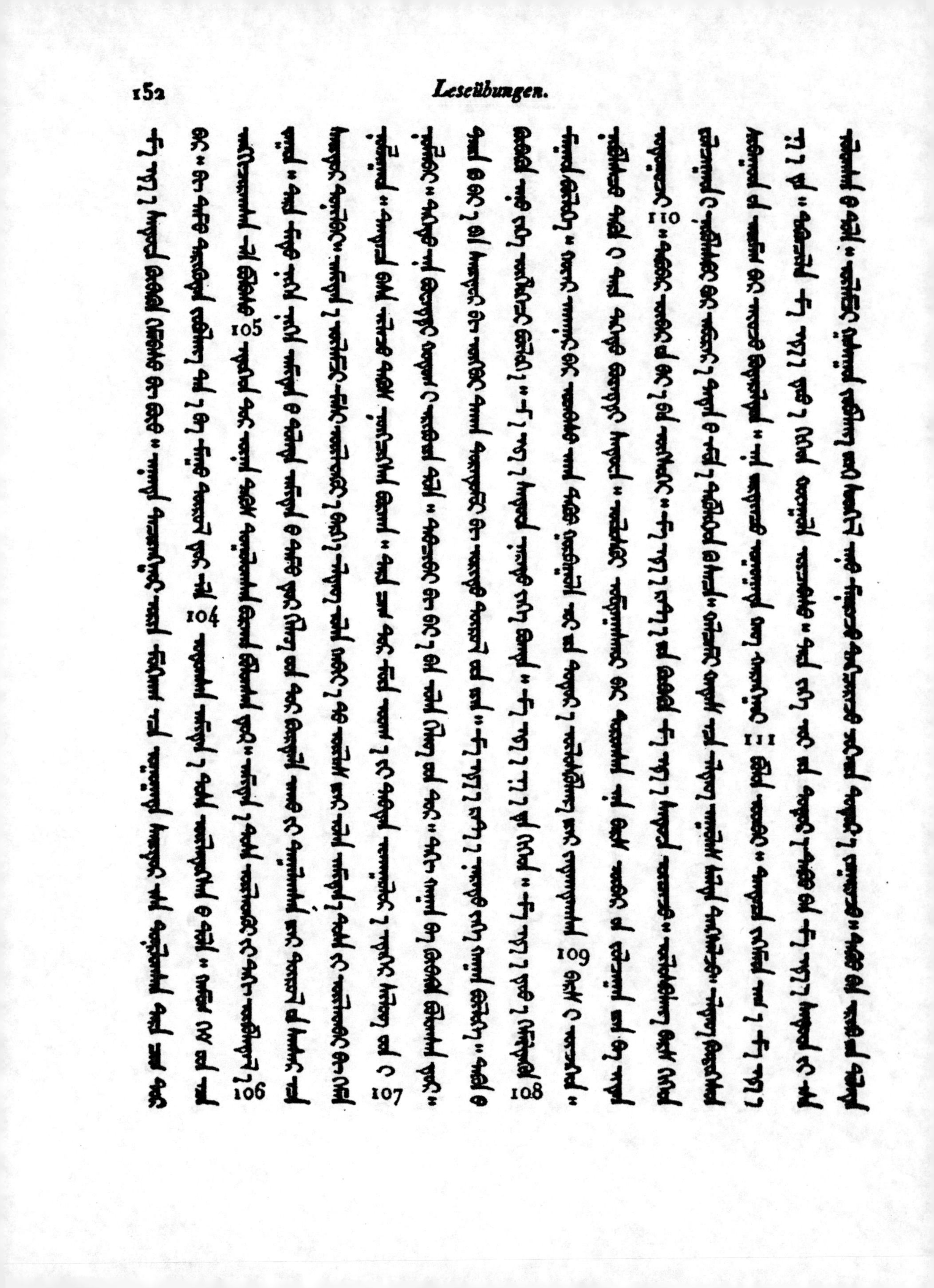

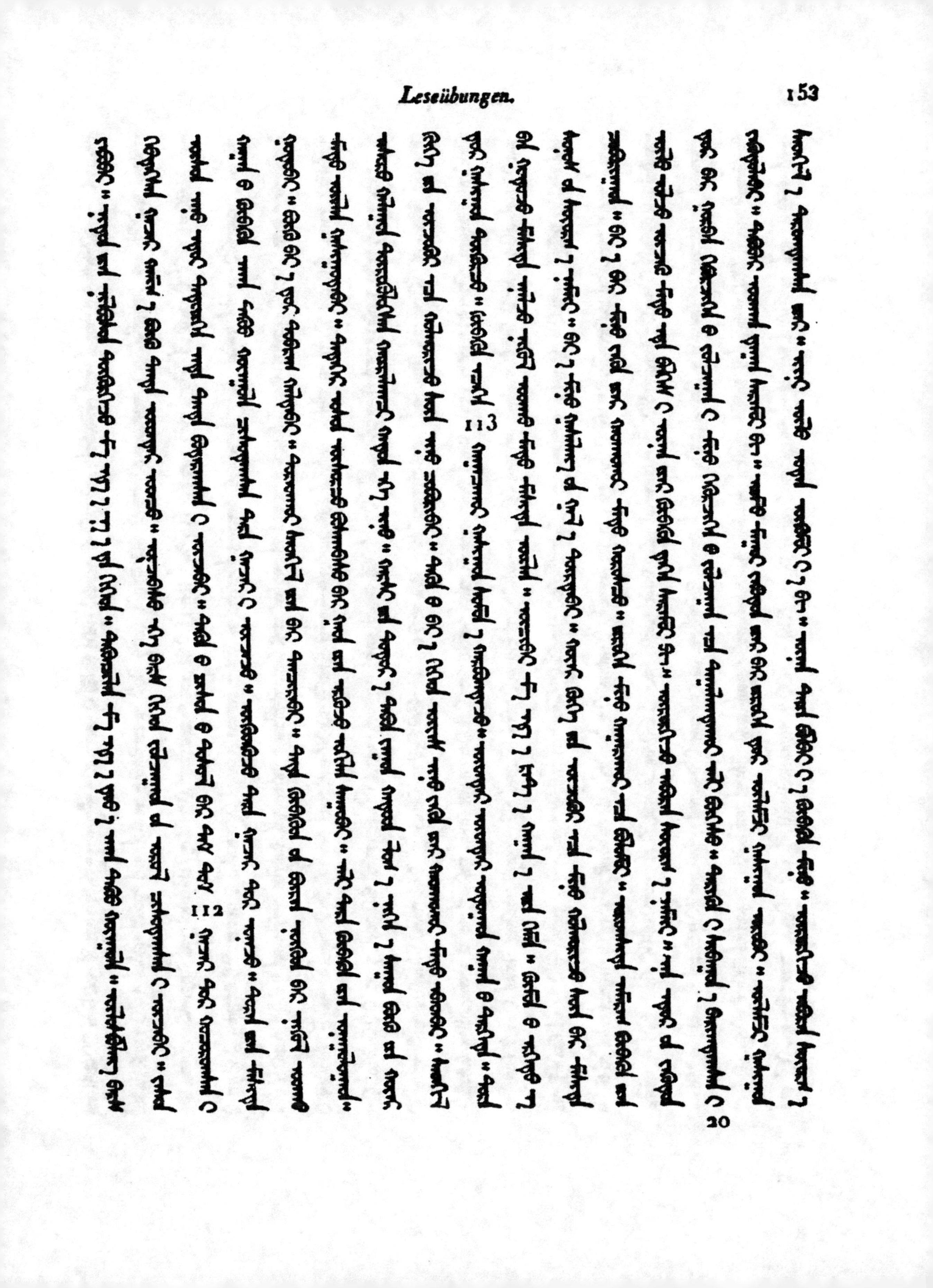

112

113

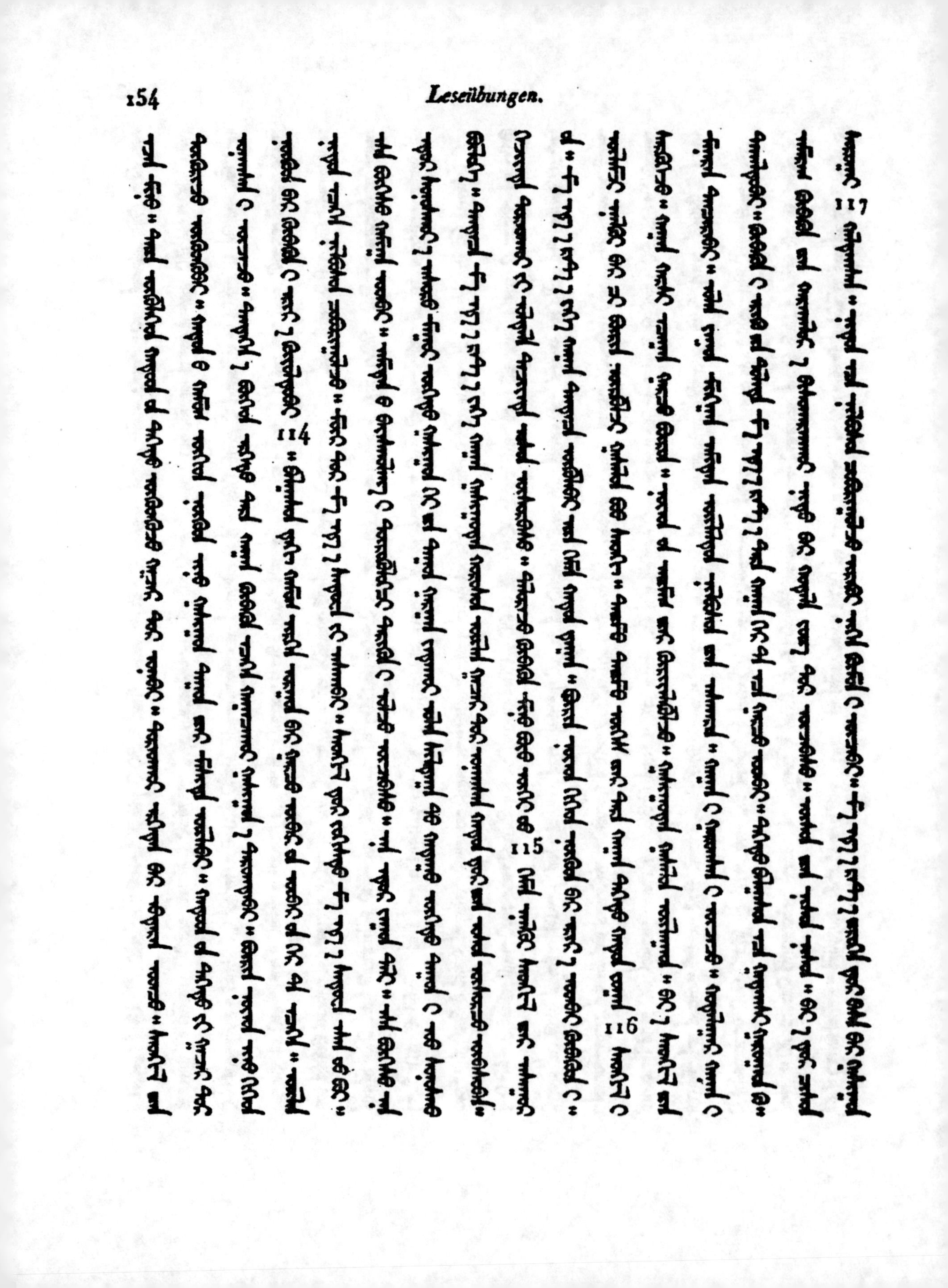

114

115

116

117

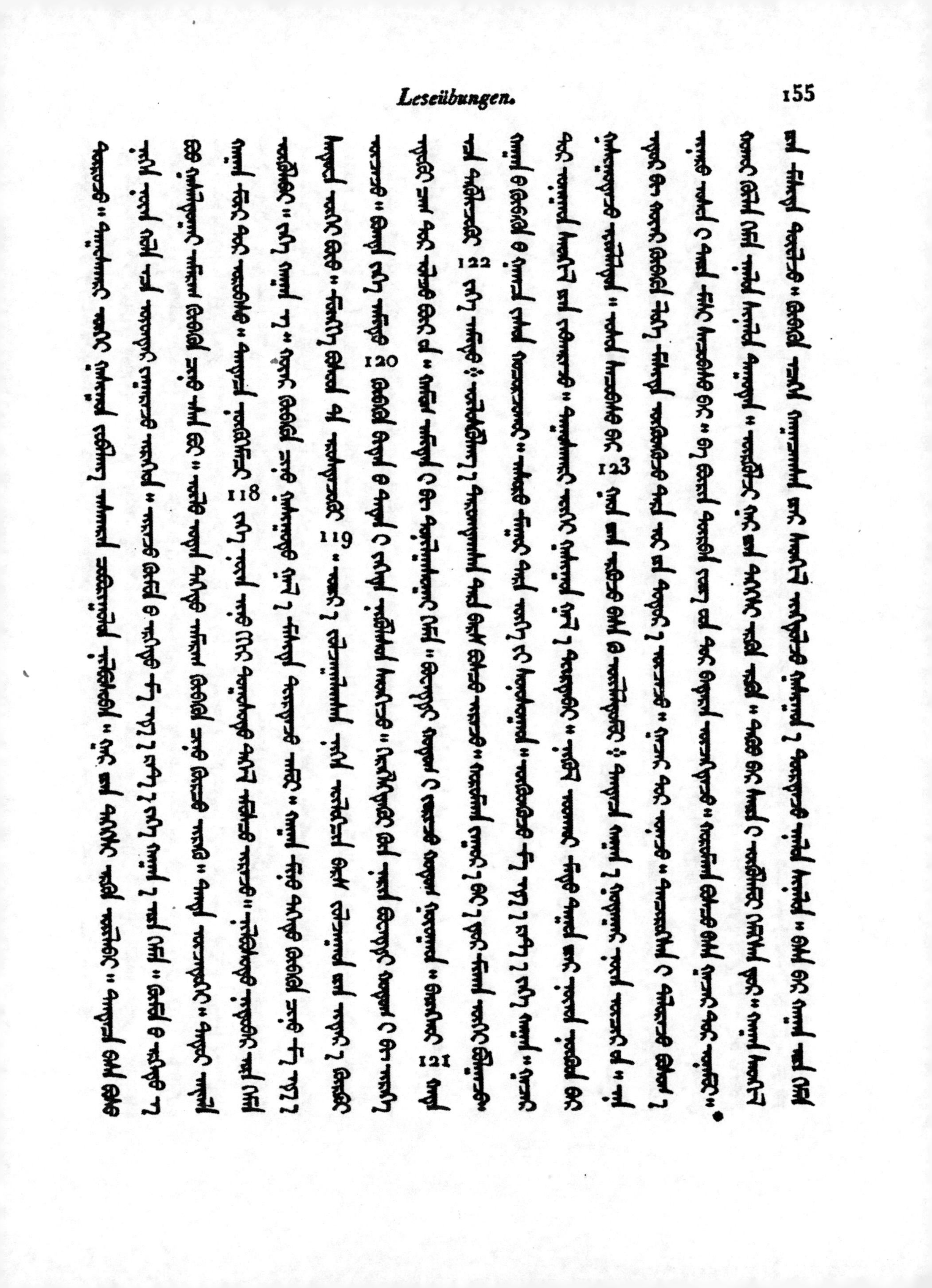

123

122

120

118

119

121

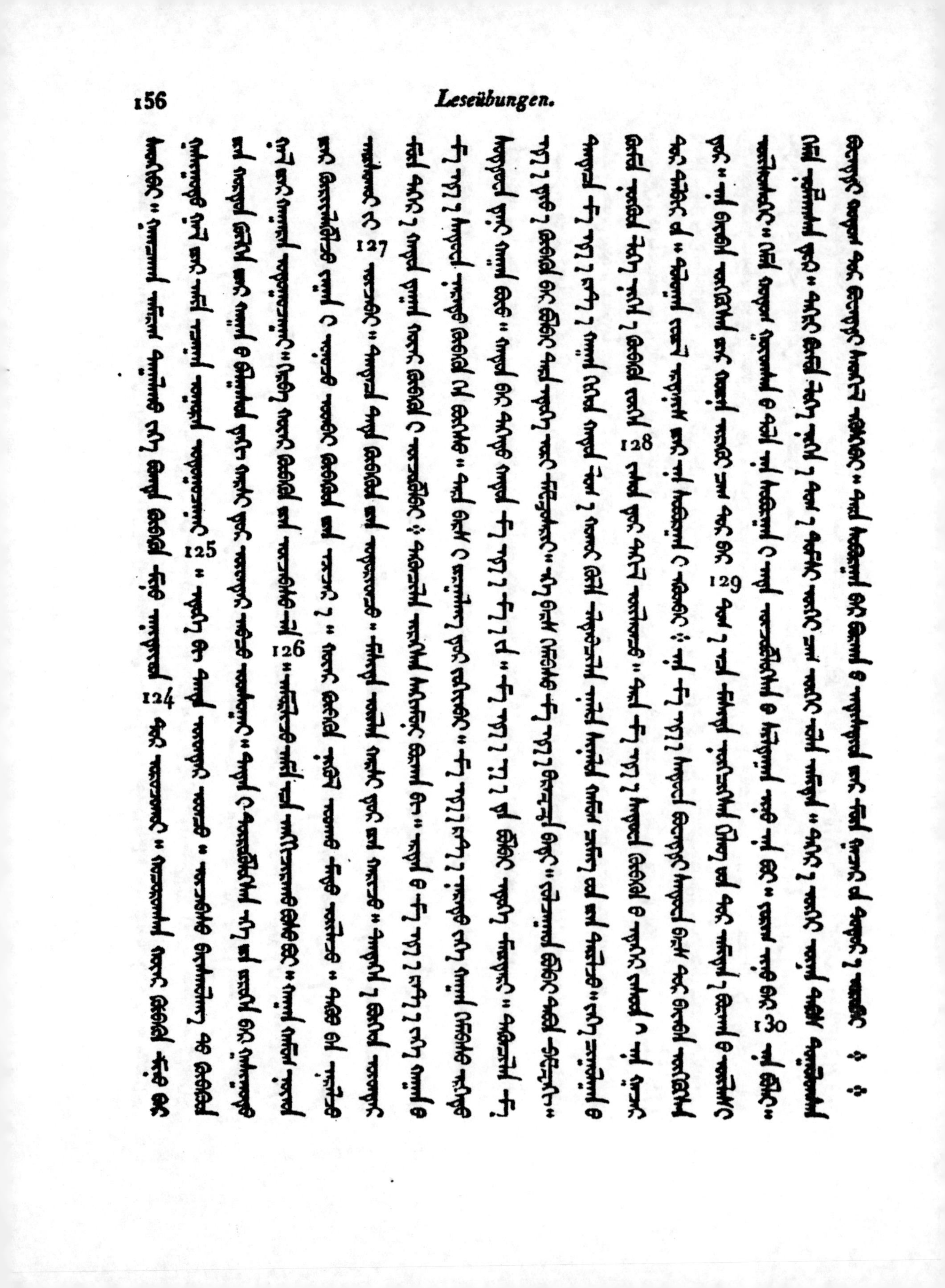

[illegible]

Erklärung einiger Wortformen.

1) Wörtlich: *ohne sich beschränken zu lassen;* nämlich das Supinum neg. des Causalverbi *töridkekü*, vergl. §. 114. — 2) Die Jenseitigen, worunter die Widersacher Buddha's unter den Menschen und Geistern gemeint sind. — 3) *Ajogha takimlik*, ungefähr „der in der Schale (*patra*) Opfer Empfangende", ist der Mongolische Name eines buddhaistischen Geistlichen oder Priesters. Im Tibetischen heisst ein solcher *Gelong*. — 4) *Pantschala*, nach Wilson eine Gegend des nordlichen Hindustan. — 5) *Amin chawijatu* oder *Nassur tegüs* sind gewöhnliche Prädicate des *Ananda* oder *Ananta*, welcher Sanskritname „ewig, unendlich" bedeutet. Ersteres Mongolische Wort heisst „werthvolles oder dauerndes Leben" und letzteres „volles Lebensalter" oder „Fülle des Lebensalters", und beide scheinen nur übersetzte Wiederholungen des Sanskritnamens zu seyn, daher ich sie in der Uebersetzung weggelassen habe. — 6) Form des Imperativs, s. §. 109. Das zur Endpartikel gehörige *k* fällt hier weg, weil *beled*, die Wurzel des Verbi, mit einem Consonanten endet, und das *k* nur dann eingeschoben wird wenn die Wurzelendung ein Vocal ist. — 7) Unpersönliches Passivum des Neutri *ögolekü* „sprechen, reden", s. §. 124 und 179. Es kommt hier oft, sonst aber nur selten vor. — 8) Das Sanskritwort *Sansâra* im Genitiv, das nämliche was das Mongolische *Ortschilang* ausdrückt, s. S. 140. — 9) *Rassijan*, gemeiniglich *Arsijan* oder *Arschijan* ausgesprochen, bedeutet „heiliges Wasser oder heiliger Trank, der Trank des Lebens oder der Unsterblichkeit." Es ist das Sanskritwort *Rassajana*. Der in den Buddhatempeln bei gewissen Gelegenheiten bereitete, aus Wasser, Zucker und Saffran bestehende, Trank führt gleichfalls diesen Namen; ebenfalls das Wasser einer mineralischen Heilquelle. — 10) Der Infinitiv mit der Dativpartikel, vergl §. 114 und 173. — 11) Das fragende Präsens *wünscht ihr?* s. §. 96. — 12) *Arschi* ist das Sanskritische *Rischi* „Heiliger." Auch im Sanskrit heisst es *Arschi*, wenn ein Prädicat vorangeht, z. B. *Brahmarschi*, *Dewarschi*, *Maharschi* u. s. w. — 13) *Den tausendstrahligen Fuss.* Buddha soll nämlich, als Symbol der Weltherrschaft, an seiner Fusssohle das Abzeichen eines tausendspeichigen Rades gehabt haben. — 14) *Linchua* ist eine Benennung der *Padma* oder Lotus-Blume; es wird auch statt des Indischen *Linga* gebraucht, vorzüglich bei hohen Bergspitzen, die oft mit dem *Linchua* oder *Linga* verglichen werden. — 15) *Sechsmal*, s. §. 82. — 16) Der gewöhnliche Imperativ *nege* „öffne"! s. §. 109. — 17) Eine gebräuchliche Verkürzung des ersten Instrumentals statt *Jossun jer*. — 18) *Dabchur* heisst „dop-

pelt", *dologhan dabchur* also „siebenfach" in substantivischer Bedeutung. Es waren sieben in einander geschachtelte Särge. — 19) Unpersönliches Passivum des Neutri *kemeku* „sagen" im Gerundium *gesagt werdend;* siehe oben Anm. 7. — 20) Das fragende Pronomen *ken* „wer" im Genitiv des Plurals, s. §. 69. — 21) *Chuwarak* ist der Collectivname für den Verein der buddhaistischen Geistlichkeit, wie im Sanskrit *Sanggha.* — 22) *Oin*, statt des gewöhnlicheren *Ojon*, bedeutet „Geist" oder „das Geistige und moralisch Willensfähige im Menschen." — 23) Dieses, immer im Plural stehende, Wort ist wahrscheinlich aus dem Sanskritischen *S'ikschâ*, welches „Uebung, Erlangung von Kenntnissen und Weisheit" bedeutet, entstanden. Sich der *Schakschawad* oder *Schickschâ* zu befleissigen, gehört zu den Hauptobliegenheiten eines Geistlichen. — 24) Der Infinitiv mit der Dativpartikel, s. §. 114 und 173. — 25) Form des Imperativs Plur. nach §. 109. — 26) Passivum des Verbi *mürgükü* „sich verbeugen, anbeten" mit dem Dativ, s. §. 179. — 27) Verkürzung des ersten Instrumentals, statt *schiltaghan jêr*, vergl. Anm. 17 und S. 137, Anm. 61. — 28) Der Sanskritname *Mahâ Ratâ* hat die nämliche Bedeutung, als der Mongolische Name dieses Königs, *Jeke Terge*, in der ersten Erzählung, s. S. 139, nämlich „grosser Wagen." — 29) Plural des Adjectivs und Substantivs *neretu* „genannt, der Genannte", s. §. 34 und 41. — 30) Vier auf einander folgende Plurale, von welchen die zwei mittleren, welche Participia sind und adjectivisch stehen, eben so gut und vielleicht sprachrichtiger des Pluralsuffixes entbehren könnten. Die Uebersetzer dieses *Sutra* scheinen sich in dieser Hinsicht zu genau an das Sanskrit-Original gehalten zu haben. Die wörtliche Uebersetzung ist: *darnach des Königs Söhne ihre begleitet habenden dienenden Gefährten zurückschickend.* — 31) Ein höchst seltener Plural des Adverbii *mün*, welches freilich auch substantivisch gebraucht werden kann, s. §. 146, *b.* An dieser Stelle heisst es *gerade, just.* — 32) Es ist diess die §. 80 erwähnte Cooperativform der Grundzahl, verbunden mit der Diminutivpartikel *chan*, s. §. 81. Der Sinn ist: *sie wandelten gerade nur ihrer drei*, d. h. ohne Schutz sich selbst überlassen. — 33) *Araghatan* statt des gewöhnlicheren *Arijatan* „reissende Thiere." — 34) Form des Imper. Pl. nach §. 109. — 35) Cooperativform des Verbi *ögölekü* „reden" im Gerundium. — 36) Bildung eines Adjectivs aus einem Substantiv, nach §. 55; wörtlich: *eine fünfjungige Tigerinn.* — 37) Interjection, s. §. 156. — 38) Copulaform des Hülfsverbi *bolcho* „werden" als Halbfrage, in der Art wie *adschigho*, s. §. 195. Der Sinn ist: *es scheint sechs oder sieben Tage gewor-*

den (her) *zu seyn*, *seit sie Junge gemacht hat.* — 39) Potentialis, s. §. 107. — 40) Die Conjunction *kiged* „und" mit der Flexion des Genitivs, die zu den vorstehenden Substantiven gehört, s. §. 159. — 41) Die Partikel des Potentialis verbunden mit dem fragenden Pronomen *ken* „wer?" in dem Sinne: *wer wohl?* — 42) Das letzte Wort *bolchoni* besteht aus der dritten Person Futuri des Hulfsverbi *bolcho* „werden", s. §. 103, und der verkürzten Subjectpartikel *inu*, welche sich auf das Subject *wer* bezieht: sie kann, wegen der dem Subject angefügten Partikel des Potentialis, nicht füglich unmittelbar auf dasselbe folgen. — 43) *Chutuktan* als Substantiv mit dem Genitiv; es könnte an dieser Stelle auch adjectivisch gebraucht werden und stände dann ohne Casusflexion. — 44) Supinum negativum, s. §. 114. — 45) Umschreibung der Conjunction *denn*, s. §. 155, *b.* — 46) Conditionalis mit der Partikel *ber*, als Ersatz für die Conjunction *obgleich*, *wenn*, *gleich*, s. §. 105. — 47) Das Gerundium *üiledtele* „während man thut" oder „während des Thuns" mit darauf folgender Verneinung, also wörtlich: *während des Thuns nicht*, wovon der Sinn ist: *das Thun verhindert nicht*, *dass* u. s. w. — 48) Derselbe Fall mit dem Gerundium *tatschijatala* des Verbi *tatschijacho* „mit Leidenschaft lieben", dem Sinne nach: *es verdient nicht Liebe* u. s. w. — 49) Das Sanskritwort *Dhjâna*, welches „Beschaulichkeit, Absonderung vom Irdischen" bedeutet. — 50) Das Adverbium *urid* „voraus" mit dem Diminutivsuffix *chan*, s. §. 62, also: *ein wenig voraus.* Siehe auch S. 136, Anm. 50. — 51) Precativ des Hülfsverbi *acho* „seyn." — 52) Supinum neg. des Verbi *ssatsalacho* „vergleichen" nach §. 114, also: *ohne zu vergleichen* oder *unvergleichlich.* — 53) Passivum mit dem Dativ Pl., s. §. 179. — 54) Gerundium negativum statt des Supini negativi, s. §. 114. 55) Precativ, s. §. 108. — 56) *Maitri*, ein Sanskritwort, welches „freundschaftlich, liebevoll" bedeutet, und in Mongolischen Büchern häufig in diesem Sinne gebraucht wird. — 57) Imperfectum des Verbi *kikü* „thun, anthun", welches im Mongolischen den Accusativ regiert. — 58) Form der Copula, s. §. 195. — 59) Die Subjectpartikel *ber* kann hier im doppelten Sinne genommen werden, entweder um das verschmolzene Subject *er* oder die Conjunction *obgleich* zu ersetzen; im letzteren Falle gehört sie zum Conditionalis *eribessu.* — 60) Der mir unbekannte Sanskritname eines Baumes oder einer Holzart. — 61) Verkürzter zweiter Accusativ statt *küsügün jên* „seinen Hals." — 62) Causalform des Verbi *unacho* „fallen"; es heisst wörtlich: *kaum hatte es* (näml. der Stich oder Schnitt mit dem Holze) *den Bodhisatwa fallen gemacht.* — 63) Passivum im Participio

Prät. mit dem Dativ, nach §. 179. — 64) Gebrauch des ersten Instrumentals statt der §. 82 erwähnten Form der Grundzahl: *nach sieben Abtheilungen* statt *siebenmal;* vergl. Anm. 15. — 65) Der, auch im Mongolischen eingebürgerte, Sanskritname eines Ungeheuers. Die feindseligen Anfälle des *Râhu* auf Sonne und Mond sollen die Ursache der periodischen Verfinsterungen dieser Gestirne seyn. — 66) Negatives Gerundium statt des ähnlichen Supini, vergl. Anm. 54. — 67) Einzeln stehende Fragepartikel nach einem bestimmten Schlusse: *gewiss hat unser Bruder seinen Körper vernichtet;* etwa *wie?* oder *was denkst du?* — 68) Cooperativform des Verbi *ögolekü* „reden." — 69) *Auf derselben* oder *der nämlichen Spur*, welches durch das Adverbium *mün* „gerade, just, ebenso" bezeichnet wird. — 70) Das Adverbium *öbere* mit stehender Dativendung bedeutet *anders*, die Verdoppelung desselben *immer anders* oder *auf verschiedene Weise.* — 71) Ein ungewöhnlicher Plural, *ghad* statt *gharod* „die Hände." — 72) Interjection, s. §. 156. — 73) Das Adverbium *mün* mit der Postposition *da* des Locativs, also: *gerade hier* oder *auf dem nämlichen Platze.* — 74) Die Fragepartikel dem bestimmten Satze angehängt; etwa: *es wäre viel besser, gleich hier zu sterben, nicht wahr?* vergl. Anm. 67. — 75) *Wie die Sünde geht;* eine sonderbare Vergleichungsformel, um den Ausbruch der Klagen des höchsten Schmerzes zu bezeichnen. Sie wird in dieser Erzählung mehrmals wiederholt, ist mir aber sonst nicht vorgekommen. — 76) Postposition des Ablativs mit der Postposition *ghan*, um das Pronomen possessivum zu ersetzen, s. §. 139. — 77) und 78) Gerundia Präter. des Passivs der Verba *uktalacho* „schneiden" und *unacho* „fallen." — 79) Postposition des Ablativs mit der Partikel *ghan*, s. Anm. 76. — 80) Die Partikel *ber* gehört zum Subject *gerel* „der Schein." — 81) Die Partikel *ele*, die häufig mit dem Conditionalis steht, um die Conjunction *wenn* zu verdeutlichen, erscheint hier, um die in der Frage liegenden Zweifel zu bezeichnen: *Sind meine in das Gehölze lustwandeln gegangenen Söhne auch wohlauf oder ist* (ihnen) *Uebel* (begegnet)? — 82) Cooperativform des Verbi *kemekü* „sagen." — 83) *Meine Gottheit!* es ist gewöhnlich, den Monarchen also anzureden. — 84) Der Infinitiv mit dem Accusativ zum Ersatz der Conjunction *dass*, s. §. 155, *c.* — 85) Postposition des Ablativs mit der Partikel *gen*, vergl. Anm. 76 und 79. — 86) Erste Person Sing. des Futuri der Causalform: *ich werde suchen lassen*, vergl. §. 103. — 87) Ein eigenes Empfindungswort für *Verwirrung;* es heisst hier wörtlich: *während sie Alle insgesammt tana mona wurden*, welches bedeutet: *während sie Alle in Verwirrung waren* oder *den Kopf verloren.* — 88) Eine Schlusspartikel als Ausrufung, die weiter keinen Sinn hat. — 89) Das fragende Pronomen *ken* „wer" im Plural, s §. 69. — 90) Infinitiv mit der Dativpartikel, s. §. 114 und 173. — 91) Das Zahlwort *nigen* „eins" mit der Dativpartikel bedeutet *zusammen*, *beisammen*, auch *an einer Stelle*, vergl. §. 52. — 92) Die Partikel *ele*, im gemeinen Leben häufig nur *le*, ist hier eine müssige Ausfüllung, und bezeichnet nichts als eine Ausrufung. Bei Wehklagen und pathetischen Phrasen finden sich diese und ähnliche Partikeln als Nachhall sehr oft, vorzüglich nach einem Imperfectum. — 93) Das Pronomen *jaghon* „was" mit der Diminutivpartikel *chan*, s. §. 62; *jaghochan ber* bedeutet „auch das Geringste"; es heisst hier: *auch das Geringste zu sprechen unvermögend seyend*, *blieben sie verstummt.* — 94) Plural des Imperativs nach §. 109. — 95) Eine oft gebräuchliche Form des Potentialis Präs. oder des unbestimmten Futuri, *odoghosai* statt *odomuisa* „er könnte, möchte gehen"; sie kommt meistens in Verbindung mit einem vorstehenden Gerundium vor, vergl. übrigens §. 121, wo die nämliche Form zum Grunde liegt. — 96) Conditionalis der Causalform des Verbi *uchacho* „begreifen"; der Satz heisst wörtlich: *als nun die beiden Söhne die Art*, *wie es sich zugetragen*, *ins Feine* (Einzelne gehend) *sprechend begreiflich machten.* — 97) *Malaja*, der Name eines Gebirges in Indien, wo das beste Sandelholz wächst. — 98) *Tschandana*, der Sanskritname des Sandelbaumes. — 99) Das fragende Pronomen *ken* „wer" in Verbindung mit der Partikel *ele*, also *wer wohl?* vergl. Anm. 81. — 100) Gerundium des Hülfsverbi *bökü* „seyn" für die Präposition *während.* — 101) Die Subjectpartikel *ber* steht hier statt des verschmolzenen persönlichen Fürwortes *ich.* — 102) Dritte Person des Futuri mit der Frage. — 103) Umschreibung für die Conjunction *denn*, vergl. §. 155, *b*) und Anm. 45. — 104) Die Partikel *ele* steht hier für die adverbiale Conjunction *oder irgend.* — 105) Hier steht *ele* mit dem Conditionalis für die Conjunction *wenn.* — 106) Das Gerundium *ögöletele* mit dem darauf folgenden Pronomen *jaghon* „was?" also: *was? während ich abermals davon spreche*, welches bedeutet: *wozu soll ich abermals davon sprechen?* oder *was ist — davon zu sprechen?* vergl. Anm. 47 und 48. — 107) *Schilük*, hier im Plural, ist aus dem Sanskritworte *S'loka*, welches „einen Vers" oder „eine Stanze" bedeutet, entstanden. Die nun folgende Fortsetzung der Erzählung ist nur die poetische Wiederholung eines Theils derselben. Das Metrum des Originals ist in der Mongolischen Uebersetzung nicht beobachtet, wohl aber, wie es scheint, die Wortfolge desselben, welche in diesem Theil der Erzählung gegen alle Regeln des prosaischen Periodenbaues verstösst; so dass die Wörter oft bunt durch einander stehen, dessen ungeachtet aber, in Gemässheit ihrer grammatischen Formen, leicht in ihre natürliche Folge gebracht und geordnet werden können. — 108) *Die Genannten*, ein aus der Passivform gebildetes Substantivum. — 109) Participium des Passivs: *nachdem die drei Brüder im Innern des Gehölzes die durch Hunger unvermögend gewordene* (kraftlose) *Tigerinn gesehen hatten.* — 110) Form des Potentialis, vergl. Anm. 95. — 111) Verstärkung des Adjectivs durch Verdoppelung der ersten Sylbe mit Einschiebung eines *b*, s. §. 63. — 112) *Tam tum*, Empfindungswort, um das Tropfen zu versinnlichen. — 113) Postposition des Ablativs mit der Partikel *gen*, vergl. Anm. 76, 79 und 85. — 114) Cooperativform des Verbi *göjökü* „laufen." — 115) Einzeln stehende Fragepartikel: *ist mein Sohn da?* (oder) *nicht?* — 116) Partikel für den Genitiv, um das Pronomen possessivum zu ersetzen, s. §. 134. — 117) *Schiroghai* statt des gewöhnlichen *Schiroi* „Erde, Koth." — 118) Die Ordnungszahl *nököġê*, „der zweite, folgende", s. §. 83, mittelst der angehängten Partikel *metschi* in der Form *nököġêmetschi* zum Substantiv umgebildet. — 119) Dritte Person des Perfecti, s. §. 101. — 120) Mongolische Uebersetzung des Sanskritnamens *Mahâ Satwa;* er bedeutet *grosses Wesen.* — 121) Adjectiv, aus dem Hülfsverbum *baicho* „seyn, bleiben" gebildet. Bei andern Verben werden mittelst dieser Form auch Substantiva gebildet, z. B. *öröschijenggöi* „Erbarmen" von *öröschijekü* „sich erbarmen." Hier bedeutet diese Form: *von dem Felsen, wo er war* oder *sich befand.* — 122) Dritte Person des Perfecti, s. §. 101 und Anm. 119. — 123) Conditionalis mit der Partikel *ber*, um die Conjunction *obgleich* darzustellen. — 124) Das Sanskritwort *Anitjadâ*, welches *nicht ewig* bedeutet. — 125) Form des Potentialis, wie Anm. 95 und 110. Hier ist die Endpartikel *sai* in *saghai* verlängert, welches in der Prosa nicht nachgeahmt werden darf. — 126) Conditionalis mit der Partikel *ele* für die Conjunction *wenn*, s. §. 104. — 127) Infinitiv mit dem Accusativ für die Conjunction *dass*, s. §. 155, *c.* — 128) Partikel für den Genitiv, um das Pron. poss. zu vertreten, s. §. 134 und Anm. 116. — 129) Subjectpartikel zum Ersatz des persönlichen Fürwortes *ich.* — 130) Zwei auf einander folgende Subjectpartikeln; die erste *inu* folgt auf den Nominativ *sorik* „Wille, Absicht", und die zweite *ber* ersetzt das Possessivum *minu* „mein."

Uebersetzung.

Als der — mit viel-hundertfachen flammenden Lichtstrahlen fleckenloser, unermesslicher und vielfacher Verdienste und mit schrankenlosem (unbegrenztem) Blicke die Regionen der Götter durchschauende, der durch die Kraft und Herrlichkeit seiner Weisheit die Gegner besiegende — allerherrlichst-vollendete Buddha, umgeben von tausend Geistlichen, auf seiner Wanderung durch das Land des Volkes *Pantschala* an einen Wald mit verschiedenen Bäumen (baumreichen Wald) gelangte, und auf einer, mit hellbläulichem, weichem, schönem und wogendem Grase begrünten (bedeckten) Fläche viele wohlriechende Blumen erblickte, womit der Grund, wie mit Fleiss, aufs schönste geschmückt war; als der allerherrlichst-vollendete Buddha dieses sahe, sprach er zu *Ananda*: „Ananda, bereite an diesem reitzenden Orte den Sitz des Wahrhaft-Erschienenen! hier ist „ein Ort, der Veranlassung zum Reden gibt.“ Als nun *Ananda*, dem Worte Buddha's gemäss, mit Zurichtung des Sitzes des Wahrhaft-Erschienenen fertig war, sprach er (zu Buddha): „Der Sitz ist bereitet. Allerherrlichst-Vollendeter „und erhabenes Oberhaupt! Spender der höchsten Gaben für die Menschen „(Menschheit) und Löser der Bande des *Sansâra!* geruhe Platz zu nehmen, und „um des Wohles der Wesen willen die trefflichen, dem Lebenstranke gleichen, „Worte des zum Ziel Gelangten (Buddha's) zu lehren!“

Hierauf nahm der allerherrlichst-vollendete Buddha an diesem Orte seinen Sitz und sprach zu den Geistlichen: „Geistliche! wünscht ihr die Gebeine des „Bodhisatwa zu sehen, der eine schwer zu verrichtende That vollbracht hat?“ Da antworteten diese Geistlichen dem allerherrlichst-vollendeten Buddha: „Grosser, „den Wesen Nutzen und Heil bringender, *Rischi!* Freudenvoller durch Geduld „und sorgsame Ausdauer! Ausgezeichneter durch deinen Beruhigung und Dämpfung (der Sinne) liebenden Geist! Region, aus welcher unermessliche Tugenden fliessen! es ist die Zeit für uns da, diese Gebeine zu sehen: geruhe uns „gründlich zu belehren!“

Als nun, nach diesen Worten, der allerherrlichst-vollendete Buddha mit dem (mit dem) tausendspeichigen (Rade versehenen) Fusse die Erde berührte, und mit der, gleich einer frisch-aufgeblühten Linchua-Blume weichen, Hand der Erde einen Druck gab, da erbebte die grosse Fläche plötzlich sechsmal, und es kam aus derselben eine von Gold, Silber und edelm Gestein verfertigte Grabpyramide zum Vorschein. Da sprach der allerherrliehst-vollendete Buddha zu *Ananda:* „Ananda, öffne diese Grabpyramide!“ Als nun Ananda, dem Befehle

Buddha's gemäss, dieses Grabmal öffnete und hineinschaute, schimmerte ihm Goldglanz entgegen, und er erblickte einen, mit verschiedenen Juwelen übersäeten und wie mit einem Netze von Perlen überzogenen, goldenen Sarg. Da sprach er zum allerherrlichst-vollendeten Buddha: „Allerherrlichst-Vollendeter! es ist „ein goldener Sarg." Hierauf erwiederte der allerherrlichst-vollendete Buddha: „Oeffne alle sieben Verdoppelungen (Einschachtelungen des Sarges)!" Als nun *Ananda* alle geöffnet hatte, erblickte er im Innern des Sarges blendend weisse Gebeine, an Farbe dem Schnee und der Blume *Kumuda* ähnlich, und er sprach zu Buddha: „Allerherrlichst-Vollendeter, wessen sind diese Gebeine?" Buddha entgegnete: „Ananda, nimm diese Gebeine des grossen Mannes (Helden) heraus „und bringe sie her!" Da nahm *Ananda* diese Gebeine heraus und zeigte sie dem allerherrlichst-vollendeten Buddha, worauf derselbe diese Gebeine Angesichts der Geistlichkeit in die Hand nahm, und nachdem er sich (vor ihnen) verbeugt hatte, Folgendes sprach: „Diese Gebeine gehören Einem, der viele erhabene Vor„züge besass, der geist- und weisheitsvoll im *Dhjâna* der (Sinnen-) Beruhigung „Geduld und Ausdauer bewies, dem Geist- und Weisheitsvollen vom erhaben„sten Rufe, der für immer auf dieser (Stufe der) Bodhiwürde mit unerschütter„licher Ausdauer und (festem) Vertrauen, so wie mit erhabenem Weisheitssinne „eine Gabe darzubringen beschlossen hatte." Nach diesen Worten sprach der allerherrlichst-vollendete Buddha abermals zu den Geistlichen: „Geistliche, ver„beugt euch vor den Gebeinen des Bodhisatwa, der durch die aneignende Kraft „fleissiger frommer Uebungen und seiner Vorzüge ein fruchtbares Ackerkorn „schwer zu findender und schwer zu sehender (d. h. seltener) Verdienste ge„worden ist!" Hierauf verbeugten sich die Geistlichen mit zusammengelegten Händen und gläubigem Gemüthe vor diesen Gebeinen. — Da legte *Ananda* die flachen Hände zusammen und sprach zum allerherrlichst-vollendeten Buddha: „Warum verbeugte Buddha vorhin sich vor diesen Gebeinen, da doch der Aller„herrlichst-Vollendete und Wahrhaft-Erschienene Alles in allen Welten weit „übertrifft und von allen Wesen die Ehre der Anbetung zu empfangen hat?" Hierauf erwiederte der allerherrlichst-vollendete Buddha dem *Ananda*: „Ananda, „diese Gebeine gaben die Veranlassung, dass ich so schnell die über Alles gehende „wahrhaft-vollendete Bodhiwürde offenbarlich vollendet (erlangt) habe und Buddha „geworden bin."

„Ananda, in früh verflossener Zeit war (lebte) ein grosser und durch eine zahlreiche Streitmacht überaus mächtiger König, Namens *Mahâ Rathâ*, der durch seine unumschränkte Kraft alle jenseitige Gegner unterwarf. Dieser grosse König hatte drei, Götterkindern ähnliche, Söhne, Namens *Mahâ Nâda*, *Mahâ Dewa* und *Mahâ Satwa*. Als nun (einstmals) dieser König zum Zeitvertreib einen Lustgarten besuchte und diese (seine) Söhne ihn begleiteten, wurden sie (die Söhne) von den ausnehmenden Vorzügen (Schönheiten) dieses Gartens so bezaubert, dass sie, um die Blumen zu schauen, hin und her wandelten und in die zwölf grossen Gehölze (Parks des Gartens) geriethen. Daselbst schickten die Söhne des Königs ihre begleitende Dienerschaft zurück, und wandelten ihrer drei allein in den zwölf grossen Gehölzen des *Chamuk etse ssakichoi* (*gegen Alles zu schützen* oder *Schutz gegen Alles*) genannten Lustgartens hin und her. Da sprach *Mahâ Nâda* zu seinen zwei Brüdern: „In meinem Herzen entsteht die „Furcht (Besorgniss), als könnten wir hier von wilden Thieren umgebracht wer-„den: kehrt um!" Hierauf erwiederte *Mahâ Dewa:* „Ich habe keine Furcht, „wohl aber besorgliche Empfindungen (darüber), dass wir (hier) von Freunden „und vertrauten Menschen getrennt sind." Da sprach *Mahâ Satwa:* „In diesem, „von den Mächtigen (den *Rischis* oder heiligen Einsiedlern) gutgeheissenen (be-„lobten oder gesegneten), Walde empfinde ich weder Furcht noch die Qual der „Besorgniss; (vielmehr) erweckt er in meinem Gemüthe eine solche grosse Freude, „als würde ich hier den grössten Gewinn in seiner erhabensten Bedeutung finden."

Als nun die drei Jünglinge unter solchen Gesprächen im Innern der zwölf grossen Gehölze umherwandelten, erblickten sie eine Tigerinn mit fünf, vor sieben Tagen geworfenen, Jungen, welche, da sie keinen Frass zur Nahrung finden konnte, vor Hunger und Durst aufs äusserste litt und ohne Nahrung (für ihre Jungen) war. Als sie (die drei Brüder) solches erblickten, sprach *Mahâ Nâda*: „Ach die Bedauerliche! es mag sechs oder sieben Tage her seyn, seit sie Junge „geworfen hat, und nun, da sie keine Nahrung hat finden können, muss sie „wohl entweder ihre eigenen Jungen fressen oder Hungers sterben." Da fragte *Mahâ Satwa*: „Wass frisst das arme (Thier)?" worauf *Mahâ Nâda* erwiederte: „Wäre hier frisches Fleisch und warmes Blut, so würde diess eine Speise für „Tiger sowohl als für Bären, gelbe Bären (Hyänen? Schakale?) und Löwen seyn." Da sprach *Mahâ Dewa*: „Dieses arme (Thier) wird seines verhungerten und „verdursteten Zustandes wegen in kurzer Zeit sein warmes Leben einbüssen: weil „diese Tigerinn ganz entkräftet ist, ist sie (zugleich) unvermögend, hier ihre „Nahrung zu suchen. Wer vermöchte es wohl, seinen eigenen Körper wegzu-„werfen (hinzugeben), um ihr Leben zu erhalten?" Hierauf erwiederte *Mahâ*

Nâda: „Oh! den eigenen Körper auf solche Weise wegzuwerfen, wäre wohl „äusserst schwer (unmöglich)"; worauf *Mahâ Satwa* entgegnete: „Für unseres „Gleichen, die wir unsern Körper (unser Ich) so offenbarlich mit Leidenschaft „lieben und eine so kleine Willenskraft besitzen, möchte es freilich schwer seyn, „eine solche Herrschaft (über den Körper) auszuüben; für diejenigen Männer „(Helden) und *Bogdas* (göttliche Naturen) aber, deren Bestreben auf das Wohl „Anderer gerichtet ist, und die in solcher Nichtachtung ihres Körpers mit ein„ander wetteifern, ist es nicht schwer. Ferner denke ich, dass nur in Folge „des Mitleids und der Erbarmung die Wesen der Natur der Ehrwürdigen (Gött„lichen), der Regionen der Götter oder dieses (menschlichen) Körpers theilhaft „geworden sind, so dass diese nur um des Lebens (der Erhaltung des Lebens) „Anderer willen sich nun in ihrem Theile in unwandelbarer Freude hieselbst „(nämlich in den ihnen anheimgefallenen Regionen) auf hunderterlei Weise er„freuen und vergnügen." Nach diesen Worten wurde der Jüngling äusserst schwermüthig, und wandelte eine weite Strecke des Weges mit unverwandtem und erbarmungsvollem Blicke auf die Tigerinn. Da dachte *Mahâ Satwa*: „Ge„rade jetzt möchte wohl meine Zeit (gekommen) seyn, diesen meinen Körper zu „verlassen; denn wenn ich gleich diesen, dem Ende durch Verderben und Auf„lösung anheimfallenden, und gegen das Ende schlecht (kränklich, hinfällig) „werdenden Körper voll Eiter und Unreinigkeit durch Speise, Trank, Kleider „und alle ihm dienliche Mittel auf lange Zeit erhielte, so (verhindert) dieses „Thun (Bemühen) nicht, dass er seinen frühern (gesunden, kräftigen) Zustand „dennoch verliere. Oder auch, weil Alles und Jedes unrein ist, so (verdient es) „keine leidenschaftliche Anhänglichkeit; daher ich ihn (den Körper) nun einer „guten Handlung zum Opfer darbringen werde. Ich werde ihn dadurch einem „grossen Schiffe ähnlich machen, das aus dem Meere des Geborenwerdens und „Sterbens herausführt. So ist auch dieser dauerlose Körper nur dem Schaume „gleich, und eine Anfüllung von viel hundert Würmern: er ist einem Gliede „ähnlich, das den Handelnden ohne Willen macht (das ihn an der Ausführung „seines Willens hindert, das erlahmt oder erstorben ist); daher werde ich diese „unnütze und quälende Anfüllung von viel hunderterlei Unreinigkeit und Wasser „(Flüssigkeit) abwerfen, und werde dafür, alles Jammers entledigt, das unvergäng„liche und keinem Verderben unterworfene, fleckenlose *Dhjâna*, so wie die mit „allen möglichen Trefflichkeiten angefüllte, viel hunderterlei Vorzüge (enthaltende) „und von aller Befleckung freie Natur der (göttlichen) Eigenthümlichkeit erlangen."

Solchergestalt das Gefühl des höchsten und stärksten Mitleids in sich aufregend und sein Gemüth (d. h. dessen widerstrebende Empfindungen) dämpfend, liess *Mahâ Satwa* seine zwei Brüder vorausgehen mit den Worten: „Möchtet ihr „Beide doch ein wenig voraus wandeln: ich werde eines eigenen Geschäftes „(Bedürfnisses) wegen in die zwölf grossen Gehölze gehen."

Hierauf ging er vom Rande dieses Waldes in denselben zurück an den Ort, wo die Tigerinn lag, hing daselbst seine Kleidung an den Ast (eines) Baumes, und erbat sich die Göttlichkeit mit folgenden Worten: „Da ich um des Wohles „der Wesen willen der mit nichts zu vergleichenden Seligkeit der Bodhiwürde „(Göttlichkeit) theilhaft zu werden wünsche, so gebe ich in Folge des Erbar-„mens eines unabänderlichen Willens diesen Körper, der Andern zu verlassen so „schwer wird, zum Opfer hin. Möchte ich dadurch unverzüglich der, von den „Kindern der Verherrlichten ersehnten, fehlerfreien Bodhiwürde theilhaft werden! „Dann werde ich die Bewohner der drei Welten aus dem schreckenvollen Meere „des *Sansâra* erlösen." Darnach übergab sich *Mahâ Satwa Bodhisatwa* der Tigerinn, sich vor ihr hinlegend; aber die Tigerinn that diesem, freudenvoll Erhaltung beabsichtigenden, Bodhisatwa nichts. Da dachte der Bodhisatwa: „Ach, „es scheint, dass diese Tigerinn vor Entkräftung nicht fressen kann!" und stand mit einem Gemüthe voll Mitleid auf, um eine Waffe zu suchen; als er aber nirgends eine Waffe fand, durchschnitt er sich den Hals mit (einem Stück eines) hundertjährigen harten *Pinuda*-baumes (?) und stürzte vor die Tigerinn hin. — Kaum war der Bodhisatwa hingestürzt, als die Erde sechsmal wankend erbebte, gleich wie Schiffe in der Mitte des Wassers vom Winde bewegt werden; der herrliche Schein der Sonne verschwand, als wäre sie vom *Râhu* ergriffen, und Weihrauch der Götter, vermischt mit Schmucktheilchen und Blumen, fiel als Regen herab.

Da lobpreisete ein an diesem Orte sich aufhaltender *Tegri* (eine Gottheit des Waldes) voller Verwunderung den Bodhisatwa wie folgt: „Trefflicher Geist! wie „dein mitleidiges Gemüth allen Wesen Fülle gewährt, und wie du, o Erster „(Vorzüglichster) der Menschen! nun durch die mit der grössten Freudigkeit „bewerkstelligte Hingebung deines Körpers von dem Treiben des Geborenwerdens „und des Sterbens befreit bist, so wirst du der höchsten Region der Beruhi-„gung (Seligkeit), der Region der reinen (immateriellen) Beseligung, (schon) „hieselbst ohne Schwierigkeit und ohne lang zu warten (unverzüglich) theilhaft „werden."

Als nun die Tigerinn den mit Blut gefärbten Körper des Bodhisatwa (vor sich liegen) sahe, liess sie in kurzer Zeit nur die von Fleisch und Blut entblössten Knochen davon übrig.

Da wurde *Mahâ Nâda* durch das Erdbeben geweckt (aufgeschreckt) und sprach zu *Mahâ Dewa*: „Woher (kommt es), dass das Meer der zehn Gegen-„den (das Weltmeer) an allen seinen Ufern und mit ihm diese Erdfläche so „stark erbebt? dass die Sonne ihren Schein verliert, dass ein Blumenregen fällt „und dass mein Herz so klopft? gewiss hat unser Bruder an dem vorhin (besuchten) „Orte seinen eigenen Körper vernichtet; — wie?" Hierauf antwortete *Mahâ Dewa*: „Dieser unser Bruder hat — als er die vor Hunger unter hundertfachen Qualen „erliegende Tigerinn sahe, wie sie durch den äussersten Mangel an Nahrung „(gezwungen) im Begriffe stand, ihre Jungen zu fressen — auf verschiedene „Weise sein Mitleid ausgesprochen; diess erweckt auch mich (d. h. meine Ge-„danken)." Bei dieser Unterredung wurden die beiden Jünglinge von grosser Trauer befangen, ihre Augen füllten sich mit Thränen und flossen über, und sie kehrten auf der nämlichen Spur zum Lager der Tigerinn zurück, woselbst sie seine (des Bruders) Kleider an den Ast (eines) Baumes gehängt, seine Gebeine auf alle Weise aus einander getrennt, sein Blut in Koth umgewandelt und sein Haupthaar nach allen Richtungen hin zerstreut fanden. Bei diesem Anblick verloren sie die Besinnung und stürzten auf die Gebeine nieder. Als sie nach einer Weile wieder zu sich kamen, standen sie auf, streckten die Hände empor, und riefen mit der Stimme des Schmerzes und des Jammers: „O wehe, „unser geliebter Bruder! wenn der König unser Vater, und unsere, ihren Sohn „so liebende, Mutter nach dir, du mit Augen gleich der *Linchua*, fragen: „Wo „habt ihr ihn gelassen?" wenn unsere Mutter nach dir, ihrem zartesten, frägt, „was sollen wir sagen? Wehe! wie viel besser wäre es, wenn wir gleich hier „an dieser Stelle stürben! Auf welche Weise können wir Beide, da der bevor-„zugte *Mahâ Satwa* nicht mehr ist, unsere Eltern sehen (vor ihre Augen treten)!" Also rufend wandelten die beiden Jünglinge unter den stärksten Ausbrüchen des sich auf verschiedene Weise äussernden Schmerzes und unter beständigem Weinen weiter.

Unterdessen liefen die Diener und Begleiter der Knaben, um selbige zu suchen, von einem Orte zum andern hin und her und befragten sich Einer den Andern: „Wo sind die Knaben? wo sind die Knaben?"

Zusätze und Berichtigungen.

S. 15, §. 27, Z. 4. Statt *Schwiegersohn* richtiger *Sohn des Schwiegersohnes, Tochtersohn.*

Zu S. 21, §. 32. Die der Verbwurzel angehängten Nachsylben *schi* und oder *nggöi* oder *nggoi* bilden aus derselben gleichfalls Substantive; die erstere Partikel nur wenige, unter welchen *Frass, Nahrung* von *essen*, *das Lager* (des Wildes) von *liegen*. Die letztere Partikel ist fruchtbarer in Substantiv-Bildungen, z. B. *Geduld, Nachsicht, Ausdauer* von *dulden*, *Liebe, sinnliches Verlangen* von *lieben, leidenschaftlich wünschen*, *Erbarmen* von *sich erbarmen*, *Sammlung* von *sammeln.* Die meisten derselben können indess als gewöhnliche Abstracta, wenn sie nicht bestimmte moralische Eigenschaften bezeichnen sollen, auch blos durch die (in demselben §. erwähnte) Partikel gebildet werden, z. B. *Geduld*, *Liebe*, *Erbarmen*. So bildet auch das reflexive Verbum *sich versammeln* das Substantivum *die Versammlung*.

S. 24, §. 40, Z. 5. Statt *verändern* lies *verändert*, und ebendaselbst, Z. 7, statt *Nominativa* lies *Nominativi*.

Zu S. 49, §. 76. Statt des Tibetischen *hunderttausend*, findet man auch — womit übrigens oft nichts mehr als eine unbestimmte hohe Zahl ausgedrückt wird —; und für das Tibetische *zehn Millionen* steht in Religionsschriften bisweilen *kulti*, welches nach aller Wahrscheinlichkeit eine Corruption des, dieselbe Zahl vorstellenden, Sanskritischen *koti* ist. So hat die Kalmükische Uebersetzung des *Altan Gerel* das Tibetische *dschewa*, wo in der Mongolischen Uebersetzung des nämlichen Sutra *kulti* steht. — Als Beispiel einer zusammengesetzten Zahl stehe hier 623,574891, welches im Mongolischen heisst

. — Die Mongolischen Zahlzeichen finden sich auf der Tafel zu S. 5. Sie werden ganz nach Europäischer Weise gesetzt und gebraucht.

Zu den S. 52, §. 84 aufgeführten nicht bestimmenden Zahlwörtern gehört auch das sehr häufig vorkommende *alle*, oder mit der Instrumentalendung *alle, alle insgesammt;* das erstere wird gemeiniglich adjectivisch, das andere als Adverbium gebraucht.

S. 99, Z. 1 ist am Anfang *b)* statt *d)* zu setzen.

S. 120, Z. 2 lies  statt , und ebendaselbst auf der untersten Zeile  statt 

S. 143 im Mongolischen Texte, Zeile 3 med. ist  statt  und S. 152, Zeile 1 unten  statt  zu lesen.

S. 165, Z. 8 v. u. *was* statt *wass.*

Zu der Zeit war ihre Mutter, die Königinn, eingeschlummert und träumte in ihrem Traume die Trennung von ihrem Liebling in folgender Weise: Ihre beiden Brüste wurden abgeschnitten, ihre Zähne fielen aus, und von drei gesundenen (ihr zugehörigen) lieblichen jungen Tauben wurde eine von einem Vogel ergriffen. — Als nun dazu das Erdbeben kam, fuhr sie erschrocken auf, erwachte plötzlich aus ihrem Schlummer, und zu sich kommend sprach sie: „Wie „ausserordentlich stark erbebte nicht diese Erdfläche, dieser Behälter der Wesen! „Durch die Verfinsterung der Sonne kommt Betrübniss in mein Herz, mein „Körper fühlt sich schwach, und meine Augen bewegen sich (krampfhaft). Mir „träumte, dass meine Brüste abgeschnitten würden: ach! sind meine in das Ge„hölz lustwandeln gegangenen Söhne auch wohlauf? oder ist ihnen ein Unglück „begegnet?“ Während (die Königinn) also dachte, kam eine feine Jungfrau (ihres Gefolges) voll Entsetzen und Verwirrung zu ihr und sprach: „Ach meine „Gebieterinn! Die Diener und Begleiter der Knaben suchen dieselben: sie sagen, „die Knaben, unsere Herren, seyen verloren.“ Als die Königinn diese Worte hörte, fing ihr Herz heftig an zu klopfen, ihre Augen füllten sich mit Thränen und flossen über, und sie begab sich zum Könige, zu welchem sie sprach: „Ach „mein Herr! ich höre, dass meine Lieblinge, die Söhne meines Herzens vermisst „werden.“ Diese Worte machten dem Könige Herzklopfen, sein Kopf schwindelte, und er war im Begriff, in die Jammerworte auszubrechen: „Was, soll „ich wieder von meinen Söhnen getrennt werden!“ als er, um den Muth der Königinn zu beleben, zu ihr sprach: „Ich werde die Knaben mit aller Sorgfalt „suchen lassen: weine nicht, meine Gute!“ Während nun Alles in Bewegung war, die Knaben zu suchen, sahe der König nach einer Weile zwei seiner Söhne von Weitem herannahen, und rief sogleich jammernd: „Nicht alle, nur zwei „Knaben kommen. O wehe! welche Qual, von seinem Kinde sich getrennt sehen „zu müssen!“ — Die Freude, einen Sohn zu bekommen, ist nicht (mit) der Muthlosigkeit gleich (zu vergleichen), wenn man sich von seinem Sohne trennen muss. Können die Gefühle gleichmässig seyn bei denen, die keinen Sohn haben, oder bei denen, die ihn durch den Tod verlieren, oder auch bei denen, deren Sohn (von einer Krankheit) wieder geneset? —

Da wurde auch die Königinn vom Schmerze überwältigt, und wie ein an einer schmerzhaften Stelle geschlagenes Kameel brach sie im unerträglichen Jammergefühl unter lautem herben Schluchzen in die Worte aus: „Von meinen mit „ihrem Gefolge in den Wald voll Blumen gegangenen drei Söhnen ist mein

„Liebling, der Kleinste, nicht zurückgekommen! wo ist dieser mein herzliebster „Kleinste geblieben!" Während dieser Wehklagen kamen die beiden Jünglinge heran, und der König befragte sie: „Wo ist mein Kleinster?" aber die beiden Jünglinge waren zu sehr vom Schmerze der Trauer überwältigt, ihre Augen standen voll Thränen, ihr Gaumen, ihre Lippen, nebst Mund und Zähnen waren vertrocknet, und unvermögend, ein Wort hervorzubringen, verstummten sie. Da sprach die Königinn: „Wo ist mein Herzenskind, der geliebteste Kleine? dieses „Herz ist nahe am Zerspringen und ich leide auf unerträgliche Weise: sagt es „geschwind, sonst möchte mein Verstand sich verwirren!" worauf die beiden Jünglinge, ins Einzelne gehend, den Hergang der Sache erzählend bekannt machten.

Sobald der König und die Königinn solches hörten, schwindelte ihnen beiden zugleich, sie verloren die Besinnung und fielen in Ohnmacht. Nachdem sie aus ihrer Ohnmacht wieder zu sich gekommen waren, gingen sie, mit der Stimme eines langwierigen heftigen Schmerzes jammernd, unter beständigem Weinen und Schluchzen an jenen Ort hin. Als sie nun daselbst die von Fleisch, Blut und Sehnen entblössten Gebeine und die nach allen Richtungen hin zerstreuten Haare erblickten, stürzten sie, wie ein vom Sturmwinde umgerissener Baum, zu Boden. Die befreundeten Fürsten des Gefolges, als sie sahen, was geworden war, (bemühten sich) durch Wasser und durch *Tschandana*-Harz (?) vom *Malaja* (Gebirge) den König und die Königinn wieder zur Besinnung zu bringen. Als nach langem Bemühen der König wieder ein wenig zu sich gekommen war, wehklagte er mit der Stimme eines langwierigen Schmerzes: „Ach „mein Liebling, der du in meinem Herzen lebtest und so erfreulich anzuschauen „warst, warum bist du so bald der Macht des Herrn des Todes verfallen! Warum kam der Herr des Todes nicht früher zu mir! Welcher Schmerz, (heftiger) als dieser könnte mich nun noch treffen!" Die Königinn, als sie aus ihrer Betäubung erwachte, riss ihre Flechten aus einander, zerschlug sich die Brust mit beiden Händen, wälzte und krümmte sich wie ein auf das Trockene gerathener Fisch, und gleich einer *Mâhi* (Kuh) die ihr Kalb verloren, gleich einer Kameelstute die ihr Füllen verloren, rief sie unter bitterm Schluchzen mit der Stimme des Jammers und des Leidens: „Ach mein geliebtestes Herzenskind, „wer hat diese Linchua zerstört und auf der Erde umher verstreut! Mein Sohn „mit den liebreitzenden Augen, mit dem mondgleichen Antlitz, welchem Feinde „bist du heute an dieser Stelle zur Beute geworden! Wie kommt es, dass bei „dem Anblick dieses meines geliebtesten, hier getödteten Sohnes mein eigener

„Körper nicht auch sogleich zu Grunde gehen (sterben) kann! Ist dieses mein „Herz etwa von Eisen, dass es beim Anblick dieses herben Jammers nicht „bricht? In meinem heutigen Traume wurden meine Brüste von einem Men„schen abgehauen und meine Zähne fielen aus; dieser Traum bedeutete, dass ich „meinen trauten Sohn heute plötzlich verlieren würde. Wie ich in meinem „Traume sahe, dass von meinen drei Tauben eine die Beute eines Vogels wurde, „also hat am heutigen Tage der Herr des Todes von meinen drei Söhnen einen „entführt. Wehe, dieses war also die Erfüllung des sündvollen bösen Traumes!"

Auf diese und mannigfache andere Weise jammerten und wehklagten der König und die Königinn mit der Stimme des herbsten Schmerzes, worauf sie sich ihres Schmuckes entledigten, im Verein mit einer grossen Menge des Volkes den Gebeinen ihres Sohnes Ehre erwiesen und diese Gebeine an dieser Stelle beisetzten. —

„Ananda! wenn du denken solltest, dass der Jüngling der damaligen Zeit „und Begebenheit, Namens *Mahâ Satwa*, ein Anderer seyn möchte, so denke „ferner nicht also! denn der Jüngling *Mahâ Satwa* der damaligen Zeit und Be„gebenheit bin ich. Ananda, wenn ich damals (schon), da ich (selbst) noch „nicht von der sinnlichen Genussbegierde, vom Zorne und von der Thorheit er„löst war, den Qualleidenden in der Hölle sowohl als denjenigen Wesen, denen „irgend verworfene Geburten zu Theil geworden waren, Nutzen gewährt habe, „wodurch sie von allen Uebeln befreit wurden, wozu soll ich erst sprechen von „dem Wohle der Wesen, das ich jetzt wirke, da ich in Wahrheit vollkommen„vollendeter Buddha geworden bin. Dadurch, dass ich in solcher Weise es be„liebte, um einzelner Wesen willen während *Kalpas* in der Hölle der Wesen „(im *Sansâra* oder im Kreislaufe der Geburten) zu seyn (zu bleiben), bin ich „nun vom Kreislaufe der Geburten völlig erlöst, und habe den vielen Wesen „durch mancherlei, für sie äusserst schwer zu vollbringende, erspriessliche Thaten „Heil gewirkt."

Nachdem der allerherrlichst-vollendete Buddha dieses gelehrt hatte, sprach er, um den wesentlichen Inhalt, denselben wiederholend, ins Gedächtniss einzuprägen, noch folgende *S'lokas*: „Um dieser erhabenen Bodhiwürde theilhaft zu werden, habe ich während vieler *Kalpas* meinen Körper der Vernichtung preisgegeben. Ich gedenke meiner frühern Geburten, in welchen ich, es sey als König oder als Königssohn, meinen Körper jedesmal vollständig zum Opfer hingab."

„Es war ein grosser König, Namens *Mahâ Rathâ*, dessen Sohn war der grosse Gabendarbringer, der grosse *Bogda*, Namens *Mahâ Satwa*; ferner waren gewiss (dessen Söhne) die beiden *Mahâ Nâda* und *Mahâ Dewa* Genannten. Als diese ältern Brüder, und mit ihnen der jüngere, ihrer drei hingingen und im Innern des grossen Gehölzes eine von Hunger entkräftete Tigerinn erblickten, regte sich das Mitleid jenes Bodhisatwa (und er dachte): „Die von Hunger und „Durst gequälte Tigerinn möchte gar noch ihre eigenen Jungen fressen, deswe„gen will ich ihr (lieber) meinen eigenen Körper hingeben." *Mahâ Satwa*, der Sohn des *Mahâ Rathâ*, sahe mit Erbarmen die verhungerte Tigerinn und ihre Jungen, und als er, um sie zu erhalten, von der nackten Felswand (zu ihr) herabstürzte, da wankten die Berge umher, die verschiedenen Gattungen der wilden Thiere und Vögel zerstreuten sich fliehend vor Schrecken, und über diese Welt kam schwarze Finsterniss. Als nun der älteste Bruder *Mahâ Nâda*, so wie auch *Mahâ Dewa* aufblickten und in diesem grossen Gehölze ihren jüngern Bruder *Mahâ Satwa* vermissten, eilten sie mit einem von Unsicherheit und Angst gequälten Gemüthe, um ihren Bruder zu suchen, in das Innere des Waldes zurück. Mit Augen voll Thränen gingen die beiden Brüder *Mahâ Nâda* und *Mahâ Dewa* an den Ort des Lagers der verhungerten Tigerinn, und sahen daselbst die Schnauze der Tigerinn und der Jungen mit Blut gefärbt, sie sahen die Gebeine und das Haupthaar verschiedentlich hin und her und hie und da zerstreut, sie sahen die Tropfen seines Blutes, wie sie einzeln auf der Erde zurückgeblieben waren. Als die beiden Brüder, die Königssöhne, diesen blutigen Ort erblickten, fielen sie an demselben ohnmächtig nieder, ihre Willenskraft war gänzlich gebrochen, ihr ganzer Körper wurde von der Erde besudelt, und sie verloren alle Besinnung. Das Gefolge der Jünglinge trauerte mit lautem Weinen, und obgleich es die Jünglinge durch Besprengen mit Wasser aufzurichten bemüht war, so blieben diese, die Hände emporhebend und schluchzend sitzen.

Als jener ihr Sohn (*Mahâ Satwa*) fiel, sass die heiss-liebende zärtliche Mutter, die Königinn, im Innern des Pallastes in Gesellschaft der fünfhundert (Unter-) Königinnen (Nebengemahlinnen des Königs). Da geschah es, dass aus den Enden (Warzen) ihrer beiden Brüste sich sprudelnd Milch ergoss, wobei sie an ihrem Körper und in allen ihren Gliedern Schmerz, wie von Nadelstichen, empfand. Ihr Gemüth füllte sich mit bittern Gefühlen, sie war vom giftigen Pfeile der Trennung von ihrem Sohne getroffen, und sie begab sich in schneller

Eile in die Nähe des Königs, woselbst sie, ihrer Sinne fast beraubt, unter lautem Wehklagen und heftigem Weinen zum Könige *Mahâ Rathâ* Folgendes sprach: „Erster der Menschen, geruhe mich anzuhören! mein Körper brennt vom Feuer „des Jammers aus den Warzen meiner beiden Brüste fliesst sprudelnd Milch, „mein ganzer Körper schmerzt wie von Nadelstichen, und mein Herz ist dem „Zerspringen nahe: diese merkwürdigen Zeichen beziehe ich mit Sicherheit auf „meinen Sohn, den ich hinfort wohl nicht wieder finden (sehen) werde. Ge„ruhe, dich meiner erbarmend anzunehmen! In meinem heutigen Traume sahe „ich meine drei jungen Tauben, (und zwar) wie diejenige von ihnen, die ich am „meisten liebte, einem Vogel zur Beute wurde; dieses deute ich auf meinen „Jüngsten. Durch diesen bösen Traum ist mein Herz mit bittern Gefühlen an„gefüllt, und den herben Gemüthsbewegungen unterliegend, sterbe ich vielleicht „in nicht langer Zeit, welches bei meinem Sohne wohl schon Wahrheit gewor„den seyn mag. Geruhe mich erbarmend zu erhalten, mein Gebieter!" Nach diesen Worten verlor die Erste der Gemahlinnen die Besinnung und sie fiel zur Erde, ihre Gedanken und Sinne verwirrten sich, und im Irreseyn des Gemüthes sank sie in Ohnmacht.

Als die Jungfrauen des Gefolges der Königinn die oberste Gemahlinn zu Boden gefallen sahen, fingen sie mit jämmerlichem Geschrei zu weinen an. Auch der mächtige König erlag dem herben Schmerze der Trennung von seinem Sohne. Alle Fürsten und ihr Gefolge liefen zusammen hinaus, den Jüngling zu suchen. Alle Einwohner der Stadt kamen, ein Jeder aus seiner Wohnung, weinend und Thränen vergiessend, und fragten auf dem Wege nach *Mahâ Satwa*: „Ist der „dem Gemüthe so liebliche *Mahâ Satwa* wohlauf? ist er da? wohin ist er ge„gangen? welcher Jubel des heutigen Tages, wenn wir an demselben den Ersten „der Freudestifter der lebenden Wesen findend sähen? wo nicht, so vernehmen „wir vielleicht heute den Ton solcher entsetzlichen, verhängnissvollen und schwe„ren Worte, die den Donner übertäuben."

Inzwischen besprengte der vom Schmerze der Trauer (gebeugte) weinende König *Mahâ Rathâ* seine zur Erde gesunkene Gemahlinn selbst mit Wasser, und fuhr damit fort, bis sie ihre Gedanken wieder zu sammeln anfing, wo sie dann zu sich kommend mit leidendem Gemüthe fragte: „Ist mein Sohn da? ist „er nicht da?" Hierauf antwortete der grosse König *Mahâ Rathâ* seiner Gemahlinn Folgendes: „Alle Fürsten und ihr Gefolge sind ausgezogen, die Knaben „zu suchen; darum mildere deinen übergrossen Schmerz und hege nicht fort-

„während traurige Gedanken!" Nachdem der König durch solche und ähnliche Worte das Gemüth seiner Gemahlinn erheitert hatte, ging er, von seinen Grossen umgeben, trauernd und weinend und erschüttert an Körper und Gemüth aus seinem Pallaste.

Als viele Hunderte und Tausende, unter Vergiessung von Thränen mitweinende, Wesen den König aus (dem Pallaste) kommen sahen, schlossen sie sich insgesammt demselben an. Der König *Mahâ Rathâ* ging, um seinen Sohn zu suchen, aus seinem Hause, und als er aus der erhabenen Residenz hinaustrat, blickte er mit spähenden Augen nach allen Gegenden, um seinem trauten Sohne mit den Blicken zu begegnen. Da sahe er einen mit Blut und Koth befleckten, Thränen vergiessenden, Menschen kommen. Bei diesem Anblick erzeugte sich abermals bitteres Gefühl im Herzen des *Mahâ Rathâ*, und seine Hände emporhebend ergoss er seinen unerträglichen herben Schmerz durch Thränen. — Bald darauf erschien ein anderer Grosser von Weitem in grosser Eile, und als er ankam, sprach er zum Machthaber der Menschen, dem grossen Könige *Mahâ Rathâ*: „Machthaber der Menschen, möchtest du nicht (weiter) trauern! dein trauter „Sohn ist wohlauf: ohne Verzug wird dein erhabener trauter Sohn hier anlan„gen. Möchtest du dorthin blicken! (Blicke dorthin!)" — Während der König nun die (gegebene) Spur einschlug (nach *der* Seite hinblickte), kam ein zweiter Grosser in einem mit Schmutz und Staub bedeckten Kleide und sprach mit thränenden Augen: „Grosser König, zwei deiner Söhne leiden in der Glut gros„ser Trauer! Mein König, dein vornehmster Sohn *Mahâ Satwa* ist nicht (mehr) da: „er ist von der Vergänglichkeit dahingerafft! Als der Bogda *Mahâ Satwa*, unser „Jüngling, in der Nähe eine Tigerinn mit ihren geworfenen Jungen erblickte, „wie sie nahe daran war, ihre Jungen zu fressen, da gedachte er ihrer mit er„barmungsvollem Mitleid; und nachdem er mit den Worten: „Möchte ich doch „in zukünftiger Zeit der ersehnten unergründlichen Bodhiwürde theilhaft werden: „dann werde ich alle Wesen erlösen!" — sich die gewünschte Bodhiwürde erbe„ten hatte, stürzte sich *Mahâ Satwa* von dem Felsen, auf welchem er stand, „herab. Die vom Hunger überwältigte Tigerinn stand nun auf, und hinkom„mend machte sie in kurzer Zeit den Körper ohne Fleisch, so dass nichts als „die Gebeine des Königssohnes nachgeblieben sind."

Nach Anhörung dieser schrecklichen Nachricht verlor der grosse König *Mahâ Rathâ* seine Besinnung und stürzte ohnmächtig zu Boden. Die Fürsten und ihr Gefolge erhoben in der Glut des Trauerschmerzes ein grosses Jammergeschrei und Wehklagen, und obgleich sie den König mit Wasser besprengten, so hörte er, unter Emporstrecken der Hände, doch nicht auf zu jammern und zu weinen.

Darnach berichtete ein dritter Grosser dem Könige Folgendes: „Heute habe „ich deine beiden Söhne in jenem Gehölze gesehen, wie sie ohnmächtig zur Erde „gefallen waren, und wie sie, wenn sie aus ihrer Betäubung erwachten und „durch Besprengen mit Wasser zum Aufstehen gebracht wurden, an allen Seiten „(Gliedern) glühten. Für einen Augenblick aufstehend fielen sie abermals zur „Erde, und unter dem kläglichsten Jammergeschrei Ach und Wehe rufend, und „beständig die Hände emporstreckend, sprachen sie die Tugenden ihres Bruders „aus."

Das Gemüth des Königs wurde (durch diese Nachricht) sehr erweicht; während der Gemüthsbewegung des Königs und der Jammerklagen des Schmerzes über die Trennung von seinem Sohne dachte er jedoch Folgendes: „Mein „einzig-trauter Lieblingssohn, der grosse Bogda, ist in *Aniljadâ* eingegangen (ist „dem Nichtewigen anheimgefallen), meine beiden nachgebliebenen Söhne könnten, „vom Feuer der Trauer verzehrt, ihr Leben einbüssen. Ich will mich also „schleunig dorthin begeben, und meine den Blicken so erfreulichen Söhne ver„mittelst schneller Lastthiere sogleich nach dem Pallaste der königlichen Residenz „bringen lassen. Das Herz der Mutter, die sie geboren, möchte im Feuer der „Trübsal zerspringen: wenn sie ihre beiden Söhne sieht, wird sie sich beruhi„gen und nicht selbst vom Leben getrennt werden (ihr Leben einbüssen)." — Hierauf bestieg der König einen Elephanten, und zog in Begleitung aller Grossen hin, seine Söhne zu sehen. Er erblickte die beiden Jünglinge (bald), wie sie unter Jammergeschrei und Wehklagen und unter Nennung des Namens ihres Bruders herannahten. — Von da nahm er seine beiden Söhne mit und begleitete sie unter beständigem Weinen in den Pallast, woselbst er sie sogleich nach der Ankunft der Königinn vorstellte.

„Ich, der wahrhaft-erschienene Buddha *S'âkjamuni*, war es, der als der, *Mahâ Satwa* genannte, Sohn des grossen Königs *Mahâ Rathâ* der frühern Zeit jene Tigerinn zufriedengestellt (vom Hungertode errettet) habe. Der grosse König *Mahâ Rathâ* ist der mächtige König *S'auddhodani*, und seine Gemahlinn ist die erhabene Königinn *Mahâ Mâjâ*. Derjenige, der *Mahâ Nâda* war, ist jetzt *Maidari* (Maitreja); so ist auch derjenige Jüngling, der *Mahâ Dewa* war, jetzt *Uri Mandschusrî*. Die Tigerinn ist (jetzt) *Pratschtsch'a Badi* und ihre Jungen sind jetzt die fünf *Pantschaki*."

Da jammerten und trauerten der König *Maha Rathâ* und seine Gemahlinn, Ach und Wehe rufend; sie entledigten sich alles ihres Schmuckes und erwiesen, im Verein mit der grossen Menge des Volkes, den Gebeinen ihres Sohnes Ehre, indem sie die Gebeine des Jünglings *Mahâ Satwa* an dieser Stelle beisetzten, und dieses Grabmal aus sieben Arten Kostbarkeiten errichteten.

Weil dieser *Mahâ Satwa* Bodhisatwa, als er sich der Tigerinn hingab, sich (mit den Worten): „Durch diese Hingebung meines Körpers werde ich in „zukünftiger Zeit, nach zahllosen *Kalpas*, für die Wesen die Thaten Buddha's „wirken", die Göttlichkeit erbeten hatte, so fand sich Anlass, an dieser Stelle dieses Grabmal zu zeigen, und diess war meine Absicht."

Nach diesen Worten (Buddha's) erweckten unzählige und unermesslich-viele Wesen, im Verein mit Gottheiten (Geistern) und Menschen, in sich *Bodhi*-Gedanken (Bodhidschnâna) zur Erlangung der über Alles gehenden vollkommen-vollendeten Bodhiwürde. Die Grabpyramide versenkte sich durch den Segen Buddha's an derselben Stelle wieder in das Innere der Erde.